TOURISM RESOURCES

관광자원해설

김흥렬 저

백산출판사

머리말

오늘날 세계 각국은 관광산업을 국가전략산업으로 육성하면서 경쟁적 우위를 선점하기 위해 치열한 경쟁을 벌이고 있다. 세계 각국은 정부차원에서 깊은 관심과 배려 속에 접근하고 있으며, 우리나라도 중앙정부는 물론이고 지방자치단체들도 관광을 통한 지역홍보와 일자리 창출에 열중하고 있다.

실로 관광은 세계에서 가장 성장속도가 빠른 산업 중 하나로, 개발도상국을 선진국으로 근접시킬 수 있을 뿐만 아니라 급속한 경제성장을 이룰 수 있는 기회를 만들어주고 있다.

이와 같은 관광현상은 관광객, 관광자원 그리고 관광매체로 구성되는데, 이 관광의 3요소 중 하나인 관광자원은 관광객으로 하여금 관광욕구를 일으키게 하는 가장 핵심적인 부분으로서 관광행위의 필수요소가 된다고 할 수 있다. 그러기에 관광자원론은 관광학도들이 필수적으로 이수하는 기초과목 중 관광학개론 및 관광사업과 더불어 관광의 삼각축을 이루고 있는 것이다.

이렇듯 중요한 관광자원의 소비행태가 기업이라는 관광매체를 이용하게 되면 이는 관광상품으로 개발 · 판매됨으로써 막대한 수익성을 갖게 되는데, 세계는 이제 경제전쟁의 시대라 공언하고 있지만, 부존자원이 빈약한 우리의 경우는 실로 우려되는 바가 크다고 생각한다. 그러나 반만년의 역사 속에 우리의 조상으로부터 물려받은 순기능적 가치관은 지금도 세계 속에서 굳건하게 그 중심의 위치에 자리하였으며, 정신적 바탕 위의 찬란한 문화유산은 오늘날에도 크게 숨쉬고 있음을 느끼면서 이를 현대감각에 맞게 개발하여 국내 및 세계시장으로 뻗어나간다면 금전적으로나 비금전적으로 엄청난 효용을 창출할 수 있을 것으로 기대한다.

본서는 위와 같은 기대에 부응하면서, 관광을 전공하는 학생들이 기초적인 지식과 소양을 갖출 수 있도록 하는 데 역점을 두고 집필하였으며, 그럼으로써 관광의 질적 수준을 끌어올리는 데 또 하나의 효과를 도모하고자 노력을 기울였다. 그럼에도 시간의 촉박함과 준비 부족으로 인해 미흡한 점이 있음을 자성하는 바이며, 앞으로 관심있는 분들의 질책을 받아 수정하고 보완해 나갈 것임을 약속드린다.

그리고 보잘것없는 이 책이 완성되기까지에는 많은 분들의 도움과 충고가 있었음에 감사드리며, 특히 자료수집과 편집체재 구성 등에 있어서 조진호(백산출판사 전무)님, 서울시립대 장윤정 교수님의 도움이 컸음을 밝히고 이 자리를 빌려 감사의 인사를 드린다.

끝으로 여러모로 어려운 여건에서도 부족한 내용의 이 책을 기꺼이 출판해주신 백산출판사 진욱상 회장님께 깊은 감사의 말씀을 드린다.

2023년 1월

저자 씀

차례

Chapter 02 | 관광사업 • 69

Chapter 03 | 관광자원 • 103

Chapter 04 | 관광자원의 특성 • 125

Chapter 05 | 관광개발 • 237

CHAPTER 01

관광의 이해

CHAPTER 01 관광의 이해

제 1 절 관광의 개요

1. 관광의 어원

현재까지 밝혀진 관광의 어원으로서 가장 오래된 출처는 기원전 8세기경 중국 고대국가인 주(周)나라에서 편찬되었다고 하는 역경(易經 : 五經의 하나로서 周易이라고도 부른다)을 들 수 있다. 이 역경의 "관(觀)" 괘(卦)에 "관국지광이용빈우왕(觀國之光 利用賓于王)"이라는 표현이 있는데, 이 "관국지광(觀國之光)"에서 "관광(觀光)"이라는 용어가 유래되었다고 전해지고 있다.

이 '觀國之光'의 설명에 대해 학자들마다 해석이 다르고 또 어느 시기에 어느 학자가 '觀光'이라는 말로 옮겨 놓았는지 지금까지의 연구로는 잘 알려져 있지 않다. 그러나 당시의 '나라의 빛을 본다'는 관국지광(觀國之光)은 그 나라의 정치 · 경제 · 사회 · 문화 등 백성을 다스리는 정치제도를 살피는 것으로 해석, 「유람시찰일국지정책풍습위관광(遊覽視察一國之政策風習爲觀光)」, 즉 한 나라의 정책과 풍습을 유람하면서 시찰하는 의미로서의 '관국지광'임에는 이론이 없는 것 같다. 예를 들어 3세기경 중국의 삼국시대에 위(魏)나라 조조의 아들로서 문재(文才)였던 조식(曹植)이 "시이준걸래사 관국지광"(是以俊傑來仕 觀國之光 : 이로써 재주와 슬기가 뛰어나고 어진 사람이 와서 벼슬을 살며 나라의 풍광을 본다)이라는 문구를 남겼다. 또 중국 당나라 시대에 오언율시에 뛰어났던 맹호연은 그의 저서 「맹호연집(孟浩然集)」에서 "하신우휴명 관광래상경"(何幸遇休明 觀光來上京 : 어찌 다행히 시간을 내어 관광차 서울로 올라 왔다)이라는, 현대적 의미에 가까운 관광용어를 사용하였다고 한다.

한편, 신라 말기 대학자인 최치원의 「계원필경」 속의 한 구절에는 "인백이천지관광육년명방미"(人百已千之觀光六年銘牓尾 : 남이 백번하면 나는 천 번 해서 관광 6년만에 과거급제자 명단에 오르게 되었다)라는 말이 기록되어 있는데, 여기서 '관광육년'이란 '중국에 가서 선진문물을 살피며 체류한 지 6년'이란 뜻으로 해석하고 있다.

고려시대에 들어와서는 두 건의 용례가 발견된다. 그 하나는 「고려사절요(高麗史節要)」인데, 고려 예종 11년(1115년)에 중국 송나라 임금이 우리나라 사신에게 "… 觀光上國 盡損宿習…"(관광상국 진손숙습 : 우리나라를 관광하여 낡은 관습을 전부 버리도록 하고…)라고 교시하였다고 기록되어 있다. 다른 또 하나는 고려 말인 우왕 10년(1385년)에 당시의 유명한 문사였던 정도전(鄭道傳)도 '관광(觀光)'이라는 용어를 사용한 것으로 밝혀지고 있다. 정도전은 당시 그의 친구인 이숭인이 중국 북경에 하정사(賀正使 : 신년하례 단장)로 떠난 뒤 그의 문집에서 이르기를, 명나라의 명을 받아 중국으로 간 그의 친구 이숭인(李崇仁)이 그곳의 선진문물을 돌아보고 귀국하게 되면 자신은 그의 견문록 제목을 '관광집(觀光集)'이라고 붙여 주겠노라고 서술하였다고 한다.

그 후 조선시대에 들어와서는 관광이라는 용어는 지식인 사회에서 아주 일반화된 용어로 자리잡은 것 같다. 조선 건국 직후인 태조 5년(1396년)에 도읍을 개경으로부터 지금의 서울인 한성으로 옮기면서 정도전, 조준 등은 신도읍지의 지명을 정하였는데, 서울 북부에 지금의 동(洞)에 해당하는 10개의 방(坊)을 설치하면서 그 중 한 방의 명칭을 "관광(觀光)"으로 정하였다고 조선왕조실록은 기록하고 있다.

우리나라에서 관광이라는 말이 오늘날과 같은 뜻으로 사용된 것은 제2차 세계대전 이후의 일이지만, 당초에는 국제관광만을 뜻하는 경향이 있었으나, 지금에 와서는 국제뿐만 아니라 국내의 경우도 관광이라 부르고 있다.

서양의 경우, 18세기 영국의 귀족 자제들이 일종의 통과의례로 유럽대륙(특히 프랑스와 이탈리아)을 몇 년에 걸쳐 수학여행을 하는 것을 두고 '그랜드 투어(grand tour)'라고 불렀다고 한다. 그리하여 '투어리스트(tourist)'라는 용어는 1800년에 사용되기 시작했으며, '투어리즘(tourism)'이라는 용어는 1811년에 영국의 스포츠 잡지인 「The Sporting Magazine」에 최초로 언급된 것으로 옥스포드 영어사전(Oxford Dictionary)은 밝히고 있다.

Tourism이라는 말은 영어로 '짧은 기간의 여행'을 뜻하는 tour의 파생어이고,

tour라는 말은 라틴어의 도르래를 의미하는 tornus라는 말에서 유래한 것으로서 처음에는 순회여행을 의미했다고 한다.

따라서 tourism은 주유(周遊)를 의미하는 'tour'에 행동이나 상태 혹은 ~주의(主義) 등을 나타내는 접미어 '-ism'이 붙어 만들어진 말로서, 문맥에 따라서는 관광, 관광대상, 관광사업을 의미하기도 한다. 또 tour에 접미어 '-ist'가 붙어서 만들어진 tourist는 관광객을 의미한다. 이와 같은 투어(tour), 투어리스트(tourist), 투어리즘(tourism) 등의 용어가 일반적으로 사용된 것은 1930년대 이후의 일이라고 한다. 그 후 1975년부터는 모든 국제기구에서 관광의 영어적 표현을 tourism으로 통일하였다.

한편, 독일에서는 제2차 세계대전 이전에는 관광을 뜻하는 용어로서 'Fremden(외국의, 외국인)'과 'Verkehr(왕래 또는 교통)'의 합성어인 'Fremdenverkehr'를 사용하였는데, 전후에는 Tourismus'로 바뀌었으며, 프랑스에서도 tourisme'이라는 용어를 사용하고 있다.

〈표 1-1〉 관광의 어원

구 분		내 용
일상 용어	국어사전	다른 나라의 문물·제도를 시찰하는 것 혹은 다른 지방이나 나라의 아름다운 풍경·풍습 등을 구경하며 유람하는 것
	Encyclopedia of Tourism	관광객이 체류하는 거주지를 벗어나서 그의 욕구충족에 부응할 수 있는 지역을 방문하는 일
서양	그리스	• Tour의 어원은 그리스어 tornos(a turn)가 라틴어 'tornus'에서 기인한 것으로, 목수가 원을 그리는 컴퍼스와 같은 도구·도르래·원 등을 뜻하는 '돌다', '순회하다'는 의미를 내포하고 있음 • ism은 '움직임 혹은 진행하다', '행위를 수행하다'는 의미를 내포하고 있으므로, 따라서 tourism은 한 바퀴 둘러보기 위하여 움직이는 행위로 풀이됨
	영국	Toruism은 Tour와 Travel에서 파생된 용어로서, 1811년 영국의 스포츠 잡지인 「The Sporting Magazine」에 최초로 언급되었다고 함
	독일	독일어 Fremdenverkehr 용어는 외국의 또는 외국인의 뜻을 가진 Fremden과 왕래 및 교통이라는 의미를 가진 Verkehr의 합성어로서 외래객이 왕래함을 의미함

구 분		내 용
동양	중국	기원전 8세기경 주(周)나라 때 편찬된 「역경」(易經: 周易이라고도 부른다)의 풍지관(風地觀)에 觀國之光利用賓于王(관국지광이용빈우왕)이라는 구절이 있는데, 이 구절 속의 "觀國之光"에서 관광(觀光)이라는 용어가 비롯되었다 함
	일본	1855년 도쿠가와(德川) 막부가 네덜란드 국왕 3세로부터 기증받은 해군 연습함의 명칭을 '강꼬마루(觀光丸)'로 명명한 것이 최초로 관광이란 용어 사용의 효시가 되었으며, 오늘날의 의미로 사용된 것은 일본의 메이지(明治)시대 중엽(1880년경) 이후임
	한국	신라시대 고운 최치원선생의 시문집 「계원필경(桂苑筆耕)」에서 관광육년(觀光六年)이라는 용어가 등장하는데, 여기서 사용된 관광이라는 말은 과거(科擧)라는 의미로 해석되고 있으며, 오늘날 관광으로 보면 과거를 볼 목적의 관광으로 해석할 수 있음
		• 고려시대의 문헌으로 「고려사절요(高麗使節要)」에 따르면 고려 예종 11년(1115년)에 중국 宋나라 임금이 우리나라 사신에게 "…觀光上國, 盡損宿習…"(관광상국 진손숙습: 우리나라를 관광하여 낡은 관습을 모두 버리도록 하고 …)라고 교시하였다는 기록이 있다. • 고려말 우왕 10년(1385년)에 삼봉 정도전이 그의 친구 이숭인(李崇仁)의 중국 북경 견문록의 제목을 관광집(觀光集)으로 붙여주겠다고 서술하였음을 소개하고 있음
		• 조선건국 직후 1396년 태조(太祖) 5년에 도읍을 개경에서 지금의 서울인 한성으로 옮기면서 행정구역을 5부 52방으로 방명표를 세우면서 그 중 현재의 동(洞)에 해당되는 10개의 방(坊) 중에 한 곳을 관광방(觀光坊)으로 정하였다고 조선왕조실록은 기록하고 있다. • 성종 3년(1473년)에 성현이 그의 형 성임과 함께 중국 북경을 3차례에 걸쳐 다녀오면서 도중에 지은 기행시집, 관광록(觀光錄)이라는 북경견문록을 남기고 있음 • 정조 4년(1780년)에 연암 박지원이 지은 「열하일기(熱河日記)」에 수록된 내용에는 위관광지상국래(爲觀光之上國來)에서 보듯이 중국의 문물, 제도 등을 보고 배우러 왔다는 의미를 내포하고 있음
		• 1910년 유길준이 지은 관광약기(觀光略記)는 1910년 일본 나고야 박람회를 20일간 살펴보고 쓴 견문기로서 여행기행문 내지는 답사기에 해당되는 기록물을 남겼으며, 미국을 여행하고 지은 서유견문(西遊見聞)은 미국인들의 관광을 자세히 설명하고 관광의 필요성을 역설하고 있음 • 이외에 일제강점기에 기록된 여행기를 보면 관광차, 관광지 등과 같은 용어가 등장하고 있으며, 관광지 개발하여 외화 유치하자(독립신문, 1897.9.23.) 등의 사례로 봤을 때 일제강점기에도 관광이란 말이 쓰였음을 보여주고 있음

출처: 장성수 외(2017), 최신관광자원론(개정판), 백산출판사, pp.12-13.

2. 관광에 관한 여러 학자들의 정의

관광의 정의는 역사적인 변천과정을 통하여 많은 국내외 학자들에 의하여 매우 다양하게 정의되면서 발전하여 왔다. 원래 관광연구는 경제학자들이 국제관광을 '무형의 수출(invisible export)'로서 주목함에 따라 그 연구가 시작되었는데, 최초 관광연구의 과제는 관광에 의한 경제효과를 측정하는 데 있었다. 여기서는 여러 학자들의 관광에 관한 여러 학제적(學際的)인 연구 가운데서 대표적인 연구만을 소개하고자 한다.

1) 슐레른(H. Schulern, 1911년)

오늘날의 관광에 대한 가장 오래된 정의는 1911년에 슐레른이 정립한 내용으로, 그는 "관광이란 일정한 지구(地區)·주(州) 또는 타국에 들어가서 머물다가 되돌아가는 외래객의 유입·체재 및 유출의 형태를 취하는 모든 현상과 그 현상에 관계되는 모든 사상, 그 중에서도 특히 경제적인 모든 사상을 나타내는 개념"이라고 했다.

2) 마리오티(A. Mariotti, 1927년)

로마대학의 마리오티는 1927년에 발간한 「관광경제학강의(*Leizioni di Economia Turistica*)」에서 외국인 관광객의 이동에 따른 관광활동을 여러 가지 측면에서 다루고 있는데, 특히 관광의 경제적 의미를 강조하였다. 관광경제학강의의 사상적 체계를 완성하였고, 특기할 만한 것은 관광흡인중심지이론(觀光吸引中心地理論)이다.

3) 보르만(A. Bormann, 1931년)

관광이론에 관한 연구가 왕성하였던 1930년대 독일의 보르만은 1931년 출판된 자신의 저서 「관광학개론(*Die Lehre von Fremdenverkehr*)」을 통해 "관광이란 직장에의 통근과 같이 정기적 왕래를 제외하고 휴양의 목적이나 유람, 상용(常用) 또는 특수한 행사의 참여나 기타의 사정 등에 의하여 거주지에서 잠시 떠나는 여행"이라고 하였다. 이러한 그의 주장은 현실적으로 관광현상에 대한 이론적 비판의 여지는 있으나, 전반적인 관광현상을 포괄적으로 수용하고 있다는 점에서 종합학문으로서의 관광이론 체계는 높이 평가되고 있다.

4) 오길비(F.W. Ogilvie, 1933년)

영국의 오길비는 관광연구자로서 관광객의 이동에 관한 문제를 취급한 사람인데, 1933년에 그의 저서 「관광객이동론(*The Tourists Movement*)」에서 "관광하는 사람은 복귀할 의사를 가지고 일시적으로 거주지를 떠나지만, 1년 이상을 넘지 않는 기간 동안에 돈을 소비하되, 그 돈은 여행하면서 벌어들인 것이 아닐 것"이라고 하여 이른바 '귀한예정소비설'을 주창하였다. 즉 오길비는 관광의 본질을 '타지에서 얻은 수입을 일시적 체재지에서 소비하는 것'에 있다고 본 것이다.

5) 글뤽스만(R. Glücksmann, 1935년)

글뤽스만은 보르만과 같은 시대에 활약한 독일 베를린 상과대학 관광사업연구소 소장으로서 관광론의 체계화를 시도하고 관광동기의 분류를 포함한 관광원인의 분류를 제시한 사람이다. 그는 1935년에 출판된 저서인 「일반관광론(*Allgemeine Fremdenverkehrskunde*)」에서 "관광이란 체재지에서 일시적으로 머무르고 있는 사람과 그 지역에 살고 있는 사람들과의 여러 가지 관계의 총체로서 정의할 수 있다"고 했다. 따라서 그의 주장에 따르면 관광연구의 접근범위는 지리학을 비롯하여 기상학, 의학, 심리학, 국민경제학, 사회학, 경영경제학 등의 학문분야까지 포함하는 것으로, 관광론은 관광에 관한 기초는 물론 원인과 수단 및 영향 등에 관해 광범위한 연구분야가 되어야 한다고 했다.

6) 훈지커와 크라프(W. Hunziker & K. Krapf, 1942년)

1942년에 훈지커와 크라프는 공동으로 저술한 「일반관광학개요(*Grundriss der allgemeinen Fremdenverkehrslehre*)」에서 "광의의 관광은 본질적으로 외국인이 여행지에 머무르는 동안 일시적으로나 계속하여 주된 영리활동의 추구를 목적으로 정주하지 않는 경우로서, 외국인의 체재로부터 야기되는 모든 관계나 현상에 대한 총체적 개념을 의미한다"고 하였다. 이는 이제까지의 단순한 개념정의보다는 새로운 개념으로의 전환을 도모한 것으로 본다.

7) 이노우에 마스조(井上万壽藏, 1961년)

일본의 관광학자인 이노우에는 그의 저서 「관광교실」에서 "관광이란 인간이 다시 돌아올 예정으로 일상생활권을 떠나 정신적 위안을 얻는 것이다"라고 하였다. 그는 정신적 위안이 관광의 본질이며 관광의욕이란 것은 정신적 위안을 구하는 마음이라고 했다.

8) 베르네커(P. Bernecker, 1962년)

오스트리아의 베르네커는 1962년 그의 저서 「관광원론」에서 "상업상 혹은 직업상의 여러 이유에 관계없이 일시적 또는 개인의 자유의사에 따라 이동한다는 사실과 결부된 모든 관계 및 모든 결과를 관광이라고 규정할 수 있다"고 하여 관광주체로서의 관광객의 역할을 중시하면서 '관광주체론'을 주창하였고, 관광현상 속에서 겸목적 관광을 인정하였다.

9) 메드상(J. Medecine, 1966년)

그는 "관광이란 사람이 기분전환을 하고 휴식을 하며, 또한 인간활동의 새로운 여러 가지 국면이나 미지의 자연풍경에 접촉함으로써, 그 경험과 교양을 넓히기 위하여 여행을 한다든가, 정주지(定住地)를 떠나서 체재함으로써 성립하는 여가활동의 일종이다"라고 정의하고 있다.

10) 일본의 「日本觀光政策審議會」 보고서(1969년)

"관광이란 자기의 자유시간(여가) 안에서 감상, 지식, 체험, 활동, 휴양, 참가, 정신적 고무 등의 생활변화를 추구하는 인간의 기본적 욕망을 충족시키기 위한 행위(레크리에이션)들 중에 일상생활권을 떠나 색다른 자연 및 문화 등의 환경 밑에서 행하고자 하는 일련의 행동이다"라고 정의하고 있다.

11) 쓰다 노보루(津田昇, 1969년)

그의 「국제관광론」에서 "관광이란 사람이 일상생활권을 떠나서 다시 돌아올 예정으로 타국이나 타 지역의 문물 및 제도 등을 시찰하고 풍경 등을 감상·유람할 목적으로 여행하는 것"이라고 정의하였다.

12) 세계관광기구(UNWTO, 1982년)

국제적인 측면에서 관광에 관한 정의를 살펴보면 세계관광기구의 정의가 가장 권위 있는 것으로 알려져 있는데, 즉 "방문 주요 목적이 방문국 내에서 보수를 얻는 활동을 제외하는 것으로 1박 이상 12개월을 넘지 않는 기간, 거주지 이외의 나라에서 통상의 생활환경을 벗어나 여행하는 것"으로 정의되어 있어 공연이나 돈벌이 목적 이외의 상용여행도 포함시키고 있음을 알 수 있다.

13) 맥킨토시(R.W. McIntosh, 1986년)

"관광객과 다른 방문자들을 유치 · 접대하는 과정에서 관광객, 관광사업자, 정부, 지역사회 간의 상호작용으로 야기되는 현상과 관계의 총체"라고 정의하고 있다.

14) 시오다 세이지(鹽田正志, 1987년)

"좁은 뜻의 관광이란 사람이 일상생활에서 떠나서 다시 돌아올 예정으로 이동하고, 영리를 목적으로 삼지 않고, 풍물을 가까이 하여 즐기는 것이며, 넓은 뜻의 관광이란 앞에서 말한 행위에 의하여 일어난 사회현상의 총체인 것이다."

3. 관광의 개념정의

이상에서 소개한 여러 학자들의 관광에 대한 정의를 통해서 볼 때, 관광은 한마디로 집약하여 정의할 수 없는 복잡한 사회현상이라 생각된다. 따라서 관광을 간단명료하게 정의한다는 것은 그리 쉬운 일이 아니다.

사실 관광이 인간생활의 여러 가지 요소들이 종합되어진 사회 · 문화적 현상으로 인식되고, 그에 따라 하나의 사회과학으로 영역을 찾아가고 있는 것은 최근의 일이라고 본다. 관광이 아직 하나의 학문으로 인정받기에는 많은 부문에서 미진한 점이 있고, 위에서 소개한 바와 같이 한마디로 정의를 내릴 만큼 학자들 간에 합의도 도출되어 있지 않다.

하지만 지금까지 학자들에 의해 논의된 관광의 정의를 종합해 보면, 관광은 변화를 추구하려는 인간의 욕구로 인하여 자기의 생활범주를 벗어나 새로운 환경 속으로 이동하는 행위로서 심신의 변화를 추구하고 다시 일상생활로 돌아올 때까지 변화된 여러 환경을 즐기는 인간 활동의 일체를 의미한다고 본다.

다시 말해서 관광은 인간이 일시적으로 반복되는 일상생활을 벗어나지만, 다시 그 일상생활로 복귀할 것을 전제로 다른 지역의 제도 · 풍습 · 자연 등을 감상하며 배우고 견문하는 행위를 총칭한다. 그리고 넓은 의미에서는 여기에서 파생되는 여러 산업적 효과와 정치 · 경제 · 사회 · 문화 · 기술 등의 여러 환경적인 효과를 관광의 범주에 포함시키기도 한다. 따라서 본서에서는 관광을 다음과 같이 정의내리고자 한다.

"관광이란 사람이 일상생활권에서 떠나, 다시 돌아올 예정으로 이동하여 영리를 목적으로 하지 않고, 휴양 · 유람 등의 위락적 목적으로 여행하는 것이며, 그와 같은 행위와 관련을 갖는 사상(事象)의 총칭이다."

4. 관광의 중요성

관광은 현대사회에서 국민 모두가 관심을 가지고 있고 또 실제로 참여하고 있는 여가문화 활동의 하나로서 점차 그 중요성을 더해가고 있다. 실제로 주말이면 관광하기 위해 도시를 탈출하여 고속도로를 메우는 승용차 행렬을 통해서도 알 수 있듯이, 이러한 현상은 현대사회의 인간생활에서 관광이 차지하는 비중을 입증해주고 있다고 하겠다. 어떠한 이유로 관광이 인간의 삶 속에서 이렇듯 중요성을 띠고 있을까 하는 의문은 관광이 가지는 기본적 성격을 이해했을 때 보다 명확히 되어질 것이다.

일차적으로 관광은 외래관광객이 소비하는 관광외화획득이라는 경제적 효과의 측면에서 이해하는 것이 필요하다. 이 때문에 세계 각국은 관광을 국가전략산업으로 육성하고 있다. 더불어 관광은 국제화 · 세계화로 가는 우리나라 국가사회 발전에 핵심적인 역할을 수행하는 국제교류활동으로서, 국민적 참여를 통해 한국과 세계를 하나로 연결시키는 문화행동이다. 오늘날 관광은 국제교류를 통한 국제친선 도모 및 세계평화에 기여하는 민간외교적 효과까지도 창출한다.

그래서 오늘날 서양사람들은 관광산업을 일컬어 '굴뚝 없는 수출산업', '교실 없는 교육', '언론 없는 통신', '의전 없는 외교'라고 국민들에게 홍보하면서 일석사조(一石四鳥)의 효과를 갖는 주요한 산업이라고 선전하고 있는 것이다.

제 2 절 관광과 유사개념

관광과 여행, 관광객과 여행객, 여가와 레저, 레크리에이션 등의 유사한 개념이 사용되고 있다. 주요 차이점 중 여행과 관광을 구분하면 다음과 같다.

〈표 1-2〉 주요 개념 구분

구 분	내 용
관광 (tourism)	거주지를 벗어나서 즐기는 활동으로 그 기간 동안 교통, 숙박, 음식, 서비스, 기타 활동 등을 이용하거나 제공받음
여행 (travel)	일상의 직업적 업무가 아닌 거주지역을 벗어나 즐거움을 찾아 떠나는 활동
	• 여행이란 출발지점으로 되돌아오든 그렇지 않든 어떤 목적을 위해 또는 어떤 수단에 의해 한 곳에서 다른 곳으로의 이동행위 또는 일상생활을 제외한 어떤 목적을 위해 그들의 생활권 밖으로 이동하는 행동이나 활동 등으로 정의하고 있는 것에서 볼 수 있듯이, 여행이란 이동과 비일상성을 전제로 한다. • 여행의 기본적 개념은 움직임이다. 즉 여행이란 움직임이기 때문에 이동현상만을 특징으로 삼고 있지, 목적이나 동기를 전제로 하지 않는다는 점이다. 그러나 외형적으로 관광과 잘 구분되지 않으며, 오늘날 관광과 비슷한 개념으로 인식되기도 한다.

출처 : 김광근 외(2013), 관광학의 이해, 백산출판사, p.27.

관광과 유사하거나 다소라도 상호 관련성을 가진 개념은 많다. 이 중에서도 여가와 레크리에이션 또는 위락, 행락, 놀이, 여행 등 유사개념은 우리들의 일상생활 주변에서 자주 사용되는 관계로 각 개념에 대한 사회적 가치가 부여되어 버린 경우가 많다.

그럼에도 유사개념 자체의 명확한 정립은 앞으로 관광현상의 학문적 연구, 나아가 관광의 학문적 체계 확립의 선결조건이라고 생각되므로 여기서는 먼저 유사개념들의 본질을 파악해 보고 이를 다시 관광이라는 개념과 상호 대비시켜 그 상관성을 규명해 보기로 한다.

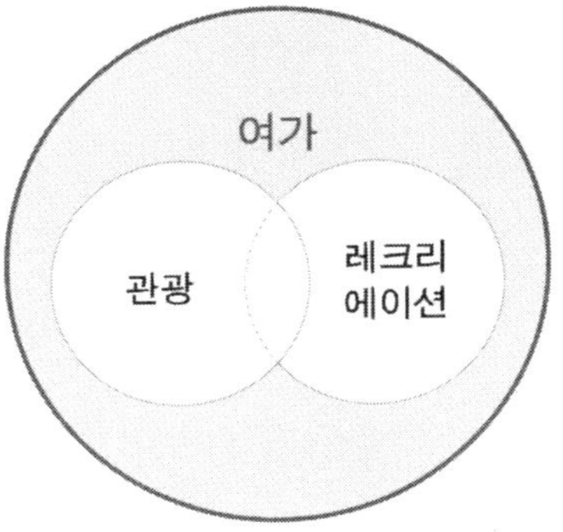

[그림 1-1] 관광 · 여가 · 레크리에이션의 연관성

1. 여행

여행(travel)은 의미 그대로 어떤 수송수단을 통해서든 한 장소에서 다른 장소로 이동하는 행위로서 목적이나 동기에 관계없이 모든 이동행위를 일반적으로 지칭할 때 사용하는 포괄적인 개념이다. 여행은 그 본질이 이동이라는 점에서 다른 개념들보다 관광과 더욱 밀접한 관계를 가진다. 그래서 여행과 관광은 동의어로 착각될 만큼 현실사회에서 혼용되기도 한다. 특히 우리나라에서는 통속적으로 관광의 의미를 이동, 즉 교통과 가장 밀접히 관련시켜 보는 경향이 강하다.

관광은 본질적으로 여행의 한 형태라고 본다. 따라서 여행은 대체로 다음과 같이 정의된다. 즉 "여행자는 출발의 원점으로 되돌아오거나 그렇지 않아도 되며, 어떤 목적을 가지고 여하한 교통수단에 의존하여 한 장소에서 다른 장소로 이동하는 행위"로서 관광과는 관계없이, 뚜렷한 목적이나 동기에 관계없이도 행하여지는 것이다. 이와 같이 오늘날 이 travel(여행)은 단순형태의 여행을 가리킬 때 사용하는 개념이다.

2. 여가

1) 여가의 정의

우리가 정의하고자 하는 용어 중 가장 포괄적이고 다의적 의미를 지닌 것이

바로 여가(leisure · 레저)란 개념이며, 개념규정에 가장 어려움이 뒤따르는 것이 바로 이 개념이다.

레저(leisure)의 어원은 고대 그리스어의 '스콜레(scole)'란 말에서 유래되었다고 한다. 스콜레란 두 가지 의미가 있다고 전해지고 있는데, 첫째는 여분의 시간, 둘째는 영어의 스쿨(school)의 어원으로서 연구, 연습, 놀이 등을 뜻한다고 한다. 레저의 어원이 '스콜레'라고 말하여지는 것은 레저가 본래 문화를 창조하는 활동을 뜻하고 있기 때문이다.

또한 레저는 프랑스어의 '리세레(licere)'란 말에서 유래되었다고 한다. 이 말의 뜻은 '허락받는다', '자유로운' 등의 의미를 가진다. 리세레로부터는 다시 프랑스어로 로와지르, 영어로는 라이센스(license)라는 말이 파생되었다고 한다. 이는 원래 '노역의 면제', '공적의무의 면제'를 의미하고 있기 때문에 말하자면 '작업이나 업무 등과 같은 일로부터 면제되어 자유로이 할 수 있는 휴양이나 레크리에이션과 같은 활동을 할 수 있는 시간을 의미한다.

일반적으로 여가라고 하면 그 개념 속에는 '시간'개념과 '활동'개념이 함께 포함되어 있다. 먼저 시간개념으로서의 여가에는 하루 24시간이라는 전체 생활시간 가운데서 식사 · 수면 등의 생리적 필수시간과 노동 · 가사 등의 구속시간을 빼고 남은 시간 즉 잉여시간이라는 소극적인 의미와, 의무나 구속으로부터 해방되어 자신의 자유재량에 맡겨진 자유로운 시간 즉 좀 더 적극적인 의미의 두 가지 정의가 포함되어 있는 것이다.

여기서 자유시간은 사람이 자신의 자유로운 선택에 의해서 쓸 수 있는 구속받지 않는 시간이므로 사람이 그와 같은 시간을 어떻게 쓸 것인가에 따라 그 시간의 의미는 여러 가지로 달라질 수 있다. 그와 같은 의미에서 볼 때 활동개념으로서의 여가의 의미는 시간개념으로서의 여가의 내용이 어떠한 활동이냐라는 활동내용의 질에 따라 분류되어질 수 있다.

따라서 활동개념으로서의 여가에는 자유시간에 행해지는 자유로운 활동이라는 형태로서 '자유'를 강조하는 뜻과 자유시간에 행해지는 창조적인 활동이라는 형태로서 '창조성'을 강조하는 뜻의 두 가지의 의미가 포함되어 있는 것이다. 전자에는 가끔 활동의 내용이나 기능 등이 열거되어 휴식, 기분전환 그리고 자기실현을 위해 임의로 행하는 활동의 총체라고 정의할 수 있겠고, 후자는 은연중에 뭔가 규범적인 가치를 부여한 정의라고 말할 수 있겠다.

〈표 1-3〉 여가의 개념 분류와 내용

분 류	내 용
시간적 개념	인간에게 주어진 하루 24시간 속에서 생명유지와 노동에 필요한 시간을 제외한 나머지 시간, 즉 잉여시간 혹은 자유재량적 시간의 관점에서 여가를 이해하고자 하는 것
활동적 개념	시간적 토대 위에서 여가를 이해하고자 하는 관점으로, 개인의 생활만족과 삶의 질을 추구하고자 선택하는 활동으로 규정되며 여기에는 수면, 식사, 노동과 같은 정례화된 활동이 아닌 것을 의미
상태적 개념	정신·영적 상태를 의미하며, 자유정신, 자유의지로서의 여가를 강조한 개념으로 이는 매우 주관적인 개념
제도적 개념	여가의 본질을 노동, 결혼, 교육, 정치, 경제 등의 사회제도의 상태나 가치관의 맥락에서 규명하고자 하는 개념
포괄적 개념	여가는 복합적이어서 다양한 면을 가지고 있으며, 어느 한쪽 측면으로는 여가의 본질을 충분히 설명할 수가 없다. 즉 여가는 시간적·활동적·상태적·제도적 요소가 적절히 배합된 통합적인 속성을 갖는다. 여가란 개인이 노동이나 그 밖의 의무로부터 자유로운 상태에서 휴식, 기분전환, 사회적 성취, 자기발전을 위해 자발적으로 참여·수행하는 활동시간으로 정리할 수 있다.

자료 : 김광근 외 5인 공저, 관광학의 이해, 백산출판사, 2017, p.32.

이상에서 살펴본 바와 같이 여가는 여분의 시간이지만, 있어도 없어도 좋다는 잉여시간을 말하는 것이 아니라, 노동을 위하여 혹은 노동을 포함한 인간생존에 불가결한 의미를 갖는 것으로, 자기재량으로서 자유로이 처분하고 자기향상을 도모하는 기회라는 보다 적극적이고 전진적인 의미를 내포하고 있다.

2) 여가의 기능

활동개념으로서의 여가에는 자유시간에 행해지는 자유로운 활동이라는 형태로 '자유'를 강조하는 뜻과, 자유시간에 행해지는 창조적인 활동이라는 형태로서 '창조성'을 강조하는 뜻의 두 가지 정의가 포함되어 있다고 함은 앞에서 설명한 바 있다. 그렇지만, 일반적으로 활동개념으로서의 여가는 자유시간에 행해지는 자유로운 활동이라는 형태로서 '자유'를 강조하는 뜻에서 사용되는 경우가 많은데, 이럴 경우 여가의 기능으로서 휴식, 기분전환, 그리고 자기계발 등이 열거된다. 그러므로 여기서는 이와 같은 여가의 기능에 관하여 살펴보기로 한다.

(1) 휴식 기능

휴식은 피로를 회복시킨다. 이런 면에 있어서 여가는 일상생활, 특히 근로생활에서 기인하는 압력에 의해서 가해진 육체적 · 정신적 마멸을 회복시킨다. 오늘날 노무는 상당히 경감되어 왔을지는 모르나, 노동밀도의 증대, 생산 공정의 복잡화, 대도시지역에 있어서 통근거리의 장거리화 때문에 근로자는 아무 일도 하지 않은 채 있다든지, 또는 조용히 여유 있게 쉬는 것이 점점 긴요해지고 있다.

(2) 기분전환 기능

기분전환은 인간을 권태로부터 구출한다. 세분화된 단조로운 작업은 노동자의 인격에 나쁜 영향을 가져온다. 그리고 현대인의 소외감은 일종의 자기상실의 결과에서 오는 것이기 때문에, 일상적인 세계로부터 탈출의 필요성이 생기게 된다. 이와 같은 탈출은 지역사회의 법률적 · 도덕적 규율을 범하는 형태를 취하는 경우도 있고, 다른 한편에서는 사회 병리적 요소를 포함하게 되기도 한다.

그러나 반대의 입장에서 보면, 그것은 평행유지적 요인이 되고, 사회적으로 필요한 수련이나 규율을 지켜나가는 하나의 수단이 되기도 한다. 그 곳에서 기분전환을 시켜 보상적 경험을 추구한다든가, 일상적 세계와 격리된 세계로 도피한다든가 하는 행동이기도 하다. 현실의 세계에서 탈출을 하게 되면, 장소나 리듬이나 스타일의 변화추구(여행, 유희, 스포츠)가 된다. 탈출이 가공의 세계(영화, 연극, 소설)로 향하게 되면 등장인물에 자기를 투사하고, 주인공과 자기를 동일시하여 그 기분을 즐기는 등의 행동이 나타난다. 이는 공상적 세계에 의존하여 공상적 자아를 만족시키려고 하는 행동이다.

(3) 자기계발 기능

자기계발은 자기의 능력을 발전시키는 것이다. 여가는 일상적 사고나 행동으로부터 개인을 해방시키고 보다 폭넓고 자유로운 사회적 활동에의 참가나 실무적이고 기술적인 훈련 이상의 순수한 의미를 가진 육체 · 감정 · 이성의 도야를 가능케 한다. 유희단체 · 문화단체 · 사회단체에 자발적으로 가입하여 활동하는 데에 여가의 계발적 기능이 나타난다. 학교교육에서 채워졌다고는 하지만, 사회가 끊임없이 진보해지고 복잡해져 감에 따라 시대에 뒤떨어지기 쉬운 지식능력은 여가를 통하여 다시 한 번 자유로이 뻗어나갈 기회가 주어진다. 또한 옛것이나 새로운 것을 불문하고 여러 정보원(신문 · 잡지 · 라디오 · TV)을 적극적으로 이용하는 태도도 키워나간다.

여가는 평생 계속하는 자발적인 학습의 형태를 낳게 하고, 새로운 창조적인 태도의 형성을 돕는다. 의무적 노동으로부터 해방되어 개인은 스스로 선택한 자유로운 훈련을 통하여 개인적 · 사회적인 생활형태 가운데서 자아실현의 길을 펼쳐 나가는 것이다. 이러한 여가이용은 기분전환적인 이용만큼 일반적인 것은 아니지만, 대중문화 일반에서 본다면 대단한 중요성을 가진다.

이상의 세 가지 기능은 흡사 대립하고 있는 것처럼 보이기도 하지만, 상호간에는 밀접한 관련을 가지고 있다. 실제로 이들은 각 개인이 처해 있는 상황에 따라서 정도의 차이는 있어도 모든 사람들의 일상생활에서 거의 인정되고 있다. 또한 이 세 가지 기능은 계기적 관계에 설 경우가 있는가 하면, 공존하고 있는 때도 있다. 순차적으로 기능하는 때도 있고, 동시적으로 작용할 때도 있으며, 또한 중층적으로 작용할 때도 있어서 각각 분리하기가 어렵다. 각 기능은 보통 하나의 우월적 요소로 존재함에 지나지 않는다.

프랑스의 사회학자 듀마즈디에(J. Dumazedier)는 여가를 '휴식', '기분전환', '자기계발'과 같은 세 가지 기능을 가진 활동의 총칭으로 파악하면서, "여가란 개인이 직장이나 가정 그리고 사회로부터 부과된 의무에서 벗어났을 때에 휴식을 위하여, 기분전환을 위하여, 혹은 소득과는 관계없는 지식이나 능력의 배양 및 자발적인 사회참여와 자유로운 창조력의 발휘를 위하여, 오로지 임의적으로 행하는 활동의 총체"라고 정의했는데, 이 정의는 이해하기 쉬운 설명이어서 오늘날 널리 이용되고 있다.

3. 레크리에이션

레크리에이션(recreation, 위락)은 그것이 개인이나 집단에 의해서 여가 중에 영위되는 활동이고 그 활동으로 인하여 얻어지는 직 · 간접적 이득 때문에 강제되는 것은 아니며, 그 활동 자체에 의하여 직접적으로 동기가 주어진 자유롭고 즐거운 활동이다.

레크리에이션은 라틴어의 recreate에서 유래한 말로서 기분을 전환하다(refresh)와 저장하다(restore)의 의미를 가진 것으로 인간을 재(re)생(creation)시키고, 인생에 활력을 회복시키며, 또한 이것은 노동과 더 많은 관련이 있는 사회 기능적이고 교육적인 것이다. 그라지아(Grazia)는 이를 "노동으로부터 인간이 휴식을 취하고 기분전환을 하고 노동 재생산을 위한 활동"으로 정의하고 있으며, "각 개인이 자발적으로 행하여 그 행위로부터 직접 만족감을 얻어 즐길 수 있는 모든 여가의 경험"으로 인식하고 있다.

따라서 여가와 레크리에이션의 관계는 전자를 시간개념으로 보고 후자를 활동개념으로 보려는 견해가 지배적인데, 레크리에이션은 사회적인 편익을 증진하고자 조직되는 자발적 활동으로서 다음과 같은 특징을 지닌다.

① 레크리에이션은 육체, 정신 및 감정의 활동을 표현하기 때문에 단순한 휴식과 구별된다.
② 레크리에이션의 동기는 개인적 향락과 만족의 추구이므로 노동의 동기와 구별된다.
③ 레크리에이션은 선택의 범위가 무한정하기 때문에 수많은 형태로 나타난다.
④ 레크리에이션은 자발적 의사에 의해 참여한다.
⑤ 레크리에이션은 여가시간에 행해지는 활동이다.
⑥ 레크리에이션은 시간, 공간, 인원 등의 제한이 없고 실행과 탐색이라는 보편성을 지닌다.
⑦ 레크리에이션은 진지하며 목적을 가지고 행하여진다.

이러한 점에서 레크리에이션은 여가시간에 영위되는 자발적 활동의 총체로서 여가의 하위개념이라고 하겠다.

여가와 레크리에이션의 차이점을 좀 더 상세히 살펴보면, 여가는 포괄적이고 덜 조직적이며 개인적인 동시에 내적 만족을 추구하는데 반하여, 레크리에이션은 범위상 한정적이고 비교적 조직적이며 동시에 사회적 편익을 강조하고 있다. 또한 여가가 보통 시간의 기간이나 마음의 상태를 말하는데 비해 레크리에이션은 공간에서의 활동을 가리킨다. 나아가 여가가 쾌락과 자기표현을 위한 것이라면, 레크리에이션은 활동과 경험의 직접적 결과로서 발생한다.

레크리에이션과 관광의 차이점은 시간과 활동공간의 차이에 있다고 하겠다. 관광도 넓은 의미에서는 레크리에이션활동의 하나이지만, 그러나 관광은 일상거주지와는 멀리 떠나는 활동이라는 데에 차이점이 있다. 비교적 관광은 이동의 거리가 멀고 시간적으로도 길지만, 레크리에이션은 일상공간의 주변에서도 일어난다. 물론 관광은 일상거주지를 떠나 다시 일상생활권으로 돌아오기까지의 전 과정에서 일어나는 수많은 복합적인 현상이며 그 영향이 크다는 특징을 가지고 있기도 하다.

4. 놀이

놀이(play)라는 개념도 여가 및 레크리에이션과 더불어 관광과 밀접한 관련성을 가진다고 하겠다. 인간을 놀이하는 존재, 즉 '유희하는 인간'(Homo Ludens)으로 보는 호이징가(John Huizinga, 1955)나 그 비판적 계승자라고 할 수 있는 카이요와(Roger Caillois, 1994)는 놀이를 인간의 본질이며 동시에 문화의 근원으로 파악하고 있다. 이들의 견해에 따르면, 문화가 놀이의 성격을 상실하게 되면 마침내 문화는 붕괴의 길을 걷게 된다고 한다. 특히 호이징가는 놀이를 인간의 본질, 나아가 문화의 근원으로 파악하고, 놀이의 본질과 그 표현 형태를 인류역사의 전 과정 속에서 파악한 후 놀이가 문화를 만들어 내며 또한 그것을 지속시킨다고 결론짓고 있다. 호이징가는 놀이의 특성으로서 다음 네 가지를 들고 있다.

① 인간의 자발적 자유의사에 의해 행해진다.
② 일상생활의 막간에 이용되며 탈일상적이고 사심이 없다.
③ 전통화 · 반복화라는 지속성을 가지며, 놀이공간으로 미리 구획되어진 공간에서 행해진다.
④ 게임이 끝나면 놀이집단은 영구히 내집단화되어진다.

한편, 카이요와(Roger Caillois)는 놀이의 기준 또는 특성으로서
① 참가의 자유, ② 일상생활로부터의 격리, ③ 과정과 결과의 불확실성, ④ 생산성을 목적으로 하지 않음, ⑤ 규칙의 지배, ⑥ 가상성 등 6가지를 들고 있다.

이와 같은 놀이의 특성을 볼 때, 그것이 곧 여가의 한 형태로서 자유의사에 근거한 활동인 것은 틀림없지만, 질서 · 규칙 · 전통화 등의 관점에서 보면 레크리에이션 또는 관광과 개념적으로 다름을 알 수 있다.

그러나 놀이는 또한 관광과 여러 가지 공통적인 측면도 없지 않다. 그레번(Graburn, 1983 : 15)은 그 공통속성을 다음과 같이 지적한다.

> "인간의 놀이는 관광에서 말하는 여행이라는 요소를 갖고 있지는 않지만, 관광이 지닌 여러 속성을 공유한다. 즉 놀이가 지닌 정상규칙으로부터 이탈, 제한된 지속성, 독특한 사회관계, 그리고 터너(Turner)가 유동(flow)이라고 이름한 몰입과 열중성을 지닌다. 관광과 마찬가지로 놀이로서 게임은 일상생활의 구조와 가치관과는 다르면서도 그것을 강화시켜 주는 의례(rituals)인 것이다."

5. 관광현상과 인접개념과의 관련성

이상에서 우리는 인접개념들 중 비교적 중요하다고 생각되는 여가 · 레크리에이션 · 놀이 · 여행 등의 본질을 포괄적으로나마 파악하여 보았다. 그런데 이들 유사개념들은 관광이라는 현상과 종횡으로 연관되어 서로간의 명확한 상관관계를 밝히기가 어렵다. 최근에는 이들 개념들 간의 상호관련성에 대해 많은 연구들이 나타나고 있으나, 인접개념 간의 유사성과 관광현상의 개념적 실체를 명료하게 파악하기에는 부족한 점이 많아 보인다.

먼저 관광과 레크리에이션(위락)의 차이점은 무엇인가? 그 차이는 종류의 문제라기보다는 오히려 정도의 문제이다. 레크리에이션 특히 야외레크리에이션은 골프 · 스키 등의 스포츠에서 볼 수 있듯이 성격상 관광보다 역동성(dynamism)과 신체적 노력(physical exertion)의 정도가 더 크다. 또한 레크리에이션은 관광보다 육체적 또는 정신적 회복이라는 목표추구의 정도가 더 크며, 역내(intra)란 의미가 강하다. 반면에 관광은 레크리에이션이나 여가보다 견문획득을 통한 지식의 향상, 혹은 자기계발(self-enlightenment)이라는 성취욕구 성향이 더 크다고 볼 수 있다.

관광이 여가나 레크리에이션(특히 야외위락)과 크게 다른 점은 '상당한 정도의 거주권역 이탈'(displacement)이라는 공간이동성에 있다. 옥외 혹은 야외라는 개념도 역시 어느 정도의 공간적 이탈을 전제하고 있지만, 문자 그대로 '문 밖'이면 충분한 것이지 자신이 거주하는 지역사회를 상당히 이탈하여 이역 또는 이국문화 환경을 접촉한다는 의미는 시사해 주지 않는다.

그러나 다른 문화나 다른 환경을 접촉할 수 있는 상당한 거리의 이동이라고 해서 관광을 이주(imigration)와 혼동해서는 안 된다. 이주는 회귀를 전제하지 않는 영구체류를 목적으로 한다는 점, 그리고 유흥목적의 이동이 아니라 생계목적의 이동이라는 점에서 다르다.

이동이라는 점에 관한 한, 관광은 여행(travel)과 같은 부류에 속한다. 그래서 흔히들 관광을 여행과 동일시하는 경향도 적지 않다. 관광이라는 개념 속에는 여행 등 온갖 뉘앙스가 뒤섞여 있어 실체화에 어려움이 있다고 보아 미국여행통계센터(USTDC) 같은 기관은 아예 관광이라는 용어를 쓰지 않고 여행이라는 용어로 일관해 오기도 하였다(Frechtling, 1976).

그러나 앞에서도 밝혔지만, 서로 간에 분명히 다른 점은 여행이라는 개념은 단지 이동이라는 현상만을 그 속성으로 하고 있을 뿐, 목적이나 동기를 전제하지 않는다는 것이다. 즉 여행이란 개념은 관광과 같이 유흥이나 위락을 목적으로 하거나 자기발전을 기하는 것이 아닌, 행위목적이나 행위동기를 묻지 않는 포괄적 이동개념이다. 따라서 모든 관광행위는 전부 여행 속에 포함되지만, 역으로 모든 여행이 전부 관광일 수는 없다. 즉 여행은 관광의 필요조건은 되지만 충분조건은 될 수 없다.

제 3 절 관광의 구성요소

1. 관광의 구조

관광이란 관광행동을 가능케 하는 각종 사업활동과 관광객을 유치하는 지역과의 여러 관계 등 관련사상을 염두에 두고 폭넓게는 관광현상을 의미한다고 함은 이미 앞에서 언급한 바 있는데, 그렇다면 관광현상은 전체적으로 어떤 구조를 가지고 있는지에 대해 알아보기로 한다.

관광과 관광산업의 관계는 관광의 기본구조에서 이해될 수 있다. 관광은 관광주체, 객체, 매체로서 구성되며 이는 구성원 상호간의 유기적 관계가 중요함을 알 수 있다. 결론적으로 관광현상은 관광의 3대 구성요소로 일컬어지는 관광주체, 관광객체, 관광매체로 이루어져 있다.

우선 관광현상의 기본적인 요소는 관광행동의 주체로서 관광객의 존재를 빠트릴 수 없다. 사람들이 관광에 대한 욕구를 가지지 않는 한 관광현상은 일어나지 않기 때문이다.

다음으로 관광행동의 객체로서의 관광대상이 있다. 예를 들면 관광객은 풍부한 자연환경을 동경하여 일상 생활권을 벗어나게 되는데, 관광대상을 공간적 개념으로 바꿔 말하면 관광지가 된다. 관광대상 내지 관광지는 관광객을 끌어들이는 유인력의 요소로서의 관광자원과 관광객이 그 매력을 향유할 수 있도록 각종 편익을 제공하는 관광시설(서비스 포함)로 구성된다. 관광자원을 세분화하면 자연관광자원과 인문관광자원으로 대별할 수 있으며, 관광시설은 음식과 숙박 등 기반시설과 감상·체험 및 스포츠로 대표되는 각종 활동을 위한 시설로 대별할 수 있다.

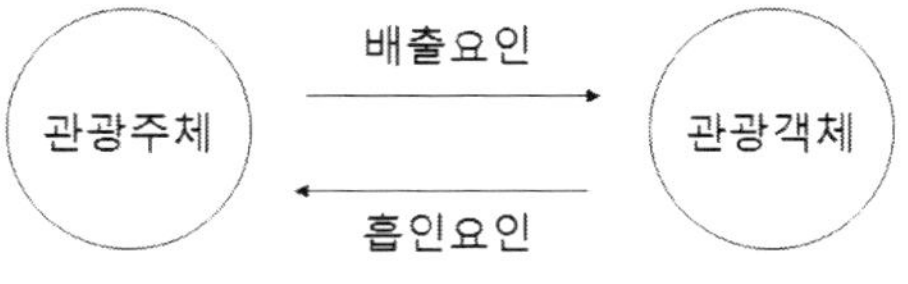

출처 : 이상춘(2011), 관광자원론(제2판), 백산출판사, p.32.

[그림 1-2] 관광주체 · 객체의 상관관계

마지막으로 관광현상은 주체와 객체의 존재만으로 성립되지 않는다. 양자를 연결하는 매개기능이 필요한데 그것이 바로 관광정보와 관광교통이다. 아무리 훌륭한 관광자원이라도 일반인에게 알리지 않으면, 다시 말해서 관광정보가 없으면 관광행동은 일어나지 않는다. 또 많은 사람들에게 알려져 방문하고 싶다는 생각이 들더라도 이동수단이 없으면 일상생활권을 벗어날 수가 없다.

따라서 관광현상이 성립하기 위해서는 주체, 객체, 매개 등 3대요소가 존재해야 하며, 마지막으로 이들 3대 요소에 영향을 미치는 것으로 정부나 지방자치단체에 의한 관광정책과 관광행정이 있다. 휴일이나 휴가제도의 제정, 자연공원의 정비, 철도나 고속도로의 건설 및 정비, 관광정보의 제공 등 행정분야의 역할 역시 관광현상이나 관광진흥에 지대한 영향을 미치고 있음을 간과해서는 안 될 것이다.

2. 관광주체

관광의 구성요소로서 가장 중요한 것은 말할 것도 없이 관광을 하는 사람 그 자체의 존재이다. 관광을 행하는 주체 곧 관광주체를 관광객이라 말한다. 관광객이 관광을 하고 싶어 하는 관광욕구와 관광동기로부터 관광은 시작된다.

관광주체인 관광객이 관광대상으로 이동하고자 하는 데는 내·외부적 요인이 있을 수 있는데, 본래 인간은 여러 가지 욕구 가운데 이동의 본능적 욕구가 있으며, 이를 구체적으로 열거한다면 신체적 욕구, 체험적 욕구, 사회적 변화욕구, 지적 욕구, 자아실현의 욕구 등이 있다. 또한 관광욕구가 관광행동으로 전이(轉移)되기 위한 용이한 조건으로 소득증대, 교통의 발달, 가치관의 변화, 인구증가, 관광산업의 발달, 관련시설의 확충 등의 요인이 있다.

관광객은 관광의 수요자인 동시에 소비자이며 관광시장을 형성하는 최대의 요소가 된다. 즉 관광주체가 가지는 사회경제적인 여건과 관광동기는 관광수요를 구성하는 중요한 결정요인이 되는 것이다.

3. 관광객체

관광의 주체인 관광객은 관광욕구나 동기에 따라 관광대상을 찾게 된다. 관광객이 관광행동을 시작함으로 인해 소비되는 유·무형적 구매상품의 대상인 관광대상, 즉 관광자원은 관광객에 대한 흡인요인이 되는 것이며 관광자원이 없이는 관광 자체가 성립될 수 없다. 이와 같이 관광객에게 매력이 되는 관광대상으로서 관광객의 욕구나 기호에 부합하면서 관광객에게 만족을 제공해주는 관광자원 및 관광시설을 포함하며, 관광공급시장을 형성하는 중요한 요소이다. 관광객체는 관광목적물이며 관광의욕의 대상이 되고 관광행동의 목표가 되는 것이다. 그러므로 관광객체는 보는 것에만 한정되지 않으며, 보고, 듣고, 맛보고, 배우고, 행하고, 생각하는 모든 것을 포함한다.

관광객체는 관광대상 즉 관광자원을 의미하며, 자연, 풍속, 문화, 산업시설 등의 관광자원 및 관광시설로서 관광주체의 욕구 충족이나 기호에 부합하며, 관광수요시장 및 관광공급시장을 형성하는 중요한 요소이다.

관광객체는 관광자원과 그 자원을 살려서 관광객의 욕구충족에 직접적으로 기여하는 관광시설로 대별된다. 전자인 관광자원은 유형적 자원(자연·인문), 무형적 자원(인적·비인적), 문화적 자원(유형문화재·무형문화재·기념물·민속자료) 등으로 구성되며, 후자인 관광시설은 하부시설(항만·공항·주차장·통신시설 등의 기반시설)과 상부시설(여행·행정·숙박시설·레크리에이션 시설 등)로 이루어진다. 따라서 관광자원은 이미지, 접근성, 매력성, 이용시설, 상부·하부구조의 시설화가 중요한 세부요소가 된다.

4. 관광매체

관광을 관광주체인 관광객의 효용개념으로서 파악하게 되면 관광매체는 관광의 효용에 영향을 미칠 수는 있으나 본질적으로는 관광매체 없이 관광객, 관광자원의 상관관계로서 관광이 성립될 수 없는 것은 아니다. 즉 관광현상은 관광매체가 존재하지 아니한 시대부터 이루어져 왔던 것이 사실이기 때문이다.

그러나 관광객의 폭발적인 팽창과 이에 따른 효과적인 관광의 달성을 위해 관광매체의 존재가 필연적으로 요구되었으며 이로 인해 관광의 구조상에 큰 변화를 가져오게 되었다.

관광매체는 관광객에 대한 편익기능의 제공요소로서 존재하게 되는 것인데, 관광매체의 정확한 개념과 한계가 아직까지는 명확히 규정되지 않았다. 하지만 관광객의 욕구에 대해 서비스를 제공하는 여러 영업의 총체로 그 개념을 정의하고 있는 것이 일반적이다.

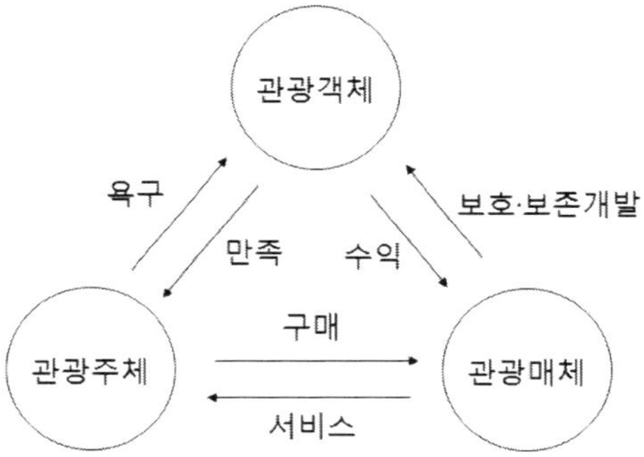

출처 : 이상춘(2011), 관광자원론(제2판), 백산출판사, p.33.

[그림 1-3] 관광의 성립요소별 상관관계

관광의 주체와 객체를 연결시키는 역할, 즉 관광주체의 욕구와 관광대상을 결합시키는 역할을 하는 것을 관광매체라고 한다. 이들 관광매체를 분류하면,

① 시간적인 매체인 숙박시설 · 관광객이용시설 · 관광편의시설

② 공간적인 매체인 교통기관 · 도로 · 운수시설

③ 기능적인 매체인 여행업 · 통역안내업 · 관광기념품판매업 · 관광정보와 선전물 등이 있다.

관광매체의 대부분은 관광시장 내의 사업에 의해서 제공되고 있으며, 관광매체는 관광객에 대해서는 무형적 가치물인 서비스를 제공하고 일반적으로 이에 따른 반대급부를 획득하는 요소로 보지만, 구체적으로는 관광사업체, 관광종사자, 관광관련 행정단위 등이 이에 해당된다. 그 내용은 다음과 같다.

1) 관광시장

관광시장은 관광수요를 창출하는 관광객(관광주체)의 행동체계가 원활히 활동할 수 있도록 하는 기본적 매체기능을 가지고 있다. 관광시장은 국적 구분에 따라 내국인시장과 외국인시장으로 구분할 수 있고, 활동공간의 측면에서는 외래시장, 해외시장, 국내시장으로 분류할 수 있다. 이 체계는 관광을 하려는 욕구와 동기 · 지각 · 학습 · 성격 · 태도 등의 심리적 요소뿐만 아니라 문화 · 사회계층 및 집단과 준거집단 등의 사회적 요소에 따라 작용한다.

2) 관광교통 및 운송시설

관광교통은 관광행동의 주체를 관광자원과 시설에 직접 연결시켜 주는 이동체계를 말한다. 관광은 사람의 이동이기 때문에 교통수단에 대한 논의 없이 관광체계를 거론하기는 힘들다. 그리고 교통은 보통 목적지까지 도달하는 수단인 동시에 목적지에서 이동수단으로 정의된다. 따라서 관광교통에는 공간적 차원의 이동체계와 국내외 교통수단 그리고 하드 · 소프트교통체계, 영리적 · 비영리적 교통수단도 모두 고려할 수 있다.

3) 유관 관광 관련 업체

관광기업은 관광객에게 관광대상에 대한 정보를 제공하거나 상품화하여 이윤을 추구하는 기업체계를 말한다. 관광기업은 대개 관광의 준비와 숙박 및 활동과 관련된 여행업, 관광숙박업, 관광안내업, 관당시설업 등으로 구성되어 있다. 그리고 이 체계는 관광객의 행동을 유도하고 관광대상의 개발을 담당하며, 주로 제품 · 가격 · 유통 · 촉진 등의 요소로 구성되어 귔다.

4) 관광정책과 행정기관

관광정책과 관광행정도 관광성립에 필요한 요소로서 결정적인 역할을 한다. 여기서 정책이란 관광에 대한 국가의 방침을 뜻하며 행정이라는 방침에 의거한 구체적인 시책을 의미한다. 따라서 관광행정은 관광체계의 핵심적 요소들이 원활한 상호작용을 할 수 있도록 조정 또는 규제하는 체계인 것이다. 이 체계는 관광체계의 기능적 발전을 위한 지원적 · 보조적 역할을 수행하며 행정목표, 행정조직, 행정기능, 행정인력, 행정예산, 행정정보 등으로 구성되어 있다. 따라서 현대의 관광은 관광시장, 관광교통, 관광대상, 관광기업 간의 핵심적 상호작용관계 속에서 성장하고 있으며, 특히 개발도상국과 같이 관광이 아직 충분히 발전하지 않은 국가에서는 관광행정체계의 지원적 역할이 필수적이다.

상기 견해는 관광욕구를 지닌 관광객이 있고 관광객체가 있는 가운데 관광매체가 작용함으로써 비로소 관광이 발생될 수 있다는 관광발생에 주안점을 둔 견해로서 복잡한 관광현상을 간명하게 나타낸다는 장점도 있지만, 현상에 대한 문제를 분석 발견하여 문제점을 줄인다는 차원에서 지나치게 단순하게 제시되고 있다는 견해도 있다. 이 외 관광계획에 중점을 둔 견해, 관광마케팅에 중점을 둔 견해, 관광산업영역에 중점을 둔 견해 등이 제시되고 있다.

관광구조체계와 기능을 살펴보면, 관광객, 관광매력물, 부대시설, 기반시설, 교통, 정보촉진 등으로 분류된다(〈표 1-4〉 참조).

〈표 1-4〉 관광구조체계와 기능

구조체계	기 능
관광객	사회, 경제, 심리적 요인에 영향을 받아 관광을 목적으로 여행하고자 하는 사람
관광매력물	관광객의 관광행동을 유발하고 여행하면서 관광객이 즐기면서 이용할 수 있는 관광대상과 자원을 말함(유 · 무형 대상물 포함)
부대시설	관광객의 관광욕구를 효과적으로 충족시키고 관광활동을 보장할 수 있는 각종 편익시설을 총칭
기반시설	관광자원의 보존과 개발 및 지역주민들의 일상생활 기능을 지원하는 각종 기반시설(도로, 상하수도, 통신 등)
교통	관광의 본질적인 요소의 하나로 관광과는 불가분의 관계
정보촉진	정확하고 신속한 관광정보와 촉진체계

출처 : 고계성 외(2017), 최신 관광자원론(개정판), 백산출판사, p.21.

관광매체의 발전 내력을 보면, 옛날의 인류는 수렵이나 어로를 위해 이동하였으며, 유목민이 식량을 구하기 위해 비옥한 땅을 찾아 이동하는 등 생존유지를 위해 이동이 행해졌다. 그 후 일정한 토지에 정착하여 경제생활을 영위하면서도 물자의 유무를 알아보기 위해 일시적 생활본거지를 떠나 여행하는 일이 필요하게 되었다. 그러므로 관광왕래는 인류문화의 발전에 의하여 발생된 현상인 것이다.

이러한 관광이 오늘날의 형태로 전이되게 된 것은 인류가 일정한 자리에 정착해서 생활을 하게 되면서부터이다. 상업활동이나 공무로 일시적 여행을 필요로 한 도시의 형성이 교통을 발전시켰으며, 교통으로 인한 여행의 발전과 명소의 문물이 소개되고 미지의 세계나 위락을 추구하는 관광여행이 유발되어 시민생활에 침투하게 되었다.

관광산업이 국가적 중요 산업의 하나로 출발하게 된 것은 제1차 세계대전 이후의 일이다. 세계 각국은 전후의 국가재정 궁핍으로 인한 경제적 어려움을 타개하기 위하여 이 분야를 적극적으로 진흥하게 되었다. 또한 오랜 전쟁으로 야기된 가시지 않는 사회불안은 각국으로 하여금 평화를 동경하게 하였고 이에 관광이 필연적 결과로 수반되었다.

이에 따라 세계 각국은 관광산업의 발전에 적극화를 도모하였다. 따라서 관광산업은 점차 국제간의 경쟁사업으로 변화하게 되었으며, 각국마다 강력한 관광기구를 설립하고 대외 선전활동을 적극적으로 추진함으로써 외국인 관광객 유치에 총력을 기울이게 되었다. 이와 같이 관광산업은 치열한 경쟁으로 불합리적 · 불건전한 형태를 노출하는 우려되는 부분의 폐해를 야기하기도 하였다.

1925년 유럽의 몇몇 국가대표들이 사회적 · 경제적 공헌을 도모하는 취지로 관광기구인 IUOTPO(국제관설관광기구연맹)을 창설하여 제2차 세계대전 전까지 상당한 역할을 하여 왔다. 제2차 세계대전의 발발로 관광부문은 일시 중단되었다가 전후 다시 급진적으로 발전하게 되어 새로운 국제기구의 탄생을 서둘러 1946년 각국 정부의 관광기구대표들이 모여 IUOTO(국제관설관광기구연맹)의 창설을 보게 되고 이 기구는 그 후 UNWTO(세계관광기구)로 발전하면서 현재에 이르기까지 많은 활동을 하고 있다.

Tip UNWTO

- 세계 각국 정부기관이 회원으로 가입되어 있는 정부 간 관광기구인 UNWTO (UN World Tourism Organization : 세계관광기구)는 IUOTO(International Union of Official Travel Organization : 국제관광연맹)가 1975년에 정부 간 협력기구로 개편되어 설립된 것이다. 2017년 현재 세계 158개국 정부가 정회원으로, 500여개 관광 유관기관이 찬조회원으로 가입되어 있으며, 격년제로 개최되는 총회와 7개 지역위원회를 비롯하여 각종 회의 및 세미나를 개최하고 있다.
- UNWTO는 공신력을 가진 각종 통계자료 발간을 비롯하여 교육, 조사, 연구, 관광편의 촉진, 관광지 개발, 관광자료 제공 등에 역점을 두고 활동하고 있으며, 관광분야에서 UN 및 전문기구와 협력하는 중심역할을 수행하고 있다.
- 우리나라는 당시 IUOTO의 회원자격으로 1975년 자동적으로 UNWTO에 정회원으로 가입되었고, 한국관광공사는 1977년 찬조회원으로 가입하였다. 북한은 1987년 9월 제7차 총회에서 정회원으로 가입하였다.
- 원래 세계관광기구(World Tourism Organization : WTO)는 1975년 설립된 이래 줄곧 WTO라는 명칭을 사용하고 있었으나, 1995년 1월에 세계무역기구(World Trade Organization : WTO)가 출범함에 따라 두 기구 간에 혼란이 빈번하게 발생하였다. 이에 유엔총회는 양 기구 간의 영문 약자 WTO가 동일함으로 인해 혼란을 피하고 UN 전문기구로서 세계관광기구의 위상을 높이기 위해 2006년 1월부터 WTO라는 명칭을 UNWTO라는 명칭으로 변경하여 사용하게 되었다.

출처 : 이상춘(2018), 관광자원론, 백산출판사, p.26.

제 4 절 관광의 효과

관광의 여러 가지 효과란 관광이란 행동과 그 집합으로서의 현상이 가져온 영향을 어떤 기준으로 평가한 것을 말한다. 관광은 다양한 행동이며, 매우 현대적인 사회현상이라서 그것이 가져오는 영향은 매우 여러 방면에 걸쳐 있으므로 관광을 어떤 각도에서 파악하는가에 따라 그 효과의 의미도 달리 해석된다.

관광의 효과라고 말하는 경우, 종래에는 먼저 국제관광을 통한 외화획득, 즉 국제수지의 개선에 관한 효과를 들었다. 그러나 점차적으로 국제 및 국내의 관광왕래가 활발하게 이루어져 감에 따라 국제수지의 면만이 아닌 여러 가지 경제적 효과가 인정되기에 이르렀다. 즉 관광에 직·간접적으로 관련되는 사업에 대한 투자의 촉진이나 고용기회의 증대 등이 그것이다.

또한 관광은 다른 나라의 풍토나 문물을 알고, 문화적 교류를 가져오게 하는 등의 비경제적 효과가 있다는 것이 예부터 널리 알려져 왔다. 더구나 대중관광(Mass tourism)의 시대가 도래하면서 교육적·문화적 효과, 국민후생적 효과 등이 주목을 받게 되었고 점차 그 비중이 증대되어지고 있다. 그러므로 현대에 있어 관광의 효과는 이들을 종합한 것으로 이해하여야 할 것이다.

관광의 여러 효과는 상호 관련성을 갖는 면이 있지만, 여기서는 이것을 경제적 효과와 사회·문화적 효과로 분류하고, 각각의 효과에 대하여 설명한 후, 긍정적 효과와 함께 제기될 수 있는 부정적 효과에 대해서도 살펴보고자 한다.

1. 관광의 경제적 효과

관광은 즐거움을 위한 여행이지만, 관광객은 일련의 소비활동으로 이루어지는 복합적인 현상이기도 하다. 관광객은 관광행위를 수행하면서 여러 가지 소비활동을 수반하게 되는데, 이러한 과정에서 발생하게 되는 경제적 효과에는 국제수지개선과 외화획득, 경제발전에의 기여, 지역개발의 촉진 등이 있다.

1) 국제수지의 개선

국제관광에 의한 외화획득은 국제수지를 개선하는 데 커다란 역할을 한다. 그것은 외래 관광객의 소비가 받아들이는 나라에 외화수입이 되며, 외국인 관광객의 증가가 외화획득의 증대에 직접적으로 기여하게 되는 것이기 때문이다. 더욱이 부존자원과 자본이 빈약하고 공업제품의 수출이 곤란한 나라에 있어서는 국제관광객을 받아들이는 것은 외화를 획득하는데 매우 유효한 수단이 되고 있다.

제품수출 등에 의해서 외화를 획득하는 경우, 외화로서 지급되는 수출대금의 전부가 외화수입으로 되는 것은 아니다. 왜냐하면, 그 상품을 만드는데 필요한 원자재 등을 수입하는 경우가 많기 때문이며, 외화를 지출하고 있는 부분이 있기 때문이다. 물론 그와 같은 점은 관광의 경우에 있어서도 마찬가지지만, 관광에 의한 외화의 획득은 일반 수출에 비해 훨씬 외화가득률이 높다는 것이 특징이다.

여기서 '외화가득률'이란 획득한 외화수입에서 그 외화를 얻기 위해 지출된 외화를 뺀 나머지 실질적인 외화수입이며, 이 순외화수입이 획득한 외화수입 가운데 몇 %인가를 나타내는 것을 말한다.

관광상품의 판매에 의해서 획득되는 외화가득률이 제품수출 등에 의해 획득되는 외화가득률보다도 1.4배 가까이나 높은 것은[1] 외화를 얻기 위해 지급되는 비용이 매우 적게 들기 때문인 것이다. 다시 말하면, 제품수출 등에 의해서 외화를 획득하는 경우에는 원자재의 수입, 외국에서의 선전비 외에도 해외로 제품을 실어나가는 수송비 등이 들지만, 관광제품일 경우에는 국내에서 생산되지 않은 일부 식료품이나 양주, 그리고 외국에서의 선전비만이 지출되고 해외로 제품을 실어나가는 수송비와 같은 비용은 들지 않기 때문인 것이다.

국제관광에 의한 외화수입이 "보이지 않는 수출"이라고 불려지는 까닭은 여기에 있고, 나라마다 외국인 관광객을 유치하려고 노력하는 이유가 되고 있다.

그리고 관광에 의한 외화획득은 제품수출 등의 상품무역에 의한 외화획득과는 달리 또 다른 하나의 유리한 특징을 갖고 있다. 즉 상품무역에 있어서는 각 나라의 보호무역주의에 의한 관세장벽, 민족자원주의에 의한 원자재의 수입곤

1) 일반적인 예로서 재품수출 등에 의한 외화의 가득률은 65.2%인데 비해, 관광에 의한 외화의 가득률은 91.8%이며, 우리나라의 경우는 거의 94%에 달하는 것으로 나타나 있다.

란, 수출시장에 있어서 환경의 악화 등의 문제를 항상 안고 있고, 경우에 따라서는 수출대상국의 국민의 민족감정, 국제경제정책 등의 영향을 받아 상품배척이라는 문제가 일어나는데 반하여, 관광은 오히려 국제친선이나 문화교류에 기여하면서 외화를 얻을 수 있다는 점이다.

이상에서 살펴본 바와 같이 국제관광은 외화의 획득에 이바지하는 것이나, 무역수지가 대폭적으로 흑자가 되는 경우에는 관광지출을 증대시킴으로써 국제수지의 균형을 이룰 수 있는 대책을 세울 수 있어, 이런 면에서 국제수지의 개선에 이바지하는 것이다.

2) 경제발전에의 기여

국제관광, 국내관광 어느 것이든지 관광은 관광객과 관광대상과를 결부시킴으로써 대상지로서의 국가 또는 지역의 경제발전에 기여한다. 특히 관광 특유의 상품이나 서비스에 대한 수요의 증대가 가져오는 경제적 효과는 대단히 큰 것이라 할 수 있다.

관광소비의 구조는 교통비, 숙박비, 식사비, 오락비, 상품구입비 등으로 구성되는데, 이들의 관광소비는 직접적으로 국가나 지역의 수입과 이어지는 것이다.

관광소비의 증대는 관광객을 직접적인 이용자로 하는 관광사업의 성립 · 발전을 촉진한다. 예를 들면, 숙박시설의 건설, 오락시설의 신설, 교통기관의 정비, 전문적 서비스 사업의 성립 등은 관광객 왕래의 증대에 기인하는 투자활동의 결과라고 생각할 수 있다.

관광사업의 발전은 이와 관계가 있는 모든 사업의 발전을 촉진시킴과 동시에 새로운 고용의 기회를 제공한다. 나라 전체의 외화획득액 가운데서, 관광에 의한 외화수입이 압도적으로 높은 관광국인 스페인에서는 취업인구의 약 20% 정도가 관광과 직접 관련되는 사업에 종사하고 있으며, 다른 특별한 산업이 부진한 국가나 지역에 있어서는 관광이 가져오는 고용효과는 큰 의미를 갖는다.

더욱이 고용기회의 증대는 새로운 구매력을 낳게 하고, 수요를 확대시키며, 이른바 승수효과를 나타내게 되는 것이다.

이러한 것들이 관광의 경제적 활동을 자극하는 기본적 구조이며, 관광경제를 지배하는 법칙과 그 자체는 일반경제의 그것과 같은 것이다. 즉 수요와 공급의 관계나 시장원리 등을 적용하는 점은 같지만, 관광경제의 경우에는 수요자(관광객)가 공급자 측에 직접 찾아옴으로써 경제활동이 성립한다는 점에 특색이 있다.

3) 지역개발의 촉진

국제관광에 비해 국내관광의 경제적 효과는 일반적으로 가볍게 여기기 쉽다. 그것은 국제관광이 외화의 수입에 직결되어 있는데 비해 국내관광은 화폐의 국내이동과 재배분을 가져올 뿐이라는 평가가 있기 때문이다. 그러나 국내관광이 지역경제의 발전에 크게 이바지하는 것이라는 점은 두말할 필요도 없거니와 재화의 지역적 이동이 미치는 영향을 가볍게 생각해서는 안 될 것이다.

국제관광의 경우에서도 숙박, 토산품 구입이라고 하는 구체적인 소비활동은 특정한 지역을 중심으로 이루어지는 것이며, 그러한 의미에서 볼 때 국내 · 국제를 불문하고 관광의 경제적 효과는 우선 지역경제의 발전으로 나타날 수 있는 것이라고 생각할 수 있다.

지역경제에 대하여 효과가 발생되어 가는 과정은 앞에서 이미 설명한 것과 기본적으로 같다. 해당 지역에서의 관광에 관한 소비의 증대는 관광에 관한 여러 가지 사업을 성립시키는 것이 되고, 거기에서 다음과 같은 경제적 효과가 생겨나게 된다.

첫째, 고용의 기회를 증대시킨다. 관광에 관한 사업은 그 성격에서 비교적 단순한 서비스노동을 많이 필요로 하고, 그렇기 때문에 노동력을 빠른 시간에 활용할 수 있다는 점에서는 다른 산업보다 직접적인 유효성을 지니고 있다.

둘째, 관광소비의 증대와 관광사업의 활성화는 직간접적으로 지방자치단체의 세수(稅收)를 증대시키는 것과 관련된다. 세수의 증대가 공공서비스의 향상, 즉 지역사회의 발전에 이바지함은 말할 필요도 없다.

셋째, 관광사업의 발전이 도로, 상하수도, 전력공급 등의 생활기반시설의 정비에 관계되는 것을 들 수 있다. 즉 관광사업이 그 주변 일대의 생활환경을 근대화하는 데 이바지하게 되는 것이다.

2. 관광의 사회 · 문화적 효과

관광의 비경제적 효과를 총칭하여 관광의 사회 · 문화적 효과라 부르는데, 그것은 '인간의 정신활동에 미치는 영향'을 말한다. 매스투어리즘(Mass tourism)의 시대에 있어서 관광의 사회 · 문화적 효과는 경제적 효과 이상으로 주목받게 되었다. 사람과 자연과의 접촉, 사람과 사람과의 만남이라는 일들이 사람에게 미치는 영향은 매우 크다고 이해되고 있다.

관광의 효과는 기본적 의미에서는 직접 체험과 문화의 전달을 매개하는 기능을 가진 것이라고 말할 수 있는데, 일반적으로는 교육적 효과, 문화적 효과, 국가홍보 효과, 국제친선 효과 등으로 나누어 고찰할 수 있다.

1) 교육적 효과

관광은 직접적 체험을 통해서 풍물을 보고 사물에 접한다는 점에 있어서 뛰어난 교육적 효과를 가지고 있다. 관광을 통하여 새로운 지식의 획득이 이루어지지만, 무엇보다도 '변화욕구'의 충족이 중요하며, 이러한 과정에서 파생되는 지적 욕구의 구체적 실현이라고 하는 교육적 효과는 관광객들이 가장 높은 관심을 보여야 할 요인이다. 즉 관광이란 여가활동의 한 형태로서 경제적 발전과 타문화에 대한 지적 호기심을 충족시키기 위한 수단으로 활용되고 있음을 의미한다.

인간은 업무나 여가활동을 통하여 욕구의 충족을 도모함으로써 인간적 성장을 지향하는 것이며, 사회변화의 영향을 받아 파생되는 여러 가지 현대적 욕구의 대부분은 평소와는 다른 환경과 체험에 의해 충족시키고 있는 것이다. 궁극적으로 관광의 교육적 효과는 관광객이 직접적 체험을 통해서 얻어지는 것에 대한 평가이며, 견학이나 시찰여행 등의 교육적 목적을 달성하기 위해 시도하는 직접적 체험에 의한 지식의 증대를 도모한다. 따라서 관광은 교실 없는 교육, 즉 Education without a class room이라 한다.

요약하면, 관광의 교육적 효과란 관광을 통해 다양한 문물에 대한 접촉과 경험의 축적을 의미한다. 역사유적 탐방, 박물관 · 미술관 탐방 및 동식물원의 관람, 그리고 다도관광, 전적지관광, 도자기 만들기, 성지순례, 수학여행, 보이스카

우트캠프 참가 등 교육목적에 따라 다양한 체험을 경험함으로써 관광객은 역사적 통찰력과 문화적 가치를 보다 깊이 이해하게 되는 것이다.

2) 문화적 효과

관광이 지니고 있는 또 한 가지의 사회 · 문화적 효과는 관광이 서로 다른 문화를 전달하는 매개로서 기능을 다하는 데에서 생긴다.

관광에 의해서 습득한 지식과 체험은 다른 여러 사람들에게 자연스럽게 전해짐으로써 사회에 대하여 커다란 영향을 미치게 된다. 오랜 역사의 모든 과정을 통해서 보면 다른 나라의 문화나 산물은 여행자와 함께 다른 나라로 건너간 일이 많았다.

예전에는 다른 나라나 다른 지방의 문화는 상인이나 순회연예인과 같이 여행하는 것을 일거리의 일부처럼 여기고 있는 사람들에 의하여 전해졌다고 말할 수 있다. 실크로드(silk road)가 교역뿐만 아니라 동서 문화의 교류에 크게 이바지한 것은 잘 알려진 사실이며, 이탈리아의 여행가 마르코 폴로의 체험담에 바탕을 둔 '동방견문록'은 당시로서는 최초의 상세한 동양의 소개서였고, 유럽 사람들의 동양에의 관심을 높여, 그것이 신항로나 신대륙 발견의 원인이 되었다고 한다.

관광이 즐거움을 위한 여행이고 여행하는 그 자체가 목적이지만, 그 여행에 의해 얻어지는 지식과 경험은 다른 사람들에게 전해질 수 있는 것이며, 또 내방한 여행자를 통하여 서로 다른 문화에 접촉할 수 있는 것이다.

커뮤니케이션 수단이 발달한 현대에 있어서는 관광이 문화를 전달하는 기능은 상대적으로 감소되었다고 말할 수 있겠으나, 사람들의 행동양식 등은 기본적으로 사람과 사람과의 접촉을 통해 전하여지는 성격을 가진 것이다.

우리나라에 있어서도 해외여행을 경험한 사람은 여러 가지 지식이나 체험을 가지고 돌아와 다른 사람들에게 적잖은 영향을 미쳤으며, 이는 오늘날까지도 계속되고 있다. 또한 우리나라를 방문한 외국인 여행자를 통해서 다른 나라의 문화가 도입되고 있으며, 한국인 관광객에 의해 한국의 문화가 해외에 소개되고 있다.

국내관광에 있어서도 다른 지역의 사람들 사이의 교류가 관광객의 왕래에 의해 촉진되고 있다.

3) 국제친선 효과

관광은 국제교류를 통하여 국가 간의 친선을 도모할 수 있다. 오늘날 관광에 부과된 기본적 사명 중에서 국제친선의 증진은 국가 간의 상호이해를 꾀할 수 있어 매우 중요시되고 있다. 이에 따라 각국의 국민이 될 수 있는 한 많은 기회를 만들어 해외여행을 하여 그 나라 국민과 광범위하게 접촉하고, 또한 모든 사정을 관찰하는 것이 요망된다.

이처럼 관광의 국제친선효과는 매우 광범위하게 나타나며, 특히 인적 교류를 통한 상호 이해의 증진, 한국을 이해하고 도와주는 친한 인사 증가, 국제화시대의 국제 활동의 원활화 등에 크게 기여하게 된다. 아울러 관광종사원과 해외여행자는 민간외교관의 역할을 수행하게 된다.

따라서 관광산업은 평화산업으로 인식되고 있으며, 실제로 관광을 통해 세계평화에 이바지한다고 볼 수 있다. 무엇보다도 이해집단 간의 분쟁은 서로에 대한 오해와 불신에서 비롯된다는 점을 고려할 때, 국제관광은 세계를 하나의 우호적인 공동체로 만드는 데 기여하게 될 것이다.

궁극적으로 관광이 구현하고자 하는 이념이 세계평화라고 볼 때, 관광은 상호교류를 통해 국가 간의 이해를 증진시킬 수 있으며, 그동안 특정국가에 대해 가지고 있던 편견을 불식시키는 데 중요한 역할을 담당하게 된다. 여러 연구결과를 보면, 어떤 특정 국가나 지역을 방문했던 관광객은 방문하기 전보다 방문지에 대해 긍정적인 평가를 하여 관광활동이 국제친선에 기여함을 이해할 수 있다. 따라서 관광객과 접촉한 지역주민이 접촉이 없었던 주민보다 관광객에 대해 보다 긍정적인 평가를 하였다. 따라서 해외여행은 국제친선과 민간외교에 도움이 된다고 볼 수 있다. 또한 관광객과 관광종사원은 민간외교관 즉 'Diplomacy without a protocol'이라고 불리운다.

4) 국가홍보 효과

관광의 활성화는 관광지 국가를 내외국인에게 홍보하는 효과를 꾀할 수 있다. 이는 오늘날의 관광이 단순히 경제적 효과만을 의해 발전시키는 것이 아님을 의미한다. 특히 관광을 통한 국가홍보효과는 자국의 민족적 우수성을 세계에 알리는 역할을 담당한다. 지난 70년대 정부에서 실시한 참전용사 유치사업은 6 · 25

전쟁의 폐허와 가난의 참상에서 놀랍게 발전한 우리나라의 재건모습을 세계적으로 유감없이 홍보하였다고 할 수 있다. 따라서 관광은 언론 없는 통신 즉 'Communication without a press'라고 한다.

이와 같은 국가홍보 효과를 달성하기 위해서는 무엇보다도 우리나라를 찾는 외국인에게 우수한 전통문화와 문물을 체계적으로 소개해야 한다. 고려자기, 거북선, 인쇄(금속활자) 등 다양한 한국의 전통문화는 관광 상품 개발에도 유용하게 활용될 수 있으며, 이와 같은 전통문화를 효과적으로 외래 관광객들에게 소개할 수 있는 관광수용태세를 정비해야 할 것이다.

아울러 국가의 발전상, 친절, 미풍양속 등을 보여줌으로써 국위선양을 도모해야 한다. 한강의 기적을 이룩한 우리나라의 발전모습은 한국보다 경제적으로 낙후된 지역에서 온 관광객들에게는 주요한 관광매력이 될 수 있다. 이처럼 관광자원은 단순히 역사유적 및 전통문화에 국한되는 것이 아니라 관광객의 호기심을 자극할 수 있는 모든 것들이 관광자원으로 활용될 수 있는 것이다.

또한 외국관광객들을 맞이하는 모든 국민과 관광종사원은 우리나라를 선전하는 홍보요원이 되어야 하며, 내국인의 해외여행을 통해서도 국가홍보를 꾀할 수 있어야 한다. 하지만, 해외를 방문하는 내국인이 해외에서 모범적인 행동을 하지 못하고 현지인과 관광객들에게 좋지 못한 행동을 한다면, 우리나라의 이미지에 부정적인 영향을 미치게 되어 한국의 전반적인 이미지를 흐리게 한다. 따라서 외국을 여행하는 내국인들은 자신의 행동이 우리나라의 국익에 영향을 미친다는 점을 명심해야 할 것이다.

대통령이 국가홍보 TV광고에 출연한 것은 외국인 관광객 유치 및 한국관광 이미지 개선에 큰 도움이 되었으며, 실제로 일본지역에 대통령의 국가홍보 광고가 방영된 후에 우리나라를 찾는 일본인 관광객이 29.4%나 급증하였다고 한다. 실로 이는 국가의 이미지를 바꾸고 국가를 홍보하는데 있어서 커다란 성과를 거두었다고 본다.

그 밖의 관광의 사회 · 문화적 효과를 살펴보면 다음과 같다.

(1) 직업의 다양화 가능

관광산업의 발전은 다양한 직업종류의 확대와 직업의 전환, 직업구조의 다양성을 촉진시킨다. 관광의 발전과 성장으로 관광산업의 유형이 다양해짐으로써 직업종류가 확대되고, 이들 산업에 종사하는 사람들과 기타 부대시설에 근무하는 사람들의 신규 수요창출로 새로운 직업기회가 많아짐에 따른 직업의 전환이 자연적으로 발생한다.

(2) 해당 지역주민의 직·간접 견문의 확대

관광목적지를 방문하는 관광객들과의 직·간접적인 접촉 등을 통하여 이질적인 문화를 습득하고 이해하는 기회를 제공받아 자연적으로 견문을 넓히는 계기를 제공한다. 아울러 각종 문화적 이질감의 오해에 따른 편견 등을 사전에 제거하고 국제적 친선과 우의를 증진시키는데 기여하게 된다.

(3) 문화·교육인프라의 확대

관광산업의 발전에 따라 지역 간 신규 도로망 확충, 통신시설의 확대 및 관광객을 위한 휴식공간 및 관광지의 자연적 인구증가 등에 따른 교육시설 등과 같은 하부시설의 확충이 우선시 추진된다.

이러한 인프라는 관광목적지내에 필요한 물품의 신속한 조달, 외부 지역과의 긴밀한 정보교류, 인간생활과 사회생활의 질적 개선, 교육환경의 개선 등 지역주민의 문화와 생활환경에 질적으로 긍정적인 결과를 가져오게 된다.

3. 관광의 부정적 효과

1) 여러 효과의 관련성

관광의 여러 가지 효과에 관해서, 이것을 앞에서 편의상 경제적 효과와 사회·문화적 효과로 대별하여 설명했지만, 본래 이것들은 서로 관련되는 것으로서, 한편으로는 바람직한 영향인 플러스 효과를 가져오는가 하면, 다른 한편에서는 바람직스럽지 못한 영향인 부정적 효과를 동시에 발생시킨다는 문제가 있다.

외화획득을 위한 국제관광객의 수용은 국제수지를 개선하는 경제적 효과와 함께 국제친선이라고 하는 사회·문화적 효과를 높이는 것이나, 반면에 예의를 갖추지 못한 관광객의 언행으로 인하여 그 나라에 대한 평가가 내려지는 수가 있다. 또 경제적으로도 관광객이 상품이나 서비스의 수요를 급격히 증가시킴으로써 물가 상승 등의 국민경제에 부정적 효과가 생기는 수도 있다.

이와 같은 경우에 전체적인 평가는 어느 쪽의 가치를 보다 중시하는가와 어느 것이 기본적인 사항이고 또 어느 것이 파생적인 사항인지에 대한 인식에 따라 내려지겠지만, 마이너스되는 측면만 문제 삼는다면 관광 그 자체는 부정적 효과를 가져오는 것으로만 부각되어 비판의 대상이 되기 쉽다.

이하에서는 대표적인 관광의 부정적 효과를 살펴보고자 한다.

2) 자연환경의 훼손

관광개발은 필연적으로 자연의 훼손을 동반하게 된다. 한편으로 무조건적인 보호가 인간생활의 풍요에 도움을 준다고 하는 견해는 문제가 있다고 본다. 때로는 자연조건을 인위적으로 개선하는 것이 오히려 환경의 보호에 도움이 될 수도 있기 때문이다. 예를 들어 홍수 시에 자주 범람하는 하천의 폭을 넓혀 홍수 피해를 예방하는 것은 자연환경을 소극적인 보호에서 벗어나 적극적인 대응으로 환경을 관리하는 방안이 될 수도 있기 때문이다.

이처럼 자연에 대한 개발은 개발 자체가 문제가 된다기보다는 개발자의 개발 방향에 따라 문제가 될 수도 있고 자연보호에 도움이 될 수도 있다. 이와 같은 개발방식을 보전적 개발(sustainable development)이라 한다. 그러나 관광개발 시 관광개발 주체가 지나치게 자신의 이익만을 고집하게 되면 실제적으로 많은 부작용이 표출되며, 이로 말미암아 나타나는 대표적인 환경파괴의 요인은 크게 두 가지로 요약된다.

첫째, 경제적 이유만을 추구하는 개발은 많은 환경파괴를 일으키게 된다. 관광개발자들은 경제적 이익에 몰두하고 환경보전을 등한시하여 개발지 주민과 주변지역에 피해를 주는 사례가 종종 발생한다. 이에 따라 해정 당국의 적절한 통제가 요구된다.

둘째, 자연의 무분별한 이용은 생태계의 질서를 파괴한다. 이를 예방하기 위해서는 보전적 개발을 전제로 관광지가 개발되어야 한다. 이는 환경 친화적인 개발을 의미하며, 향후 환경 친화적인 개발만이 개발자뿐만 아니라 지역주민에게도 이익이 될 것이다.

따라서 생태계를 보호할 수 있는 개발, 지역적 특성을 고려한 개발, 기후 및 풍토에 기초한 지역적 특성을 고려한 개발, 환경보호를 위한 제도적인 장치구축 등의 조건을 충족시킬 수 있는 여건이 마련되어야 한다.

3) 인문환경의 훼손

관광개발은 자연적 환경파괴 외에도 미풍양속 등의 전통문화를 파괴하여 지역정서를 왜곡시키고 현지인들의 가치관을 혼돈에 빠지게 할 우려가 있다. 이는 폐쇄적인 전통사회가 갑작스럽게 외부세계에 노출되어 주민생활 침해가 발생하고 관광객들의 퇴폐적인 행태가 현지인들에게 악영향을 미침으로써 발생한다.

이에 따라 세계의 주요 관광지들은 관광지의 전통적인 문화를 보존하기 위해 다각적인 노력을 기울이고 있다. 예를 들어 하와이에 가면, 폴리네시안 문화센터가 있는데, 이는 하와이 및 주변 섬나라들의 문화를 인공의 특정 공간에 전시함으로써 현지인들의 삶을 보호할 뿐만 아니라 관광객과 현지인과의 마찰을 없애기 위한 조치이다. 아울러 이와 같은 문화의 무대화는 관광객에게 관련문화를 한 장소에서 관람하고 이해하게 함으로써 관광객의 시간적 · 경제적 손실을 줄이는 효과도 기대할 수 있다.

궁극적으로 전통문화를 중심으로 하는 인문환경의 보존은 현대관광에 있어서 매우 중요하게 대두되는 요인이다. 또한 전통문화는 관광객이 탐구하기 위해 관심을 고조시키는 중심적 관광매력이므로 관광개발자, 현지주민, 정책적 지원 등이 효과적으로 조화를 이루어야 한다.

4) 호화사치 및 과소비 조장

한편으로 관광은 호화사치와 과소비를 조장할 수도 있다. 관광객은 일상생활을 벗어나 신비감과 해방감, 그리고 미지의 세계가 제공하는 환상적인 분위기 속에서 경제적 소비의 위험성을 망각하기 쉽다. 특히 한국과 같이 여가에 대한 체계적인 교육이 이루어지고 있지 않은 상황 하에서 관광객들은 자신의 일상적인 통제능력을 상실하여 충동적 구매에 몰입할 수 있다.

또 한편으로 관광객들이 일상 생활권에서보다 소비행태가 더 과감하게 나타나는 것은 일상생활에서의 경쟁 환경이 없으며, 위락행위가 제공하는 환상체험의 마력성과 자유를 만끽하는 과정에서 향유하는 현실도피적인 행태에서 비롯된다. 무엇보다도 위락에의 지나친 탐닉은 인생을 파멸로 몰고 갈 수도 있다. 최근 들어 청소년들에게 유흥비를 마련하기 위해 범죄를 저지르는 경향이 나타나고 있는데, 이는 일부 청소년들이 쾌락적인 유흥문화에 빠져들고 있음을 의미하는 것이다.

아울러 위락에의 지나친 탐닉은 근로의욕을 저하시킬 수도 있다. 노동과 여가생활은 모두 인간이 살아가는 데 있어서 매우 소중한 시간이다. 그러나 지나치게 균형을 상실하여 여가생활은 전혀 하지 않은 채 노동에만 몰두한다든가, 아니면 노동은 일절 하지 않은 채 여가생활에만 몰두하는 것은 매우 위험하다. 가장 이상적인 것은 노동과 여가생활의 조화이다. 이 양자는 상호 보완적인 성격을 지니고 있어 균형 있는 시간배분이 필요하다.

또한 관광지에서의 지나친 소비행태는 일상생활에까지 영향을 미쳐 소비성향을 부채질할 수도 있다. 따라서 여행자들은 관광을 할 때 알뜰하고 가치 있는 시간계획을 수립함으로써 계획 있는 소비행태를 확립하고 비용은 최소화하면서 관광편익은 최대화하는 노력이 요구된다.

그 밖의 관광의 부정적 효과를 살펴보면 다음과 같다.

(1) 인구구조의 변화 초래

관광의 발전은 해당 지역의 경제를 활성화시키며, 인구의 증가를 가져오기도 한다. 역설적으로 관광개발로 인해 토지의 전용, 산업구조의 변화에 따른 직업구조의 변화초래 등으로 해당지역 현지민들이 토지나 주거지, 그리고 직업을 잃어버리게 되어 살던 지역을 떠나게 되기도 한다.

관광객의 증가와 외부에서 유입되는 인구로 인한 혼잡성은 주거환경을 악화시켜 지역주민들이 삶의 터전을 떠나게 만드는 원인이 되기도 한다. 뿐만 아니라 젊은 여성층과 청년층의 과도한 증가는 지역사회의 인구구조를 왜곡시키기도 한다.

(2) 지역주민들 간의 갈등 및 지역민의 소외 초래

관광의 발전에 따라 관광목적지내 일부 주민들은 물질적 수혜를 받기 때문에 긍정적이지만 상대적으로 그러한 혜택을 누리지 못하는 여타 주민들은 상대적으로 박탈감을 느낄 수 있다. 따라서 이러한 경제적 불균형은 계층 또는 계급간의 갈등으로 비화될 수 있는 위험요인을 내포하고 있다.

시기에 따라 대량의 외부 관광객이 유입되면 해당 관광목적지는 관광객으로 만원을 이루게 된다. 이렇게 되면 지역주민들이 과거 자율적으로 사용할 수 있었던 각종 시설들을 외부 유입된 관광객들과 공유해야 하는 불편함이 있다. 관광시설이 한정되어 있는 경우 지역민이 받는 불편과 피해는 커지게 되며 이는 곧 관광의 마이너스(부정적)효과로 이어지게 된다.

〈표 1-5〉 세계 관광경쟁력 순위

Rank	Country	Score (1~7 best)	Change since 2019		Diff. from Global Avg. (%)
			Rank	Score*	
1	Japan	5.2	1	0.7%	31.8%
2	United States	5.2	-1	-1.0%	30.7%
3	Spain	5.2	2	0.0%	29.5%
4	France	5.1	2	-0.2%	28.8%
5	Germany	5.1	-1	-1.8%	27.3%
6	Switzerland	5.0	1	-2.1%	26.0%
7	Australia	5.0	1	-1.3%	25.6%
8	United Kingdom	5.0	-5	-4.5%	24.8%
9	Singapore	5.0	0	-1.4%	24.6%
10	Italy	4.9	2	0.8%	23.9%
11	Austria	4.9	0	0.4%	23.6%
12	China	4.9	3	2.3%	23.5%
13	Canada	4.9	-3	-2.1%	22.9%
14	Netherlands	4.9	0	0.21%	22.3%
15	Korea, Rep.	4.8	4	1.9%	21.4%
16	Portugal	4.8	-3	-2.1%	19.8%
17	Denmark	4.7	-1	-1.5%	18.9%
18	Finland	4.7	-1	-2.2%	17.3%
19	Hong Kong SAR	4.6	-1	-3.0%	16.3%
20	Sweden	4.6	-1	-1.9%	16.0%

출처 : WORLD ECONOMIC FORUM(2021), Travel & Tourism Competitiveness Index, 2021 edition

* Change in score is displayed as a percentage.

The Travel & Tourism Competitiveness Index 2019

This appendix presents the detailed rankings and scores of the 4 subindexes and 14 pillars composing the T&T Competitiveness Index 2019 for all 140 economies covered this year.

Subindex A: Enabling Environment

Rank	Economy	Score
1	Switzerland	6.2
2	Hong Kong SAR	6.1
3	Finland	6.1
4	Iceland	6.0
5	Luxembourg	6.0
6	Germany	6.0
7	Singapore	5.9
8	Norway	5.9
9	Netherlands	5.9
10	Japan	5.9
11	Denmark	5.9
12	Austria	5.9
13	Sweden	5.9
14	New Zealand	5.8
15	United Kingdom	5.8
16	United States	5.8
17	United Arab Emirates	5.8
18	Estonia	5.8
19	Korea, Rep.	5.7
20	Australia	5.7
21	Canada	5.6
22	Lithuania	5.6
23	Belgium	5.6
24	Ireland	5.6
25	Taiwan, China	5.6
26	Czech Republic	5.6
27	Malta	5.6
28	France	5.6
29	Qatar	5.6
30	Israel	5.6

Asia-Pacific　Europe and Eurasia　The Americas　Middle East and North Africa　Sub-Saharan Africa

Subindex B: Travel & Tourism Policy and Enabling Conditions

Rank	Economy	Score
1	New Zealand	5.1
2	Singapore	5.0
3	Luxembourg	5.0
4	Indonesia	5.0
5	Costa Rica	4.9
6	Malta	4.9
7	Austria	4.9
8	Estonia	4.9
9	Panama	4.9
10	Spain	4.9
11	Malaysia	4.9
12	Norway	4.9
13	Ireland	4.9
14	Switzerland	4.9
15	Finland	4.8
16	Honduras	4.8
17	Hungary	4.8
18	Slovenia	4.8
19	Germany	4.8
20	Portugal	4.8
21	Chile	4.8
22	Croatia	4.8
23	France	4.8
24	Netherlands	4.8
25	Japan	4.8
26	Greece	4.8
27	Bulgaria	4.8
28	Australia	4.7
29	Latvia	4.7
30	Peru	4.7

Asia-Pacific　Europe and Eurasia　The Americas　Middle East and North Africa　Sub-Saharan Africa

Subindex C: Infrastructure

Rank	Economy	Score
1	United States	5.8
2	Switzerland	5.8
3	Singapore	5.7
4	Spain	5.6
5	United Kingdom	5.6
6	Canada	5.5
7	Germany	5.5
8	Japan	5.5
9	Hong Kong SAR	5.4
10	Netherlands	5.4
11	France	5.4
12	Austria	5.4
13	United Arab Emirates	5.3
14	Australia	5.2
15	Portugal	5.2
16	Korea. Rep.	5.1
17	Italy	5.0
18	Luxembourg	5.0
19	Iceland	5.0
20	Ireland	4.9
21	Belgium	4.9
22	Norway	4.9
23	Denmark	4.9
24	New Zealand	4.8
25	Sweden	4.8
26	Greece	4.8
27	Qatar	4.8
28	Malta	4.7
29	Finland	4.7
30	Seychelles	4.7

Asia-Pacific　Europe and Eurasia　The Americas　Middle East and North Africa　Sub-Saharan Africa

Subindex D: Natural and Cultural Resources

Rank	Economy	Score
1	China	6.1
2	France	5.9
3	Spain	5.7
4	Italy	5.7
5	Mexico	5.6
6	Brazil	5.6
7	Japan	5.3
8	Germany	5.3
9	India	5.0
10	United Kingdom	5.0
11	Australia	4.9
12	United States	4.9
13	Canada	4.4
14	Argentina	4.3
15	Portugal	4.0
16	Peru	3.9
17	South Africa	3.9
18	Indonesia	3.8
19	Colombia	3.8
20	Russian Federation	3.8
21	Thailand	3.7
22	Austria	3.6
23	Croatia	3.6
24	Korea, Rep.	3.6
25	Greece	3.4
26	Viet Nam	3.4
27	Turkey	3.3
28	Costa Rica	3.2
29	Switzerland	3.2
30	New Zealand	3.2

Asia-Pacific　Europe and Eurasia　The Americas　Middle East and North Africa　Sub-Saharan Africa

Pillar 1: Business Environment

Rank	Economy	Score
1	Hong Kong SAR	6.1
2	Singapore	6.0
3	Switzerland	6.0
4	United States	5.8
5	Luxembourg	5.8
6	United Kingdom	5.8
7	Finland	5.7
8	Qatar	5.6
9	United Arab Emirates	5.6
10	Denmark	5.5
11	Malaysia	5.5
12	New Zealand	5.5
13	Netherlands	5.5
14	Germany	5.4
15	Japan	5.4
16	Bahrain	5.4
17	Mauritius	5.4
18	Iceland	5.3
19	Oman	5.3
20	Norway	5.3
21	Sweden	5.3
22	Saudi Arabia	5.2
23	Ireland	5.2
24	Georgia	5.2
25	Canada	5.2
26	Taiwan, China	5.1
27	Israel	5.1
28	Azerbaijan	5.1
29	Estonia	5.1
30	Australia	5.1

Asia-Pacific　Europe and Eurasia　The Americas　Middle East and North Africa　Sub-Saharan Africa

Pillar 2: Safety and Security

Rank	Economy	Score
1	Finland	6.7
2	Iceland	6.5
3	Oman	6.5
4	Switzerland	6.4
5	Hong Kong SAR	6.4
6	Singapore	6.4
7	United Arab Emirates	6.3
8	Luxembourg	6.3
9	Portugal	6.3
10	New Zealand	6.3
11	Qatar	6.3
12	Estonia	6.2
13	Japan	6.2
14	Austria	6.2
15	Slovenia	6.1
16	Spain	6.1
17	Norway	6.1
18	Czech Republic	6.1
19	Australia	6.1
20	Brunei Darussalam	6.1
21	Canada	6.1
22	Malta	6.0
23	Saudi Arabia	6.0
24	Netherlands	6.0
25	Georgia	6.0
26	Taiwan, China	6.0
27	Ireland	6.0
28	Morocco	6.0
29	Romania	6.0
30	Korea, Rep.	5.9

Asia-Pacific · Europe and Eurasia · The Americas · Middle East and North Africa · Sub-Saharan Africa

Pillar 3: Health and Hygiene

Rank	Economy	Score
1	Austria	7.0
2	Germany	7.0
3	Lithuania	6.9
4	Czech Republic	6.9
5	Bulgaria	6.7
6	Russian Federation	6.7
7	Hungary	6.6
8	Switzerland	6.5
9	France	6.5
10	Belgium	6.5
11	Ukraine	6.5
12	Kazakhstan	6.5
13	Greece	6.5
14	Argentina	6.5
15	Malta	6.5
16	Japan	6.4
17	Korea, Rep.	6.4
18	Norway	6.4
19	Finland	6.4
20	Latvia	6.4
21	Estonia	6.3
22	Croatia	6.3
23	Netherlands	6.3
24	Poland	6.3
25	Italy	6.3
26	Serbia	6.3
27	Australia	6.2
28	Iceland	6.2
29	Slovak Republic	6.2
30	Sweden	6.2

Asia-Pacific · Europe and Eurasia · The Americas · Middle East and North Africa · Sub-Saharan Africa

Pillar 4: Human Resources and Labour Market

Rank	Economy	Score
1	United States	5.8
2	Switzerland	5.8
3	Germany	5.7
4	Iceland	5.6
5	Singapore	5.6
6	Denmark	5.6
7	Hong Kong SAR	5.6
8	Netherlands	5.6
9	United Kingdom	5.5
10	Sweden	5.5
11	Canada	5.5
12	Norway	5.5
13	Finland	5.5
14	Luxembourg	5.4
15	Malaysia	5.4
16	New Zealand	5.4
17	Ireland	5.3
18	Taiwan, China	5.3
19	Belgium	5.3
20	Austria	5.3
21	Israel	5.3
22	Azerbaijan	5.3
23	Japan	5.3
24	China	5.2
25	France	5.1
26	United Arab Emirates	5.1
27	Thailand	5.1
28	Cyprus	5.1
29	Australia	5.1
30	Portugal	5.1

Asia-Pacific · Europe and Eurasia · The Americas · Middle East and North Africa · Sub-Saharan Africa

Pillar 5: ICT Readiness

Rank	Economy	Score	Rank	Economy	Score	Rank	Economy	Score
1	Hong Kong SAR	6.6	11	Luxembourg	6.2	21	Cyprus	5.9
2	Denmark	6.4	12	United Kingdom	6.2	22	Israel	5.9
3	Sweden	6.4	13	Finland	6.1	23	Belgium	5.8
4	United Arab Emirates	6.4	14	Estonia	6.1	24	Bahrain	5.8
5	Switzerland	6.3	15	Singapore	6.1	25	Malta	5.8
6	Iceland	6.3	16	Austria	6.1	26	Australia	5.8
7	Korea, Rep.	6.3	17	New Zealand	6.1	27	Spain	5.8
8	Norway	6.3	18	United States	6.0	28	Canada	5.8
9	Netherlands	6.3	19	Germany	6.0	29	Uruguay	5.7
10	Japan	6.2	20	France	5.9	30	Ireland	5.7

Asia-Pacific / Europe and Eurasia / The Americas / Middle East and North Africa / Sub-Saharan Africa

Pillar 6: Prioritization of Travel & Tourism

Rank	Economy	Score	Rank	Economy	Score	Rank	Economy	Score
1	Malta	6.2	11	Hong Kong SAR	5.9	21	Kenya	5.4
2	Jamaica	6.2	12	Portugal	5.7	22	Austria	5.3
3	Cyprus	6.2	13	Greece	5.6	23	Japan	5.3
4	Iceland	6.1	14	New Zealand	5.6	24	Uruguay	5.3
5	Mauritius	6.1	15	Switzerland	5.6	25	Australia	5.3
6	Singapore	6.1	16	Costa Rica	5.6	26	Morocco	5.2
7	Dominican Republic	6.0	17	United States	5.5	27	Thailand	5.2
8	Spain	5.9	18	Ireland	5.5	28	Georgia	5.2
9	Seychelles	5.9	19	Norway	5.4	29	Mexico	5.2
10	Indonesia	5.9	20	Estonia	5.4	30	Sri Lanka	5.2

Asia-Pacific / Europe and Eurasia / The Americas / Middle East and North Africa / Sub-Saharan Africa

Pillar 7: International Openness

Rank	Economy	Score	Rank	Economy	Score	Rank	Economy	Score
1	New Zealand	5.5	11	Panama	4.5	21	Nicaragua	4.2
2	Australia	4.9	12	Iceland	4.4	22	France	4.2
3	Singapore	4.8	13	Denmark	4.4	23	United Kingdom	4.2
4	Chile	4.7	14	Luxembourg	4.3	24	Portugal	4.2
5	Colombia	4.6	15	Netherlands	4.3	25	Czech Republic	4.2
6	Japan	4.6	16	Indonesia	4.3	26	Hungary	4.2
7	El Salvador	4.6	17	Korea, Rep.	4.3	27	Croatia	4.2
8	Peru	4.5	18	Germany	4.3	28	Belgium	4.1
9	Ireland	4.5	19	Honduras	4.3	29	Italy	4.1
10	Malaysia	4.5	20	Costa Rica	4.3	30	Switzerland	4.1

Asia-Pacific / Europe and Eurasia / The Americas / Middle East and North Africa / Sub-Saharan Africa

Pillar 8: Price Competitiveness

Rank	Economy	Score	Rank	Economy	Score	Rank	Economy	Score
1	Iran, Islamic Rep.	6.7	11	Eswatini	6.1	21	Saudi Arabia	5.9
2	Brunei Darussalam	6.6	12	Tunisia	6.1	22	Viet Nam	5.9
3	Egypt	6.5	13	India	6.1	23	Azerbaijan	5.9
4	Kazakhstan	6.3	14	Botswana	6.0	24	Philippines	5.9
5	Malaysia	6.3	15	Nepal	6.0	25	Thailand	5.8
6	Indonesia	6.2	16	Moldova	6.0	26	North Macedonia	5.8
7	Mongolia	6.2	17	Yemen	6.0	27	Russian Federation	5.8
8	Algeria	6.2	18	Qatar	5.9	28	Bahrain	5.8
9	Kyrgyz Republic	6.1	19	Ukraine	5.9	29	Colombia	5.8
10	Lesotho	6.1	20	Lao PDR	5.9	30	Armenia	5.7

Asia-Pacific · Europe and Eurasia · The Americas · Middle East and North Africa · Sub-Saharan Africa

Pillar 9: Environmental Sustainability

Rank	Economy	Score	Rank	Economy	Score	Rank	Economy	Score
1	Switzerland	6.0	11	Sweden	5.2	21	Hungary	4.8
2	Norway	5.8	12	United Kingdom	5.2	22	Iceland	4.8
3	Austria	5.7	13	Estonia	5.2	23	Belgium	4.8
4	Luxembourg	5.6	14	Croatia	5.1	24	New Zealand	4.7
5	Finland	5.6	15	Czech Republic	5.0	25	Spain	4.7
6	Netherlands	5.4	16	Canada	4.9	26	Montenegro	4.7
7	Denmark	5.4	17	Costa Rica	4.9	27	Korea, Rep.	4.7
8	Slovenia	5.4	18	Ireland	4.9	28	Panama	4.7
9	Germany	5.3	19	Bulgaria	4.8	29	Malta	4.7
10	France	5.3	20	Lesotho	4.8	30	Slovak Republic	4.7

Asia-Pacific · Europe and Eurasia · The Americas · Middle East and North Africa · Sub-Saharan Africa

Pillar 10: Air Transport Infrastructure

Rank	Economy	Score	Rank	Economy	Score	Rank	Economy	Score
1	Canada	6.6	11	Switzerland	5.0	21	Portugal	4.7
2	Australia	6.0	12	Sweden	5.0	22	Thailand	4.6
3	United States	5.9	13	Iceland	5.0	23	Russian Federation	4.6
4	United Arab Emirates	5.7	14	New Zealand	4.9	24	Korea, Rep.	4.6
5	Norway	5.6	15	Finland	4.9	25	Malaysia	4.6
6	Hong Kong SAR	5.6	16	Germany	4.9	26	Qatar	4.5
7	Singapore	5.5	17	France	4.8	27	Panama	4.5
8	Netherlands	5.2	18	Greece	4.8	28	Ireland	4.5
9	United Kingdom	5.2	19	Japan	4.8	29	Denmark	4.5
10	Spain	5.0	20	Turkey	4.7	30	Italy	4.4

Asia-Pacific · Europe and Eurasia · The Americas · Middle East and North Africa · Sub-Saharan Africa

Pillar 11: Ground and Port Infrastructure

Rank	Economy	Score	Rank	Economy	Score	Rank	Economy	Score
1	Hong Kong SAR	6.4	11	Denmark	5.3	21	Qatar	4.7
2	Singapore	6.4	12	Spain	5.2	22	Italy	4.7
3	Netherlands	6.1	13	Austria	5.2	23	Sweden	4.7
4	Switzerland	6.1	14	Bahrain	5.2	24	Mauritius	4.6
5	Japan	6.0	15	Korea, Rep.	5.2	25	Jamaica	4.6
6	Germany	5.7	16	Taiwan, China	5.1	26	Finland	4.5
7	France	5.6	17	Czech Republic	4.9	27	Malaysia	4.5
8	Luxembourg	5.5	18	United States	4.9	28	India	4.5
9	Belgium	5.5	19	Malta	4.8	29	Ireland	4.5
10	United Kingdom	5.4	20	Slovenia	4.8	30	Estonia	4.5

Asia-Pacific Europe and Eurasia The Americas Middle East and North Africa Sub-Saharan Africa

Pillar 12: Tourist Service Infrastructure

Rank	Economy	Score	Rank	Economy	Score	Rank	Economy	Score
1	Portugal	6.7	11	Iceland	6.0	21	Cyprus	5.7
2	Austria	6.7	12	Bulgaria	6.0	22	United Arab Emirates	5.6
3	Spain	6.6	13	Germany	5.9	23	Korea, Rep.	5.6
4	United States	6.6	14	Thailand	5.9	24	Montenegro	5.5
5	Croatia	6.5	15	Luxembourg	5.9	25	Malta	5.5
6	Switzerland	6.2	16	New Zealand	5.8	26	Israel	5.4
7	United Kingdom	6.1	17	Ireland	5.8	27	Slovenia	5.4
8	Canada	6.1	18	Greece	5.8	28	Estonia	5.4
9	Australia	6.1	19	Japan	5.7	29	Costa Rica	5.4
10	Italy	6.0	20	France	5.7	30	Seychelles	5.4

Asia-Pacific Europe and Eurasia The Americas Middle East and North Africa Sub-Saharan Africa

Pillar 13: Natural Resources

Rank	Economy	Score	Rank	Economy	Score	Rank	Economy	Score
1	Mexico	6.0	11	Canada	4.8	21	United Kingdom	4.4
2	Brazil	5.8	12	Tanzania	4.7	22	New Zealand	4.3
3	Australia	5.5	13	Peru	4.7	23	Ecuador	4.2
4	China	5.1	14	India	4.5	24	Austria	4.1
5	United States	5.0	15	South Africa	4.5	25	Japan	4.1
6	France	4.9	16	Argentina	4.5	26	Slovenia	4.1
7	Italy	4.9	17	Indonesia	4.5	27	Bolivia	4.1
8	Costa Rica	4.9	18	Kenya	4.5	28	Venezuela	4.1
9	Spain	4.8	19	Colombia	4.4	29	Congo, Democratic Rep.	4.1
10	Thailand	4.8	20	Croatia	4.4	30	Germany	4.1

Asia-Pacific Europe and Eurasia The Americas Middle East and North Africa Sub-Saharan Africa

Pillar 14: Cultural Resources and Business Travel

Rank	Economy	Score	Rank	Economy	Score	Rank	Economy	Score
1	China	7.0	11	Korea, Rep.	4.8	21	Greece	3.3
2	France	6.8	12	United States	4.7	22	Egypt	3.3
3	Spain	6.7	13	Australia	4.4	23	South Africa	3.2
4	Italy	6.5	14	Argentina	4.2	24	Indonesia	3.2
5	Japan	6.5	15	Portugal	4.1	25	Colombia	3.2
6	Germany	6.5	16	Canada	4.0	26	Austria	3.2
7	United Kingdom	5.6	17	Turkey	3.8	27	Peru	3.1
8	India	5.5	18	Russian Federation	3.7	28	Poland	3.0
9	Brazil	5.4	19	Belgium	3.7	29	Viet Nam	2.9
10	Mexico	5.3	20	Netherlands	3.4	30	Ireland	2.9

Asia-Pacific / Europe and Eurasia / The Americas / Middle East and North Africa / Sub-Saharan Africa

〈표 1-6〉 연도별/지역별 세계관광객 수

(단위: 백만 명, %)

구분	관광객 수			성장률		구성비
	2019년	2020년	2021년	'20/'19	'21/'20	2021년
전 세계	1,465	406	429	-72.3	5.8	100.0
유럽	745.2	238.1	288.4	-68.0	21.1	67.2
아시아・태평양	359.6	59.2	20.6	-83.5	-65.1	4.8
미주	219.3	69.8	82.4	-68.2	18.1	19.2
아프리카	68.1	18.8	19.4	-72.5	3.3	4.5
중동	73.0	19.8	18.6	-72.9	-6.2	4.3

자료 : UNWTO(2022). World Tourism Barometer, Vol. 20, Issue 4.
주) 2021년은 잠정치임.

〈표 1-7〉 지역별 세계 관광수입

(단위: 십억 달러(US$, %)

구분	관광수입			성장률		구성비
	2019년	2020년	2021년	'20/'19	'21/'20	2021년
전 세계	1,483	548	617	-63.2	6.8	100.0
유럽	574.3	237.7	307.6	-59.2	21.6	49.9
아시아 · 태평양	441.4	126.2	94.0	-71.6	-29.1	15.2
미주	330.1	125.5	139.8	-61.6	5.5	22.7
아프리카	38.9	14.9	16.6	-61.4	4.3	2.7
중동	98.7	43.2	58.6	-56.2	34.0	9.5

자료 : UNWTO(2022). World Tourism Barometer, Vol. 20, Issue 4.
주1) 2021년은 잠정치임.
주2) 성장률은 자국화폐 불변가격을 기준으로 산정한 것임.

〈표 1-8〉 주요 국가 외국인 관광객 현황

(단위: 백만 명, %)

국가명	방문객 수			증가율	
	2019년	2020년	2021년	'20/'19	'21/'20
프랑스	90.0	40.0	-	-55.6	-
스페인	83.5	18.9	31.2	-77.3	64.7
미국	79.4	19.2	22.1	-75.8	15.0
중국	65.7	8.0	-	-87.9	-
이탈리아	64.5	25.2	26.9	-61.0	6.7
터키	51.2	15.9	29.9	-69.0	88.3
멕시코	45.0	24.3	31.9	-46.1	31.3
태국	39.9	6.7	0.4	-83.2	-93.6
독일	39.6	12.4	11.7	-68.5	-6.1
영국	39.4	10.7	-	-72.8-	
대한민국	17.5	2.5	1.0	-85.6	-61.6

자료 : UNWTO(2022). World Tourism Barometer, Vol. 20, Issue 4.
주) 2021년은 잠정치임.

〈표 1-9〉 주요 국가 관광수입 현황

(단위: 십억 달러(US$, %)

국가명	관광수입			증가율	
	2019년	2020년	2021년	'20/'19	'21/'20
미국	199.0	72.5	70.2	-63.6	-3.1
스페인	79.7	18.5	34.5	-77.2	80.2
프랑스	63.5	32.6	40.8	-49.7	21.0
태국	59.8	13.5	4.8	-77.4	-63.2
영국	52.7	18.9	22.7	-64.3	11.9
이탈리아	49.6	19.8	25.2	-60.9	22.7
일본	46.1	10.7	4.7	-77.2	-54.6
호주	45.7	25.8	17.0	-42.9	-39.7
독일	41.8	22.1	22.2	-48.2	-2.8
마카오(중국)	40.1	9.2	15.4	-77.4	68.7
대한민국	20.9	10.3	10.5	-50.8	1.8

자료 : UNWTO(2022). World Tourism Barometer, Vol. 20, Issue 4.

주1) 2021년은 잠정치임.

주2) 성장률은 자국화폐 경상가격을 기준으로 산정한 것임.

제 5 절 관광학의 학문적 성격 및 연구방법

1. 관광학의 학문적 성격과 효용

1) 관광학의 학문적 성격

관광학이 어떤 내용을 가지고 있으며, 어떤 역할을 담당하고 있는 것인가 하는 성격론(Charakteristik)에 관해서는 관광학이 성립된 때부터 논의되어져 왔다. 그와 같은 논의를 통해서 명백해진 것은 관광학이 언제나 실천적 의식과 결부되어 있다는 점이다. 이는 관광 특히 국제관광이 한 나라에 가져다주는 경제적 이익이 강하게 의식되어 그와 같은 이익의 증대를 위한 여러 가지 방책을 추구하는 것이 관광학에 부과된 과제였다는 점으로 미루어 보아도 명백하다. 이와 같이 관광학을 필요로 하는 목적이 뚜렷했었다는 것이 관광학의 성격을 사변적이라기보다는 오히려 실천적인 것으로 만들었다고 할 수 있다.

오늘날 관광이라는 사회현상이 갖는 사회적 의의는 국내적으로나 국제적으로 옛날과는 비교도 할 수 없을 정도로 커졌고, 그 가치가 널리 인식되기에 이르렀으나, 관광학의 성격과 역할은 본질적으로 달라지지는 않았다. 그것은 오늘날에 와서도 관광현상을 건전하게 발달시키기 위한 여러 방책을 탐구하는 기초로서 기본적 이해를 얻기 위한 연구에 두고 있으므로, 그 의식은 단순한 지적 유희가 아니라 실천적인 것이라 생각된다. 여기서 실천적인 것이라고 하는 것은 반드시 기술적이며 실용적인 것만을 의미하는 것이 아니라, 실증을 통한 과학적 · 객관적인 것이라야 한다는 것이다. 이와 같은 생각은 오늘날 관광학을 연구하고 있는 학자들 사이에서는 일치된 견해라고 할 수 있다.

2) 관광학 연구의 효용

이렇게 연구된 관광학은 실제로 필요한 것인가, 그 효용문제를 검토해 보기로 한다.

훈지커(W. Hunziker)[2]는 1959년에 발표한 논문 「관광학과 그 응용(Fremdenverkehrwissenschaft und ihre Anwendung)」 중에서 "관광학은 존재하는가?"라는 논

제를 내걸고, 스스로 긍정하면서 관광학연구의 이점이 다음과 같은 점에 있다고 기술하고 있다. 즉

첫째, 관광학은 관광이 지니고 있는 고도로 다양한 본질을 이해하는 데 도움이 된다는 것

둘째, 관광학은 관광직업교육에 소용되는 관광론(관광직업교육론)을 수립하는 데 도움이 된다는 것

셋째, 관광학은 경제정책상의 여러 문제를 해결하는 데 소용된다는 것 등이다.

그리고 훈지커는 지금까지의 관광학이 통계학, 지리학, 경제학, 경영학 등의 여러 학문의 분석방법을 이용해 오면서 성과를 올렸던 점을 높이 평가하고, 동시에 앞으로도 이와 같은 방향에 따른 관광학의 발전에 기대를 걸고 있다. 그리고 그는 당면한 과제로서 프라이빗 섹터(private sectors)와 퍼블릭 섹터(public sectors)와의 접점에 있는 '환경문제'를 문제 삼아 그 연구의 중요성과 긴급성을 강조하고 있다. 이 논문 하나를 미루어 보더라도 관광연구자의 실천적 의식의 일면을 알 수가 있다.

2. 최초의 관광연구

관광학은 관광과 관련한 모든 사상 즉 관광현상을 연구대상으로 하는 학문인데, 본격적으로 과학적인 연구가 시작된 것은 19세기 말부터라고 한다. 먼저 1899년 이탈리아 정부통계국장인 보데이오(L. Bodio)는 "이탈리아에 있어 외래객 이동 및 소비액에 대해서"라는 보고서를 작성하여 발표하였는데 이것이 관광연구의 효시로 알려져 있다.[3] 당시 이탈리아에서는 외화획득을 목적으로 외국인 관광객을 유치하는 일이 국가의 주요 사업이 돼 있었는데, 이는 외국인 관광객의 동태를 파악하고 국제관광의 진흥을 도모하기 위해서였다.

2) Walter Hunziker는 스위스 관광계의 지도자로서 1899년 취리히에서 탄생하여 대학에서 경제학을 전공하였다. 스위스 관광연맹부회장, 스위스 여행금고회장, 국제관광전문가 협회장 등을 역임하였다.

3) 당시 이탈리아를 방문하는 미국인 관광객의 동태를 파악하여 대미(對美)선전을 강화할 목적으로 수행된 통계관련 보고서로서 관광객 수, 체재기간, 소비액 등을 조사하였다.

20세기에 들어오면서 유럽에서는 미국인 관광객을 유치하려는 움직임이 활발해지면서 국제관광통계 분야에서의 연구가 계속 진행되었는데, 보데이오에 이어 이탈리아의 니체훼로(A. Nicefero)가 1923년에 발표한 똑같은 논문 "이탈리아에 있어서 외국인의 이동" 및 베니니(R. Benini)의 1926년의 논문 "관광객 이동의 계산방법의 개량에 관하여" 등 두 편이 발표되었다. 이 밖에도 관광통계에 관한 많은 논문이 유럽의 여러 나라, 특히 독일, 이탈리아, 스위스 등을 중심으로 발표되었으며, 경제학적인 전문서적들이 출간되었다.

이와 같은 현상은 유럽대륙과 북미대륙 간의 관광객 이동의 증가가 그 배경이 되었으며, 그 중에서도 19세기 말엽부터 1920년대까지 미국으로부터의 관광객 증가는 유럽 각국으로 하여금 관심을 갖게끔 만들었으며, 그 동태를 분석해서 대미선전을 강화함으로써 외화획득이 그 주요 목적이었다.

이들 관광통계에 관한 많은 논문들의 주된 내용은 ① 관광객의 수, ② 체재기간, ③ 소비액 등에 관한 것으로 이것들을 어떠한 방법으로 조사하는 것이 타당한가 하는 것이었다.

3. 관광학의 연구방법

1) 관광학 연구의 접근방법

개별과학 가운데 어떤 방법으로 접근하느냐 하는 것에 관해서 후자의 입장을 취한다면, 그것은 이른바 기성과학의 한 분야의 성과에 비추어 관광현상을 해명하고, 그러한 사실을 모아서 쌓은 후에 개별과학의 응용과학으로서 관광학을 수립하려는 입장이다.

즉 그것을 최초로 실천한 사람은 마리오티(A. Mariotti)교수이며, 그가 주장하는 관광학이 하나의 과학으로 성립하기 위해서는 필연적으로 과학적 문제가 제기된다. 일반적으로 과학의 특성은 그 대상에 있는 것이 아니라 어떠한 대상이든 간에 그 대상에 접근하는 방법에 있는 것이다. 여기서 과학적 방법이라 함은 일반적으로 연구하려는 대상을 객관적 · 체계적으로 정밀하게 관찰 · 검증 · 분류 · 해석함으로써 보편적인 이론을 도출하는 과정이라고 말할 수 있다.

관광을 체계적으로 연구하는 방법에는 두 가지가 있음을 알 수 있다. 하나는 관광현상이 매우 복잡한 현상이라는 이유로 관광을 연구하려는 관광학을 단순히 사회과학의 한두 가지 학문뿐만 아니라, 자연과학 등 다른 수많은 학문분야를 고르게 취급한 종합문화과학적인 것이 아니면 안 된다는 입장이다. 즉 글릭스만(R. Glücksmann)의 견해는 이러한 입장을 대표하고 있다.

다른 하나는 관광현상의 복잡한 다양성을 인정하면서도 연구의 방법을 한정하지 않는 연구는 성립할 수 없다는 입장이다. 관광연구를 종합문화과학의 입장을 이론적으로 뒷받침한 사람은 보르만(A. Bormann)이다. 훈지커(W. Hunziker)와 크라프(K. Krapf)는 이념적으로는 종합문화과학이 바람직하다고 인정은 하면서도 기술적인 어려움과 실용상의 가치에서 경제학에 기울어진 관광연구를 하였다는 점에서 개별과학의 응용학으로 관광학을 수립하려는 입장에 속한다.

2) 관광론에서 관광학으로

관광연구의 체계화는 순수이론으로서의 관광학이라기보다는 이론으로서의 관광학에 정책론을 포함한 보다 큰 범주, 말하자면 관광학으로서의 체계가 아직 정비되지 못한 단계의 관광론에서부터 시작되었다. 그것은 아마도 당시 관광연구자들이 스스로 자기의 학문체계가 불충분하다는 것을 인식했기 때문인 것 같다.

그래서 글릭스만은 자신의 저서를 「일반관광론」이라 불렀고, 또한 보르만도 「관광론」이라 불렀다. 여기에서 두 사람의 저서는 모두가 지식의 집합체로서의 '논(論)'이라는 점에서는 동일하다. 그런데 마리오티 교수는 「관광경제학강의(Lezioni di Economica Turistica)」라는 명칭을 사용하고 있다. 이탈리아어의 economica에는 '경제'와 '경제학'의 두 가지 의미가 있으나 여기에서는 '경제'의 의미로서 사용했음을 마리오티 교수 자신이 인정하고 있다. 이상에서 보는 바와 같이 제2차 세계대전 이전까지는 '관광학'이라는 명칭은 전혀 사용하지 않았고, 오로지 '관광론'이라는 명칭만이 있었던 것이다.

훈지커도 1942년 이전에는 다른 사람처럼 '관광론'이란 용어법을 쓰고 있었지만, 1943년에 저술한 「과학적 관광론의 체계와 주요문제(System und Hauprobleme einer wissenschaftlichen Fremdenverkehrslehre)」란 책에서는 처음으로 '과학적인 관광론'이란 말을 사용하였고, 나아가서 그 후로는 계속하여 오늘날까지 '관광학'이란 말을 사용하고 있다. 이와 같은 사실은 훈지커의 학문적 체계의 발전과 자신을 말하고 있는지 아닌지는 차치하더라도 그 후에는 이런 유(類)의 용어가 많이 사용되게 되었고, 라틴어계의 국가에서는 'tourismologia'라는 용어가 사용될 정도가 되었다.

4. 관광학의 향후 방향

1) 접근방식별 관광학의 의의

지금까지의 관광연구에는 두 가지 접근방식이 존재해 왔음을 알고 있다. 즉 하나는 종합사회과학으로서의 관광학이며, 다른 하나는 개별과학의 응용학으로서의 관광학이다. 한편, 일본의 시오다 세이지(鹽田正志, 1974 : 60)는 이를 '위로부터의 관광학'과 '아래로부터의 관광학'이란 표현으로 접근방식을 구분하고 있는데, 의미상으로 볼 때 전자는 종합사회과학으로서의 관광학을, 후자는 개별과학의 응용학으로서의 관광학을 의미하고 있다. 관광현상을 파악하는 연구방식으로서 어떤 것을 택할 것인가 하는 것은, 각 방식이 나름대로의 장단점을 갖고 있기 때문에, 단정적으로 어느 접근방식이 좋다고 말할 수는 없다. 다만, 그것이 어느 방식이든 관광학 또는 관광론이라 부른다면, 그 관계는 [그림 1-4]와 같이 될 것이다.

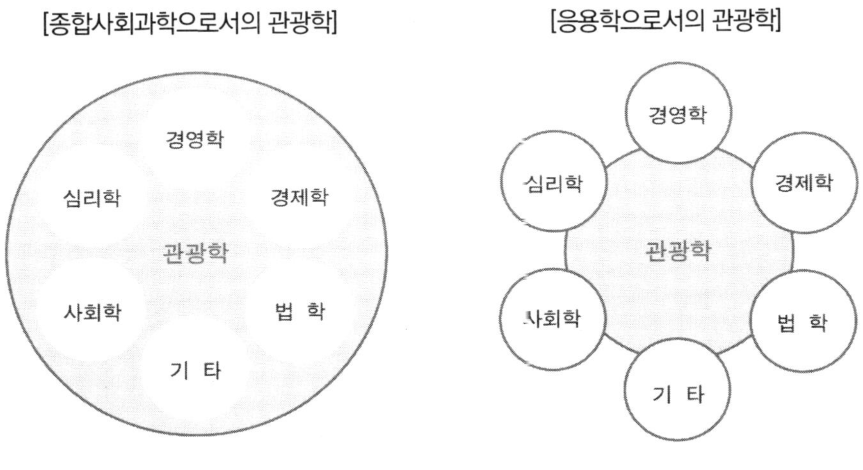

[그림 1-4] 관광학의 접근방식별 구분

이와 같은 두 가지 입장이 오래도록 상치하며 지속되고 있다는 것은 그들 나름대로의 이유와 신념이 있었기 때문일 것이다.

개별과학의 응용학으로서의 관광연구는 현저하게 전문화되었고, 그 분석기법도 매우 실용적인 것이 되었다. 그러나 이러한 경향은 "나무를 보고서도 숲 전체를 보지 못할 위험성을 내포하고 있다"고 한 시오다 세이지의 지적은 적절한 표현이라 하겠다(鹽田正志, 1974 : 71).

반면에 종합사회과학으로서의 관광학 즉 위로부터의 관광학이 지닌 문제점에 대해서도 역시 시오다 세이지가 다음과 같이 가장 잘 요약하고 있다. 즉 "숲 전체의 모습을 파악하는 데는 좋을지 모르나, 이 방식은 지식의 집적은 있어도 법칙은 없고, 따라서 그것은 진실된 학문이라고 보기는 어려우며, 관광학이라는 호칭은 편의적인 것밖에는 안 된다. 왜냐하면, 모든 분야의 여러 법칙들을 동일한 차원에서 파악할 수는 없기 때문이다. 엄밀한 법칙으로서 자연과학법칙과 대수법칙[4]으로서 사회과학법칙을 하나의 과학의 이름아래 동거시킬 수 없는 것이며, 또 사회과학법칙과 윤리학 같은 정신과학의 법칙을 동일시할 수도 없다. 영국의 로빈스(L. Robbins)가 말한 대로 실증적 연구의 일반법칙과 규범적 연구의 일반법칙과의 사이에는 아무리 교묘한 수법을 쓰더라도 위장할 수가 없는, 그리고 공간 또는 시간을 어떻게 바꾸어 놓더라도 다리를 놓을 수 없는 논리적 장벽이 있기 때문이다(鹽田正志, 1974 : 279~80)"라고 했다. 시오다(鹽田)가 지적한 대로 이 방식은 관광현상이라는 숲 전체를 주마간산 식으로 대충 파악하는 데는 유익할지 모르나, 나무에 비유되는 개별현상을 면밀히 탐구하지 못함으로써 지식의 깊이를 상실한다는 약점이 있다. 이렇게 되면 진실된 학문 여부와 같은 가치논쟁은 접어 두고라도 다른 인접 사회과학에 비해 내세울 이론도 내세울 법칙도 없는, 학문성이 결여된 분야로 취급받게 될 위험성이 높다.

이처럼 두 가지 입장을 구별하려는 사고방식에 반대하는 입장도 있다. 예를

4) 대수의 법칙(law of large numbers)이란 관찰표본수가 적으면 틀릴 확률이 많으나, 관찰표본수가 많아지면 맞을 확률이 아주 높아지는 일종의 확률법칙을 뜻한다. 사회과학에서 내세우는 법칙이란 이러한 대수의 법칙에 바탕을 둔 확률법칙에 그 근거를 두고 있다. 예컨대, 우리나라에 사는 어떤 특정 개인의 수명은 예측하기 어려우며 법칙화할 수 없다. 그러나 수십만 명의 평균수명을 종합해 본다면 우리나라 사람의 평균수명을 예측할 수 있다.

들면, "기성학문의 개념을 어렵게 생각하여 '어디까지가 어떤 학문의 범위'라고 하는 생각에 구애되지 말고 진실로 관광을 이해하는 연구가 가장 올바른 것이다"라는 견해이다(岡庭博, 1969 : 29).

그러나 학문에 있어서 중요한 것은 인식목적 · 인식대상 · 인식수단의 상호관련이며, 방법을 한정하지 않는 학문이란 존재할 수 없는 것이고, 따라서 방법을 명시하지 않고서 단지 '진실로 관광을 이해하는 연구'가 필요하다고만 하는 것으로는 아무런 해결도 되지 않는 것이다.

2) 관광학의 향후 방향

전부터 '관광'은 관련되는 여러 과학이 혼합하여 이루어진 것으로서, 지금까지 독립된 '학(學)'의 체계를 이루지 못하고 있다는 이유로 '관광학'이라고 당당하게 불리지 못해 왔다.

그러나 오늘날에 와서는 관계 영역 사이에 걸쳐진 학제적 연구가 각 방면에서 왕성해졌기 때문에 이제는 차츰 '학(學)'으로서 인지되어지는 것이 마땅하다고 생각되어질 뿐만 아니라, 오히려 더 적극적으로 '학(學)'의 확립을 목표로 연구에 진력하는 편이 현실적인 것으로 생각된다.

그러므로 관광론이란 말을 관광학이 미완성된 단계의 표현이라 생각하든, 관광이란 말을 관광에 관한 이론적 측면에 한정하여 정책까지도 포함한 보다 넓은 뜻에서의 범주를 관광론이라 생각하든 그 입장은 자유이지만, 어느 것이든 간에 지금으로부터 관광연구의 입장은 앞에서 기술한 두 가지의 기본적인 입장이 병행됨과 동시에 종합사회과학으로서의 관광학에서는 철학적인 이해가, 그리고 개별과학의 응용학으로서의 관광학에서는 통계학적인 방법이 점점 중요해질 것으로 본다.

산업화 이후 노동시간의 감소, 여가시간 및 개인소득 증대, 기술의 발전과 삶의 환경이 양적 및 질적인 변화 등으로 관광현상이 인간의 중요한 사회현상의 핵심으로 인식되면서 학문으로 등장하였다. 이에 따라 관광은 사업, 상품, 역사, 관리, 개발 차원의 측면 등 다양한 방향에서 연구되고 있다([그림 1-5] 참조).

사업	관광활동을 실행하는 조직이나 중간상인(사업체)(예 : 여행사) 방향
상품	출시된 다양한 관광상품의 제작, 마케팅, 소비 등이 어떻게 수행되는 과정 등을 포괄하는 측면(예 : 항공사의 티켓)
역사	시간적으로 관광활동과 조직체의 분석에 주안점을 둔 접근(예 : 사업체의 혁신, 성장, 침체, 활성화 등)으로 최근에는 다소 접근이 덜 되고 있음
관리	관광사업체를 운영하기 위하여 필요한 관리(예 : 계획, 조사, 가격전략, 광고, 감독 등)
경제	수요, 공급, 대차대조표, 환율, 고용, 지출, 개발, 승수, 그 외 경제요인 등
사회	관광에 참여하는 사람들의 관광행위 연구 및 사회에 미치는 영향 연구에 주안점
지리	위치, 환경, 기후, 풍경, 그리고 토지이용에 따른 경제적 측면, 지리학적 영향력, 파생되는 문화적 문제점 등
종합학문	관광은 우리가 살고 있는 사회(society)에서 일어나는 모든 일을 포괄하는 종합학문으로 설명됨
시스템	목표수행을 위한 실행되는 일련의 체계나 형태차원의 연구로서 미시적(micro) 또는 거시적(macro) 차원으로 접근됨

출처 : Goeldner, C., Ritchie, J. & McIntosh, R. W.(2000), Tourism : Principles, Practices, Philosophies(8th ed.), NY : John Wiley & Sons, Inc., pp.21-24.

[그림 1-5] 관광연구의 방향

산업사회의 발달로 현대과학이 해결해야만 할 과제와 대상은 상기 제시된 영역 외에 사회적 현상, 심리적 현상, 심미적 현상, 지리적 현상 등에 이르기까지 그 범위가 확대되어 종합학문으로서의 위치를 굳혀 가고 있다. 시스템 측면에서 관광관련 학문분야를 자세히 살펴보면 다음 〈표 1-10〉과 같다.

〈표 1-10〉 시스템 측면의 관광관련 학문분야

	관광영역	학문분야
관광학	관광지리학	지리
	벤처개발	기업
	유산과 환경관리	환경
	경관디자인	건축
	농촌관광	농업
	레크리에이션 관리	공원과 레크리에이션
	관광계획과 개발	도시와 지역계획
	관광마케팅	마케팅
	관광역사	역사
	관광법규	법
	스포츠 및 의료관광	운동
	관광조직 관리	사업
	카지노 관리	게임
	관광교통	교통
	환대	호텔 및 식음료 조직
	관광교육	교육
	관광사회학	사회
	관광경제학	경제
	관광동기	심리
	주객관계	인류(문)
	정책	정치과학

출처 : Goeldner, C., Ritchie, J. and McIntosh, R. W.(2000), Tourism : Principles, Practices, Philosophies(8th ed.), NY : John Wiley & Sons Inc., p.24.

CHAPTER 02

관광사업

제1절 관광사업의 개요
제2절 관광사업의 분류
제3절 관광사업의 경제적 효과

CHAPTER 02

관광사업

제 1 절 관광사업의 개요

1. 관광사업의 정의

관광사업(tourist industry)의 정의를 명쾌히 규정하기는 쉽지 않다. 그 이유는 첫째, 시대 변화에 따라 관광사업의 영역이 확대되고 있기 때문이다. 둘째, 학자에 따라 가치관이나 내용에 대한 이해의 차이 때문에 다양한 정의가 내려지고 있다. 셋째, 관광사업은 관광구조의 3요소, 즉 관광주체, 관광객체, 관광매체를 바탕으로 정의를 내릴 수 있다. 마지막으로, 관광사업의 구성원은 영리를 목적으로 하는 기업체뿐만 아니라 정부와 공공단체도 이에 포함된다. 따라서 관광사업의 정의를 한마디로 정의하는 것은 매우 어려운 일이다.

종래 관광사업의 개념 규정에 있어서 독일의 글릭스만(Glüksman)은 관광사업을 "일시적 체재지에 있어서 외래관광객들과 이를 수용한 지역의 주민들과의 제 관계의 총화"라고 정의하였으며, 일본의 이노우에 마스조(井上万壽藏)는 "관광사업은 관광객의 욕구에 대응해서 이를 수용하고 촉진하기 위하여 이루어지는 모든 인간활동"이라고 정의하였다. 또 다나카 기이치(田中喜一)는 관광사업을 "관광왕래를 유발하는 각종 요소에 대해 조화적 발달을 도모함과 아울러 그 일반적 이용을 촉진함으로써 경제적 · 사회적 효과를 올리려고 하는 조직적인 활동"이라고 정의하였으며, 스즈키 타다요시(鈴木忠義)는 관광사업을 "관광의 효용과 그 문화적 · 사회적 · 경제적 효과를 합목적적으로 촉진함을 목적으로 한 조직적 활동"이라고 정의하였다.

우리나라 「관광진흥법」은 제2조 제1호에서 "관광사업이란 관광객을 위하여 운송 · 숙박 · 음식 · 운동 · 오락 · 휴양 또는 용역을 제공하거나 그밖에 관광에 딸린 시설을 갖추어 이를 이용하게 하는 업(業)을 말한다"고 관광사업의 정의를 내리고 있다.

이상의 여러 정의들을 종합해 보면 "관광사업이란 관광의 효용과 그 문화적 · 사회적 · 경제적 효과를 합목적적으로 촉진함을 목적으로 한 조직적 활동이다"라고 요약할 수 있다.

2. 관광사업의 기본적 성격

위에서 설명한 개념의 정의에서 보았듯이, 관광사업은 그 사업효과를 촉진하기 위한 목적적인 조직활동이며, 조직의 구성 또한 복합적이다. 그리고 관광사업은 자신의 직접적인 이윤만을 목적으로 하고 있는 것이 아니고, 오히려 그 성과는 널리 국민이 향유함과 아울러 관광사업의 번영을 통해서 국가나 지역사회의 발전에도 공헌함을 목적으로 하고 있다고 하겠다.

그러나 근년에 와서 관광기업이 융성해짐에 따라 관광사업에 있어서 사기업의 비중이 높아졌고, 관광기업 활동이 관광사업의 중심을 이루고 있다는 생각이 지배적으로 되었다. 그래서 일반적으로 관광산업과 관광사업을 동일시하는 풍조가 확산되었는데, 그것은 관광사업의 활동이 관광산업의 그늘에 가리기 쉬운 성질을 갖고 있기 때문이다. 사실 관광사업은 관광객의 관광행동에 대한 직접적인 서비스에 관한 부분은 대체로 관광관련 기업에 맡기고 있어서 그런 의미에서는 관광산업의 활동을 관광사업의 좁은 의미에서의 개념이라고 인식할 수도 있을 것이다. 그러나 그것은 어디까지나 관광사업에 포함된 관광산업으로서 관광산업은 관광사업의 하위시스템(sub-system)임에는 변함이 없다고 본다.

따라서 여기에서는 관광사업의 산업적 측면까지도 포함하여 그 기본적 특성이 무엇인가를 살펴보기로 한다.

1) 복합성

관광사업의 기본적인 성격은 그 복합성에 있다고 말할 수 있다. 이는 여러 사업주체로 구성된다는 점과 관광사업 자체의 내용이 매우 다양한 업종으로 구성된다는 측면에 복합성을 가지고 있다. 그 구체적인 내용을 살펴보면,

첫째, 관광사업은 정부나 지방자치단체 등의 공적 기관과 민간기업이 여러 가지 의미로 역할을 분담하면서 추진하는 사업이다. 관(官)과 민(民)이 서로가 역할을 분담하면서 어떤 종류의 사업을 추진하여 나간다는 것은 다른 산업의 경우에도 크거나 작거나 그렇게 말할 수 있는 것인데, 관광사업의 경우는 특히 그러한 점이 두드러진다. 관광자원의 보존관리나 관광기반시설의 건설은 한결같이 공공부문의 역할이며, 여행업이라든가 숙박업은 거의가 민간기업의 역할인 것이다.

이와 같이 역할이 분담되는 것은 사상(事象)의 성질상 어느 한쪽 부문만이 사업주체가 되지 않으면 아니 되는, 또는 어느 쪽의 부문 가운데 그 한쪽이 맡는 것이 적합하기 때문이다. 예를 들어 관광자원의 보존관리는 관광자원이 무엇과도 바꿀 수 없는 존재인 이상 그것에 대한 작용을 민간의 자유의사에만 맡겨 둘 수 없는 일이다. 따라서 이는 공공부문의 역할이 되는 것이다. 또한 예를 들어 숙박시설의 경우는 효율적인 운영이 요청되기 때문에 그런 점에서 민간부문에서 분담하는 것이 좋을 것이다.

둘째, 관광사업은 여러 사업주체로 구성된다는 의미 외에도 다양한 업종이 모여 하나로 통합된 활동체를 성립시키는 사업이라는 것이다.

업종이라는 개념은 생산되는 재화나 서비스의 단일적인 성격에 바탕을 두는 것인데, 관광사업은 여러 업종으로부터 제공되는 재화나 서비스를 갖추어야만 비로소 관광객의 행동에 대응할 수 있는 그러한 사업이다. 예를 들어 교통업, 숙박업, 음식업, 소매업, 출판업 등과 같은 각 업종의 사업활동이 각각 관광사업의 한 부분을 구성하고 있으며, 이 경우 한 부분이라고 하는 점이 중요하며, 관광사업은 갖가지 업종에 의하여 구성된 종합상품이라는 데 특징이 있다. 따라서 각자의 사업활동은 관광사업의 한 몫을 담당함과 동시에 그들 자신 고유의 존재의의를 가지고 있다.

결국 관광사업이란 여러 사업주체의 복합으로 구성될 뿐만 아니라, 갖가지 잡다한 업종의 복합으로 성립될 수 있는 조직상의 복합성을 특질로 하는 사업인 것이다.

2) 입지의존성

관광사업은 원래 관광자원에 의존하여 성립되기 때문에 입지의존성이 매우 강한 사업이라고 하겠다. 예를 들면, 물건을 생산하는 기업일 경우에는 생산된 것을 유통과정을 통해서 판매하므로 고객을 공장에 유치한다는 것은 거의 의식할 필요가 없다. 그러나 관광사업일 경우에는 어떤 장소에 관광객을 모이게 함으로써 레저공간을 판매한다는 성격을 가지기 때문에 관광객 유치라는 관점에서 입지(立地)가 매우 중요한 문제가 된다. 따라서 관광사업에 있어서 입지는 곧바로 해당 기업의 매출과 생존으로 직결되는 매우 중요한 특성으로 볼 수 있다.

그러나 관광사업은 관광자원의 우열 여하에도 의존하는 바가 크며, 동시에 그 경영적 입지조건에 의해서 크게 영향을 받는다. 그것은 관광사업의 산업적 측면이 기본적으로 다음과 같은 특질을 가지고 있기 때문이다.

첫째, 관광사업은 관광객의 내방에 대해서 경영활동이 비로소 시작되는데, 관광객의 내방(소비활동)은 계절별, 월별, 주별, 시간별 등에 따라 변동의 차이가 매우 크며, 관광객의 임의적인 행동에 좌우되어 불연속적인 생산형태를 피할 수 없다는 것이다.

둘째, 관광사업은 순간생산 · 순간소비의 형태를 기본적 특질로 하고 있어 생산과 소비가 동시에 완결적으로 이루어지는 생산 즉 소비형 산업이라는 것이다. 따라서 관광상품, 예를 들어 호텔의 객실과 같은 경우는 저장이 불가능하여 경영상의 탄력성이 없다는 것이다.

셋째, 관광사업의 대형화에 따라 노동시설률(유형고정자산액/종업원수)이 높아져 가는 경향에 있다. 초기자본의 투자액이 크면 클수록 경영환경 및 경영조건의 중시와 경영기반의 안정이 주요 과제로 대두하게 된다는 것이다.

이상의 세 가지 특성은 관광사업의 경영상 서로 밀접한 관련을 맺게 되는 성질의 것이지만, 그 중 어느 것을 보아도 경영상의 불안정요소가 되는 것뿐이다. 그러므로 사업노력이 이와 같은 요소의 해소에 마땅히 집중되어야 함은 말할 것도 없겠지만, 많은 관광객이 연중 계속하여 평균적으로 내방하는 관광지를 가장 좋은 관광지로 보는 입장에서는 관광사업의 입지의존성은 가장 중요한 기본적인 특성으로 말할 수 있다.

3) 공익성과 기업성

관광사업은 여러 관련업종의 복합체로 성립되는 특수성 때문에 사적 관광기업까지도 포함해서 공익목적을 달성하는 사업체이다. 그래서 관광사업은 공익성과 기업성을 내포하여 사적 관광기업을 통해서 공익목적을 달성하려고 하는데 특색이 있다.

관광기업에 있어서 공익적인 측면은 관광효과와 관광경제효과 및 경제외적효과라는 면이 지적된다. 먼저 관광효과는 국제관광에 있어서 국제친선의 증진이나 국제문화의 교류를 들 수 있고, 국내관광에 있어서는 보건의 증진, 근로의욕의 증진, 교양의 향상 등을 들 수 있다.

〈표 2-1〉 관광사업의 공익적 효과

구 분	효과 내용
관광효과	① 국제관광 : 국제친선증진, 국제문화의 교류촉진 ② 국내관광 : 보건증진, 근로의욕증진
관광 경제효과	① 국민경제효과 : 외화획득효과 ② 지역경제효과 : 고용효과, 소득효과, 산업관련효과, 조세효과, 산업기반시설정비효과, 지역개발효과
경제 외적효과	① 보존 및 정비효과 : 자연보전, 문화재보존, 공원정비, 교통 및 상하수도시설정비, 의료시설 및 생활환경시설 정비 ② 교류효과 : 관광객과 지역주민과의 교류효과

출처 : 김홍렬(2015), 관광학원론, 백산출판사, p.87.

다음으로 관광의 경제적 효과면에서는 국민경제적 효과로서 외화획득효과를 들 수 있고, 지역경제적 효과로서는 고용효과, 소득효과, 산업경제효과 등을 들 수 있으며, 지역개발상 중요시되고 있다.

또한 경제외적 효과는 이른바 관광산업의 진흥에 따른 부차적 효과이긴 하지만, 자연의 보존이나 문화재의 보존 및 공원의 정비나 교통시설, 상하수도시설, 의료시설 등 생활환경시설의 정비향상이나 관광객과의 교류효과 등을 들 수 있다.

그런데 이상에서든 여러 효과는 어느 것이든 간에 공익적인 면에서 인식되고, 관광사업진흥의 기조가 되어 있지만, 다른 한편으로 이와 같은 효과를 실질적으로 거둘 수 있는 위치에 있는 사적 관광기업은 경합적인 개별기업활동을 원칙으로 하고 있어 반드시 공익적 성과에 기능한다고는 볼 수 없다. 그래서 관광사업은 개별기업활동의 특징을 살리면서 공익적 효과를 높이도록 관광기업을 유도하는 일이 큰 과제가 되며, 공익성과 기업성의 조화적 발전을 도모해 나가는 데서 그 존재 의의를 찾을 수 있다고 본다.

4) 변동성

일반인의 관광에 대한 충족욕구는 필수적인 것이 아니고 임의적인 성격을 띠고 있기 때문에 관광활동은 외부사정의 변동에 매우 민감하여 영향을 받기 쉽다. 변동성의 요인으로는 경제적 요인, 사회적 요인 및 자연적 요인을 들 수 있다.

첫째, 사회적 요인은 사회정세의 변화, 국제정세의 긴박함, 정치불안, 폭동, 질병발생 등과 그밖에 인간의 안전에 불안감을 주는 것들이다.

둘째, 경제적 요인은 경제불황, 소득의 불안정, 환율변동, 운임변동과 외화사용 제한조치 등이다.

셋째, 자연적 요인은 기후, 지진, 태풍, 폭풍우 등과 같은 자연의 변동현상을 들 수 있다.

5) 서비스성

관광사업을 서비스업이라 하는 것은 관광사업이 생산 · 판매하는 상품의 대부분이 눈에 보이지 않는 서비스이기 때문이다. 서비스는 관광객의 심리에 지대한 영향을 미치고 있으므로 서비스의 질적 수준 여하에 따라 기업 자체는 물론이고 관광지 전체, 국가 전체 관광사업의 성패에 중대한 영향을 미치게 된다.

따라서 이러한 서비스의 제공은 비단 관광사업 종사자뿐만 아니라 지역주민이나 국민 전체의 친절한 서비스 제공도 필요하기 때문에, 일반국민에게 관광에 대한 인식을 적극적으로 계몽시킬 필요가 있다.

3. 관광사업의 현대적 특색

앞에서 관광사업의 기본적인 성격에 관하여 검토해 보았는데, 여기서는 관광사업의 현대적 특색에 관하여 기술해 보고자 한다.

우선 첫째로 사업주체의 복합성과 관련이 있는 것으로 공적 기관의 역할이 비약적으로 증대해졌다는 점을 들 수 있겠다. 공적 기관이 관광에 적극적으로 관여를 하게 된 이유는 교통, 통신, 상하수도, 에너지, 치안, 보안과 같은 공공서비스가 관광을 진흥시키는 데 있어서 필수적 요소라는 명백한 사실에 있는 것만은 아니다. 1975년 12월 31일에 제정된 「관광기본법」에 명시되어 있듯이 관광행정의 목적은 ① 국제친선의 증진, ② 국민경제 및 국민복지의 향상, ③ 건전한 국민관광의 발전에 이바지한다는 인식에 기초하고 있기 때문이다.

여기에서 국제친선의 증진이라 함은 우리나라 국민과 외국인 사이에 경제·사회·문화의 교류를 통하여 국민성, 풍속, 습관, 지리 및 문화를 이해하고 상호 우호적인 협력 및 선의를 증진하는 것으로서 종국적으로는 세계평화에 이바지하게 되는 것을 말한다.

또한 국민경제 및 국민복지의 향상이란 외화획득에 의한 국제수지의 개선과 관광을 대상으로 하는 민간의 기업활동이 활발해짐으로써 국민의 사회적·문화적 생활영역을 확대시켜 결과적으로는 국민의 복지를 향상시키게 된다는 것이다.

다음으로 건전한 국민관광의 발전이란, 현대사회에 있어서 국민이 일상생활에서 어쩌면 여유와 인간성을 잃어버리기 쉬운 상황 속에서 관광이 그러한 것을 회복시켜 주는 의의를 가지고 있다고 보는 것이다.

현대는 사회관광(social tourism)이라 부르는 것처럼 경제적 또는 그 밖의 이유로 관광에 참가할 수 없는 사람들에 대하여 공적 기관은 적극적인 지원을 다해야 한다고 보고 있다. 이와 같은 「관광기본법」이 있다는 것은 정부가 관광행정을 적극적으로 추진할 의무가 있다는 것을 뜻한다.

관광사업의 사업주체로서 공적 기관의 역할이 어째서 오늘날 높아졌는가 하는 점에 대해서는 위에서 말한 바와 같은 배경에 더해서, 자연환경의 파괴문제와 소비자보호의 문제가 중요하게 되었기 때문이다. 즉 관광의 대중화에 의한 관광수요의 증대는 민간기업에 의한 적극적인 관광개발을 가져왔고, 유한한 자연환경이 파괴된다는 문제가 생겨나게 되었기 때문이다.

관광사업의 현대적 특색으로서 다음에 들 수 있는 것은 관광사업을 구성하고 있는 각종의 사업활동이 민간기업의 활발한 사업활동에 의해 점점 확대되고 다양화되어 간다는 점이다. 이와 같은 경향은 1960년대의 후반부터 특히 눈부신 발전을 보였다고 하겠다. 민간기업이 관광에 관계하여 활동하는 것은 말할 것도 없이 영리가 그 목적이다. 그러므로 관광이 대중화되고 더구나 앞으로 점점 그 수요가 증가할 것을 예상한다면, 민간기업에 있어서는 관광이 이제부터 발전하게 되는 성장사업이며, 민간기업의 독자적인 창의와 연구를 결집시킬 분야가 된다고 하겠다. 그렇기에 야생동물을 방사하는 동물원 등 과거에는 볼 수 없었던 새로운 관광시설이 등장하기도 하고, 역사가 깊은 숙박업의 경우에도 대형화하고, 다각 경영화되는 경향을 따르는 등 관광사업은 더욱 복잡하게 발전되어가고 있다.

관광사업에 대한 민간 대기업의 본격적인 진출은 우리나라에서는 민영호텔로부터 시작되었다. 민간호텔은 숙박업으로서 원래 관광사업의 중추적인 역할을 차지하고 있었으나, 특히 1965년에서 1968년 사이에 국제관광공사(현 한국관광공사)가 워커힐호텔 등의 운영권을 민간에게 불하한 후부터 한국 관광업계의 중심세력이 되고 있다. 특히 한때 해외건설에 진출하고 있던 재벌회사들이 각지에 호텔을 세워 계열업체로 경영하였고, 호텔 이외에도 그룹의 자체인력의 해외송출을 맡기 위하여 기존 소자본의 항공운송대리점을 인수하여 국제여행업을 경영하기도 하였다. 이 밖에도 콘도미니엄 리조트의 개발이나 자연농원, 스키장 등의 야외 레크리에이션 시설의 개발 등 갖가지 관광사업을 경영하고 있다는 것은 잘 알려진 사실이다. 이와 같이 관광사업을 전개하는 민간기업은 호텔에만 한정되어 있지 않고, 여러 가지 사업에 진출하고 있음을 볼 수 있다.

이와 같이 현대의 관광사업은 첫째로, 공적 기관의 역할이 커지게 되었다는 것, 둘째로, 사업활동의 내용이 민간기업의 활발한 사업활동에 따라 점점 확대되어 다양화하고 있다는 점들을 그 특색으로 들 수 있겠다.

4. 현대 관광사업의 발전요인[1)]

일반적으로 인간은 노동소득 중에서 생활을 영위하는데, 필수적인 의식주(衣食住)에 소요되는 예산을 공제한 가처분소득 내에서 관광여행이 가능한 것으로 인식되어 왔다. 그러나 오늘날 선진국을 비롯한 세계 각국은 휴가와 레저를 위한 여행의 구매는 삶의 질을 높이는 데 필수적인 것으로 보고 있고, 그 중에서도 건강 및 교육 · 휴가를 위한 여행의 증가추세가 뚜렷이 나타나고 있다. 이러한 관광사업의 성장요인들을 살펴보면 다음과 같다.

1) 라이프 스타일의 변화

라이프 스타일(life style)이란 전체사회 또는 그 사회의 특정 집단이 가지고 있는 독특하고 특징적인 생활방식으로서 항상 고정된 것이 아니고 개인들의 가치, 태도, 신념 및 외부의 사회적 · 문화적 환경변화로 인해서 변경될 수 있는 하나의 생활양식을 의미한다. 현대인은 생활의 질을 중요시하면서 관광을 생활의 필수품으로 보고 생활 속에서 휴가여행을 계획하고 있다.

2) 가계소득의 증가

산업기술의 발달과 기계화로 인한 대량생산과 대량소비가 이루어지면서 생활수준은 질적 · 양적 측면에서 높아졌으며, 국민소득의 향상으로 개인의 가처분소득도 증대되었다.

경제적 생활수준의 향상과 더불어 가처분소득 중에서 의식주(衣食住)를 위한 비용에 비해 여행비용을 포함하는 이른바 문화성비용(cultural expense)이 증가하였는데, 그 중에서 특히 관광소비가 현저히 증가하여 여행수요를 확대하는 요인으로 작용하였다.

3) 여가시간의 증대

선진국에서는 사회복지정책에 힘입어 국민대중의 증대된 여가욕구는 관광대

1) 김성혁 · 오세경 공저, 최신관광사업개론(서울: 백산출판사, 2014), pp.60~63.

중화현상으로 발전하였다. 대부분의 선진국에서는 주 5일 근무제가 일반화되어 있고, 우리나라도 대부분 기업에서 이 제도를 시행하고 있으며, 머지않아 이 제도의 정착이 전망되고 있다.

최근 들어 특히 해외여행에 대한 욕구가 일반대중에게 확산되고 있다. 해외여행은 점차로 국제교류 대중화의 실현에 공헌할 것이며, 민간차원에서 이루어지는 국제교류 확대는 세계평화의 유지에도 크게 기여하게 될 것이다.

4) 교육수준의 향상

사회교육수준의 향상과 국민소득의 증대에 따라 사람들은 부(富)로부터 만족을 얻는데만 그치지 않고 간접적으로 인식하고 있던 역사와 문화에 관한 지식을 직접 그 현장에서 확인하고 재인식하려고 하는 욕구가 강력해진다. 이러한 지식욕구는 해외여행의 경우에 더욱 현저해지며, 이러한 움직임은 결국 국민들이 민간차원에서 국제교류의 대열에 참여하여 문화교류에 일익을 담당하는 역할을 수행하도록 만든다.

5) 교통운송수단의 발달

제2차 세계대전이 끝난 후 항공기 제작기술의 발달은 항공교통수단의 고속성 · 쾌적성 · 안전성 · 경제성을 향상시키는 한편, 대량 운송능력의 보유 및 고속운항에 의한 시간절약 및 운임의 저렴화를 가능하게 만들었다. 항공사는 여행객들이 비행 중에 향유하게 될 정신적인 만족감, 즉 쾌적성을 높이기 위해 기내시설과 기내서비스 향상에 한층 세심하게 배려함으로써 관광객들의 욕구에 적합하도록 노력하고 여행자들의 해외여행 욕구를 더욱 자극시키게 되었다.

한편, 육상교통수단과 해상교통수단도 자동차의 보급, 도로의 정비뿐만 아니라 고속화의 추진, 객차 및 객선설비의 개선, 그리고 세련되고 다양한 서비스를 추가함으로써 승객들의 욕구를 만족시켜, 관광의 저변확대가 실현되었다.

6) 여행촉진활동의 강화

관광사업자들에 의해 수행되는 관광과 관련한 광고, 판매촉진, 홍보 및 인적판매와 같은 상업적인 촉진활동의 전개는 관광소비 확대에 커다란 영향을 미친다.

7) 관광사업의 확충

호텔 객실수의 증대와 대규모 항공회사의 등장 및 유람선회사의 참여 그리고 수십만 명의 종사원이 이들 관광사업에 종사하므로 관광사업의 규모가 확충되었다. 이러한 확충은 관광사업체들 간의 경쟁을 심화시켜 촉진활동의 강화, 서비스품질의 향상, 가격인하 등으로 관광이 수요를 확대시키는 요인이 되었다.

8) 세계의 지구촌화

국제간에 교역량 및 정보통신의 발달은 인적 교류의 확대를 수반하기 마련이다. 국가간에는 자원과 기술보유의 정도가 상이하므로 세계경제가 원활하게 운용되려면 국가간의 거래는 필수적인 것이 된다. 그렇게 되면 상담을 위한 비즈니스 여행자의 왕래가 빈번해지기 마련이고, 세계가 마치 하나의 좁은 시장으로 간주되는데, 이는 여행을 증대시키는 요인으로 작용하게 되며 관광사업의 발전을 유도하게 된다.

제 2 절 관광사업의 분류

1. 사업주체에 따른 분류[2)]

관광사업은 사업주체에 따라서 공적 관광기관과 사적 관광기업으로 나눌 수 있다. 공적 관광기관은 정부나 지방자치단체 등의 관광행정기관과 관광협회나 업종별 협회 등 관광공익단체로 나누어지며, 영리목적인 사적 관광기업은 직접 관련 관광기업과 간접적 관광관련 기업으로 나누어 볼 수 있다.

1) 관광행정기관

공적 관광사업으로 관광정책 관련 기관을 의미하는데, 국가 · 정부 · 지방자치단체 등 관광행정기관을 가리킨다. 이는 관광객 · 관광기업 · 관광관련 기업들과 직간접적으로 영향을 주고받으며 관광개발업무와 관광진흥업무를 담당한다.

2) 관광공익단체

공적 관광기관으로 관광공사 · 관광협회 등의 공익법인과 관광인력을 양성하는 교육기관 및 관광연구소 등이 있다.

대표적인 공익단체로는 관광진흥, 관광자원개발, 관광사업의 연구, 관광요원의 양성 및 훈련을 목적으로 설립된 한국관광공사(KNTO), 정부의 관광정책 대안제시와 효율적 지원정책과 관련한 조사 · 연구를 수행하기 위하여 설립된 한국문화관광연구원, 그리고 우리나라 관광업계를 대표하는 한국관광협회중앙회와 업종별 · 지역별 관광협회 등이 있다.

2) 김미경 외 5인 공저, 관광학개론(서울: 백산출판사, 2017), pp.203~204.

3) 관광기업

관광객과 직접적으로 관계되어 영리를 목적으로 하는 기업들 즉 관광객의 소비활동을 주된 수입원으로 하는 기업들을 말한다. 여기에는 여행업, 숙박업, 교통업, 쇼핑업, 관광정보제공업, 관광개발업 등 대부분의 관광사업이 포함되며, 「관광진흥법」에 의한 자영업자들도 여기에 포함된다.

4) 관광관련 기업

관광객과 직접 대면하지는 않으나 관광기업과 직접적인 관계를 가짐으로써 관광객과는 간접적(2차적)으로 관련을 갖는 간접관광사업 또는 2차 관광사업이라 지칭되는 기업을 말한다.

호텔에서 외주를 받은 세탁업자, 청소업자, 경비업자와 식품납품업자 등이 여기에 포함되며, 일반적인 소매상점, 요식업체, 숙박업체, 오락업체 등도 관광객이 이용할 때에는 여기에 해당된다.

2. 관광법규에 따른 분류[3)]

1) 우리나라 관광사업의 법적 전개과정

우리나라의 관광사업은 1960년대에 들어서서 비로소 조직과 체제를 갖추고 정부의 강력한 정책적 뒷받침 아래 관광사업 진흥을 위한 기반을 구축하기 시작하였다. 이에 정부는 관광사업의 중요성을 인식하고, 이를 진흥시키기 위하여 우리나라 최초의 관광법규인 「관광사업진흥법」을 제정하여 관광질서를 확립함과 동시에 관광행정조직의 정비, 관광사업의 국제화 추진 등 관광사업 발전에 필요한 기반을 조성하였다.

1961년 8월 22일 법률 제689호로 제정 · 공포된 「관광사업진흥법」은 우리나라 관광의 획기적인 발전을 위한 최초의 법률이다. 이 법의 제정 당시에는 관광사업의 종류를 여행알선업, 통역안내업, 관광호텔업, 관광시설업 등 4가지로 구분하였으나, 1975년 12월 31일 이 법이 폐지될 때까지 4차에 걸친 개정을 통해 관

---

3) 조진호 · 우상철 공저, 최신관광법규론(서울: 백산출판사, 2018), pp.121~142.

광사업의 종류를 여행알선업, 통역안내업, 관광호텔업, 관광시설업, 토산품판매업, 관광교통업, 관광삭도업 등 7가지로 구분하였다.

그러나 1975년 12월 31일 종래의 「관광사업진흥법」을 폐지하고 새로 제정된 「관광사업법」은 관광사업의 종류를 여행알선업, 관광숙박업, 관광객이용시설업 등 3개 업종으로 축소하였던 것이나, 그 후 시대의 변천에 따라 여행형태가 다원화되고 관광객의 관광성향이 전문화되자 관광사업의 종류도 확대 · 조정할 필요가 있게 되었다.

이에 따라 1986년 12월 31일 법률 제4065호로 제정된 「관광진흥법」은 폐지된 「관광사업법」의 내용을 대부분 답습하였으나, 관광사업의 종류는 여행업, 관광숙박업, 관광객이용시설업, 국제회의용역업 및 관광편의시설업의 5가지로 구분하고 있었다. 다만, 점차적으로 증가하고 있는 국제회의에 대비하고자 국제회의용역업을 관광사업의 일종으로 신설하고, 1994년 8월 3일 「관광진흥법」 개정 때에는 종래 「사행행위등 규제 및 처벌특례법」에서 '사행행위영업(射倖行爲營業)'으로 규정하고 있던 카지노업을 관광사업의 일종으로 포함시켰다.

1999년 1월 21일에는 「관광진흥법」의 전문거정(全文改正)이 있었는데, 종전의 국제회의용역업을 국제회의업으로 명칭을 변경하고 그 업무범위를 확대하였으며, 또 종래 「공중위생법」에 의하여 보건복지부장관의 소관으로 되어 있던 유원시설업을 문화관광부장관의 소관으로 이관하여 관광사업의 일종으로 규정하였다.

따라서 2022년 12월 말 현재 「관광진흥법」에서 규정하고 있는 관광사업의 종류는 여행업, 관광숙박업, 관광객이용시설업, 국제회의업, 카지노업, 유원시설업, 관광편의시설업 등 크게 7개 업종으로 구분하고 있으며(동법 제3조 1항), 동법 시행령에서는 이를 각각의 종류별로 다시 세분하고 있다(동법 시행령 제2조). 이를 도표화하면 〈표 2-2〉와 같다.

〈표 2-2〉「관광진흥법」에 따른 관광사업의 분류

<table>
<tr><th>종 류</th><th colspan="2">세분류</th></tr>
<tr><td>여행업</td><td colspan="2">종합여행업, 국내외여행업, 국내여행업</td></tr>
<tr><td rowspan="2">관광숙박업</td><td>호텔업</td><td>관광호텔업, 수상관광호텔업, 한국전통호텔업, 가족호텔업, 호스텔업, 소형호텔업, 의료관광호텔업</td></tr>
<tr><td colspan="2">휴양콘도미니엄업</td></tr>
<tr><td rowspan="7">관광객이용시설업</td><td colspan="2">전문휴양업</td></tr>
<tr><td>종합휴양업</td><td>제1종 종합휴양업, 제2종 종합휴양업</td></tr>
<tr><td>야영장업</td><td>일반야영장업, 자동차야영장업</td></tr>
<tr><td>관광유람선업</td><td>일반관광유람선업, 크루즈업</td></tr>
<tr><td colspan="2">관광공연장업</td></tr>
<tr><td colspan="2">외국인관광 도시민박업</td></tr>
<tr><td colspan="2">한옥체험업</td></tr>
<tr><td>국제회의업</td><td colspan="2">국제회의시설업, 국제회의기획업</td></tr>
<tr><td>카지노업</td><td colspan="2"></td></tr>
<tr><td>유원시설업</td><td colspan="2">종합유원시설업, 일반유원시설업, 기타유원시설업</td></tr>
<tr><td>관광편의시설업</td><td colspan="2">관광유흥음식점업, 관광극장유흥업, 외국인전용유흥음식점업, 관광식당업, 관광순환버스업, 관광사진업, 여객자동차터미널시설업, 관광펜션업(휴양펜션업), 관광궤도업, 관광면세업, 관광지원서비스업, 기타관광편의시설업(제주)</td></tr>
</table>

2) 여행업

현행 「관광진흥법」에서의 여행업이란 "여행자 또는 운송시설 · 숙박시설, 그 밖에 여행에 딸리는 시설의 경영자 등을 위하여 그 시설이용의 알선이나 계약체결의 대리, 여행에 관한 안내, 그 밖의 여행 편의를 제공하는 업"을 말한다(동법 제3조 제1항 1호).

여행업은 사업의 범위 및 취급대상에 따라 종합여행업, 국내외여행업, 국내여행업 및 관광안내업으로 구분하고 있다.

우리나라 여행업의 등록현황을 살펴보면 2022년 9월 말 기준으로 종합여행업 6,706개소, 국내외여행업 9,165개소, 국내여행업 4,640개소이다.

(1) 종합여행업

국내외를 여행하는 내국인 및 외국인을 대상으로 하는 여행업[사증(査證; 비자)을 받는 절차를 대행하는 행위를 포함한다]을 말한다. 따라서 종합여행업자는 외국인의 국내 또는 국외여행과 내국인의 국외 또는 국내여행에 대한 업무를 모두 취급할 수 있다.

(2) 국내외여행업

국내외를 여행하는 내국인을 대상으로 하는 여행업(사증을 받는 절차를 대행하는 행위를 포함한다)을 말한다. 국내외여행업은 우리나라 국민의 아웃바운드 여행(해외여행업무)만을 전담하도록 하기 위하여 도입된 것이므로, 외국인을 대상으로 하거나 또는 내국인을 대상으로 한 국내여행업은 이를 허용하지 않고 있다.

(3) 국내여행업

국내를 여행하는 내국인을 대상으로 하는 여행업을 말한다. 따라서 국내여행업은 내국인을 대상으로 한 국내여행에 국한하고 있어 외국인을 대상으로 하거나 또는 내국인을 대상으로 한 국외여행업은 이를 허용하지 않고 있다.

3) 관광숙박업

현행 「관광진흥법」은 관광숙박업을 호텔업과 휴양콘도미니엄업으로 나누고(제3조 1항 2호), 호텔업을 다시 세분하고 있다(동법 시행령 제2조 1항 2호).

(1) 호텔업

호텔업이란 관광객의 숙박에 적합한 시설을 갖추어 이를 관광객에게 제공하거나 숙박에 딸리는 음식 · 운동 · 오락 · 휴양 · 공연 또는 연수에 적합한 시설 등을 함께 갖추어 이를 이용하게 하는 업을 말한다.

호텔업은 운영형태, 이용방법 또는 시설구조에 따라 관광호텔업, 수상관광호텔업, 한국전통호텔업, 가족호텔업, 호스텔업, 소형호텔업, 의료관광호텔업 등으로 세분하고 있다.

우리나라 호텔업의 등록현황을 살펴보면, 2022년 9월 말 기준으로 전국에 관광호텔업 1,064개 업체, 한국전통호텔업 8개소, 가족호텔업 162개소, 호스텔업 946개소, 소형호텔업 52개소가 운영되고 있다.

가) 관광호텔업

관광호텔업은 관광객의 숙박에 적합한 시설을 갖추어 관광객에게 이용하게 하고 숙박에 딸린 음식·운동·오락·휴양·공연 또는 연수에 적합한 시설 등(이하 "부대시설"이라 한다)을 함께 갖추어 관광객에게 이용하게 하는 업(業)을 말한다. 종전에는 관광호텔업을 종합관광호텔업과 일반관광호텔업으로 세분하였으나, 2003년 8월 「관광진흥법 시행령」을 개정하면서 이를 관광호텔업으로 통일하였다.

나) 수상관광호텔업

수상관광호텔업은 수상에 구조물 또는 선박을 고정하거나 매어 놓고 관광객의 숙박에 적합한 시설을 갖추거나 부대시설을 함께 갖추어 관광객에게 이용하게 하는 업으로서, 수려한 해상경관을 볼 수 있도록 해상에 구조물 또는 선박을 개조하여 설치한 숙박시설을 말한다. 만일 노후선박을 개조하여 숙박에 적합한 시설을 갖추고 있더라도 동력을 이용하여 선박이 이동할 경우에는 이는 관광호텔이 아니라 선박으로 인정된다.

우리나라에는 2000년 7월 20일 최초로 부산 해운대구에 객실수 53실의 수상관광호텔이 등록된 바 있으나, 그 후 2003년 태풍으로 인해 멸실되어 현재는 존재하지 않는다.

다) 한국전통호텔업

한국전통호텔업은 한국전통의 건축물에 관광객의 숙박에 적합한 시설을 갖추거나 부대시설을 함께 갖추어 관광객에게 이용하게 하는 업을 말한다. 현재 우리나라에서 운영되고 있는 관광호텔은 모두가 서양식의 구조와 설비를 갖추고 있어 외국인 관광객이 한국고유의 전통적 숙박시설을 이용할 수 없는 것이 오늘의 현실이다. 따라서 외국인 관광객의 수요에 대처하기 위하여 한국고유의 전통건축 양식에 한국적 분위기를 풍길 수 있는 객실과 정원을 갖추고 한국전통요리를 제공하도록 한 것이 한국전통호텔업이다.

우리나라에는 1991년 7월 26일 최초로 제주도 중문관광단지 내에 객실수 26실의 한국전통호텔(씨에스호텔앤리조트)이 등록된 이래 2003년 10월 전남 구례에 지리산가족호텔(124실), 2004년 5월에는 인천에 을왕관광호텔(44실)이 등록되었고, 2010년 7월 5일에는 경북 경주시에 (주)신라밀레니엄 라궁 16실, 2011년 10월에는 전남 영광에 한옥호텔 영산재 21실이 등록된 바 있다.

라) 가족호텔업

가족호텔업은 가족단위 관광객의 숙박에 적합하도록 숙박시설 및 취사도구를 갖추어 관광객에게 이용하게 하거나 숙박에 딸린 음식 · 운동 · 휴양 또는 연수에 적합한 시설을 함께 갖추어 관광객에게 이용하게 하는 업을 말한다.

경제성장으로 인한 국민소득수준의 향상은 다수 국민으로 하여금 여가활동을 향유케 함으로써 가족단위 관광의 증가를 가져왔는데, 가족단위 관광의 증가는 가족호텔을 급격히 증가하게 하였다. 이에 정부는 증가된 가족단위의 관광수요에 부응하여 국민복지 차원에서 저렴한 비용으로 가족관광을 영위할 수 있게 하기 위하여 가족호텔 내에는 취사장, 운동 · 오락시설 및 위생설비를 겸비토록 하고 있다.

마) 호스텔업

호스텔업은 배낭여행객 등 개별 관광객의 숙박에 적합한 시설로서 샤워장, 취사장 등의 편의시설과 외국인 및 내국인 관광객을 위한 문화 · 정보 교류시설 등을 함께 갖추어 이용하게 하는 업을 말한다. 이는 2009년 10월 7일 「관광진흥법 시행령」 개정 때 호텔업의 한 종류로 신설되었다.

바) 소형호텔업

소형호텔업은 관광객의 숙박에 적합한 시설을 소규모로 갖추고 숙박에 딸린 음식 · 운동 · 휴양 또는 연수에 적합한 시설을 함께 갖추어 관광객에게 이용하게 하는 업을 말한다. 이는 외국인 관광객 1,200만명 시대를 맞이하여 관광숙박서비스의 다양성을 제고하고 부가가치가 높은 고품격의 융 · 복합형 관광산업을 집중적으로 육성하기 위하여 2013년 11월 「관광진흥법 시행령」 개정 때 호텔업의 한 종류로 신설된 것이다.

사) 의료관광호텔업

의료관광호텔업이란 의료관광객의 숙박에 적합한 시설 및 취사도구를 갖추거나 숙박에 딸린 음식 · 운동 또는 휴양에 적합한 시설을 함께 갖추어 관광객에게 이용하게 하는 업을 말한다. 이는 외국인 관광객 1,200만명 시대를 맞이하여 관광숙박서비스의 다양성을 제고하고 부가가치가 높은 고품격의 융 · 복합형 관광산업을 집중적으로 육성하기 위하여 2013년 11월 「관광진흥법 시행령」 개정 때 호텔업의 한 종류로 신설된 것으로, 의료관광객의 편의를 도모함은 물론 의료관광 활성화에 기여할 것으로 기대되고 있다.

(2) 휴양콘도미니엄업

휴양콘도미니엄업이란 관광객의 숙박과 취사에 적합한 시설을 갖추어 이를 그 시설의 회원이나 공유자, 그 밖의 관광객에게 제공하거나 숙박에 딸리는 음식 · 운동 · 오락 · 휴양 · 공연 또는 연수에 적합한 시설 등을 함께 갖추어 이를 이용하게 하는 업을 말한다.

우리나라 휴양콘도미니엄업의 등록현황을 살펴보면 2022년 9월 말 기준으로 235개 업체에 객실수 4만 7,001실이 등록되어 있다.

4) 관광객이용시설업

관광객이용시설업이란 ① 관광객을 위하여 음식 · 운동 · 오락 · 휴양 · 문화 · 예술 또는 레저 등에 적합한 시설을 갖추어 이를 관광객에게 이용하게 하는 업 또는 ② 대통령령으로 정하는 2종 이상의 시설과 관광숙박업의 시설(이하 "관광숙박시설"이라 한다) 등을 함께 갖추어 이를 회원이나 그 밖의 관광객에게 이용하게 하는 업을 말한다.

현행 「관광진흥법」은 관광객이용시설업의 종류를 전문휴양업, 종합휴양업(제1종, 제2종), 야영장업(일반야영장업, 자동차야영장업), 관광유람선업(일반관광유람선업, 크루즈업), 관광공연장업, 외국인관광 도시민박업, 한옥체험업 등으로 구분하고 있다.

관광객이용시설업의 등록현황을 살펴보면 2022년 9월 말 기준으로 전문휴양업 106개 업체, 종합휴양업 27개 업체, 야영장업은 3,205개 업체, 관광유람선업

40개 업체, 관광공연장업 10개 업체, 외국인관광 도시민박업 1,993개 업체, 한옥체험업 1,650개 업체 등이다.

(1) 전문휴양업

관광객의 휴양이나 여가선용을 위하여 숙박업시설[공중위생관리법 시행령 제2조 제1항 제1호(농어촌에 설치된 민박사업용시설) 및 제2호(자연휴양림 안에 설치된 시설)의 시설을 포함하며, 이하 "숙박시설"이라 한다]이나 「식품위생법 시행령」 제21조 제8호 가목 · 나목 또는 바목에 따른 휴게음식점영업, 일반음식점영업 또는 제과점영업의 신고에 필요한 시설(이하 "음식점시설"이라 한다)을 갖추고 별표 1 제4호 가목(2)(가)부터 (거)까지의 규정에 따른 시설(이하 "전문휴양시설"이라 한다) 중 한 종류의 시설을 갖추어 관광객에게 이용하게 하는 업을 말한다.

(2) 종합휴양업

종합휴양업은 제1종과 제2종으로 구분된다. 제1종 종합휴양업은 관광객의 휴양이나 여가선용을 위하여 숙박시설 또는 음식점시설을 갖추고 전문휴양시설 중 두 종류 이상의 시설을 갖추어 관광객에게 이용하게 하는 업이나, 숙박시설 또는 음식점시설을 갖추고 전문휴양시설 중 한 종류 이상의 시설과 종합유원시설업의 시설을 갖추어 관광객에게 이용하게 하는 업이다.

제2종 종합휴양업은 관광객의 휴양이나 여가선용을 위하여 관광숙박업의 등록에 필요한 시설과 제1종 종합휴양업 등록에 필요한 전문휴양시설 중 두 종류 이상의 시설 또는 전문휴양시설 중 한 종류 이상의 시설 및 종합유원시설업의 시설을 함께 갖추어 관광객에게 이용하게 하는 업이다.

(3) 야영장업

가족단위로 야영하는 여행자의 증가에 따라 야영장의 수가 증가하고 있음에도 불구하고 지금껏 자동차야영장업만을 관광사업으로 등록하도록 하고 있어 야영장에 관한 종합적인 관리가 어려웠는바, 마침 2014년 10월 28일 「관광진흥법 시행령」 개정 때 종전의 자동차야영장업을 일반야영장업과 자동차야영장업으로 세분하고 일반야영장업도 관광사업으로 등록하도록 함으로써 야영장 이용객들이 안전하고 위생적으로 이용할 수 있게 한 것이다.

가) 일반야영장업

야영장비 등을 설치할 수 있는 공간을 갖추고 야영에 적합한 시설을 함께 갖추어 관광객에게 이용하게 하는 업을 말한다.

나) 자동차야영장업

자동차를 주차하고 그 옆에 야영장비 등을 설치할 수 있는 공간을 갖추고 취사 등에 적합한 시설을 함께 갖추어 자동차를 이용하는 관광객에게 이용하게 하는 업을 말한다.

(4) 관광유람선업

가) 일반관광유람선업

「해운법」에 따른 해상여객운송사업의 면허를 받은 자나 「유선(遊船) 및 도선사업법(渡船事業法)」에 따른 유선사업(遊船事業)의 면허를 받거나 신고한 자가 선박을 이용하여 관광객에게 관광을 할 수 있도록 하는 업을 말한다.

나) 크루즈업

「해운법」에 따른 순항(順航) 여객운송사업이나 복합 해상여객운송사업의 면허를 받은 자가 해당 선박 안에 숙박시설, 위락시설 등 편의시설을 갖춘 선박을 이용하여 관광객에게 관광을 할 수 있도록 하는 업을 말한다.

(5) 관광공연장업

관광공연장업은 관광객을 위하여 적합한 공연시설을 갖추고 공연물을 공연하면서 관광객에게 식사와 주류를 판매하는 업을 말한다.

(6) 외국인관광 도시민박업

외국인관광 도시민박업이란 「국토의 계획 및 이용에 관한 법률」(이하 "국토계획법"이라 한다) 제6조제1호에 따른 도시지역(「농어촌정비법」에 따른 농어촌지역 및 준농어촌지역은 제외한다)의 주민이 거주하고 있는 단독주택 또는 다가구주택(건축법 시행령 별표 1 제1호 가목 또는 다목)과 아파트, 연립주택 또는 다세대주택(건축법 시행령 별표 1 제2호 가목, 나목 또는 다목)을 이용하여 외국인 관광객에게 한국의 가정문화를 체험할 수 있도록 숙식 등을 제공하는 사업을 말하는데, 종전까지는 외국인관광 도시민박업의 지정을 받으면 외국인 관광객에게만 숙식 등을 제공할 수 있었으나, 2014년 11월 28일 「관광진흥법 시행령」 개정에 따른 '도시재생활성화계획'에 따라 마을기업(「도시재생활성화 및 지원에 관한 특별법」〈약칭 "도시재생법"〉 제2조제6호 · 제9호에 따른)이 운영하는 외국인관광 도시민박업의 경우에는 외국인 관광객에게 우선하여 숙식 등을 제공하되, 외국인 관광객의 이용에 지장을 주지 아니하는 범위에서 해당 지역을 방문하는 내국인 관광객에게도 그 지역의 특성화된 문화를 체험할 수 있도록 숙식 등을 제공할 수 있게 하였다(관광진흥법 시행령 제2조제1항제6호 카목 〈개정 2014.11.28.〉).

(7) 한옥체험업

한옥(「한옥 등 건축자산의 진흥에 관한 법률」 제2조제2호에 따른 한옥을 말한다)에 관광객의 숙박 체험에 적합한 시설을 갖추고 관광객에게 이용하게 하거나, 전통 놀이 및 공예 등 전통문화 체험에 적합한 시설을 갖추어 관광객에게 이용하게 하는 업을 말한다. 이는 2009년 10월 7일 「관광진흥법 시행령」 개정 때 관광편의시설업에 새로 추가된 업종으로 2020년 4월 28일에 관광객이용시설업으로 편입되었다.

5) 국제회의업

국제회의업은 대규모 관광수요를 유발하는 국제회의(세미나 · 토론회 · 전시회 등을 포함한다)를 개최할 수 있는 시설을 설치 · 운영하거나 국제회의의 계획 · 준비 · 진행 등의 업무를 위탁받아 대행하는 업을 말한다.

현행 「관광진흥법」에서 규정하고 있는 국제회의업은 국제회의시설업과 국제회의기획업으로 분류하고 있다.

우리나라 국제회의업의 등록현황을 살펴보면 2022년 9월 말 기준으로 국제회의시설업 16개, 국제회의기획업 1,282개 업체가 등록되어 있다.

(1) 국제회의시설업

대규모 관광수요를 유발하는 국제회의를 개최할 수 있는 시설을 설치 · 운영하는 업을 말하는데(관광진흥법 시행령 제2조 1항 4호), 첫째, 「국제회의산업 육성에 관한 법률 시행령」 제3조에 따른 회의시설(전문회의시설 · 준회의시설) 및 전시시설의 요건을 갖추고 있을 것과, 둘째, 국제회의 개최 및 전시의 편의를 위하여 부대시설(주차시설, 쇼핑 · 휴식시설)을 갖추고 있을 것을 요구하고 있다.

(2) 국제회의기획업

대규모 관광수요를 유발하는 국제회의의 계획 · 준비 · 진행 등의 업무를 위탁받아 대행하는 업을 말한다. 우리나라 국제회의업은 '국제회의용역업'이라는 명칭으로 1986년 처음으로 「관광진흥법」상의 관광사업으로 신설되었던 것이나, 1998년에 동법을 개정하여 종전의 국제회의용역업을 '국제회의기획업'으로 명칭을 변경하고 여기에 '국제회의시설업'을 추가하여 '국제회의업'으로 업무범위를 확대하여 오늘에 이르고 있다.

6) 카지노업

카지노업이란 전문영업장을 갖추고 주사위 · 트럼프 · 슬롯머신 등 특정한 기구 등을 이용하여 우연의 결과에 따라 특정인에게 재산상의 이익을 주고 다른 참가자에게 손실을 주는 행위 등을 하는 업을 말한다(관광진흥법 제3조 1항 5호).

카지노업은 종래 「사행행위 등 규제 및 처벌특례법」에서 '사행행위영업'의 일환으로 규정되어 오던 것을 1994년 8월 3일 「관광진흥법」을 개정하여 관광사업의 일종으로 전환 규정하고, 문화체육관광부에서 허가권과 지도 · 감독권을 갖게 되었다(동법 제21조). 다만, 제주도에는 2006년 7월부터 「제주특별자치도 설치 및 국제자유도시 조성을 위한 특별법」이 제정 · 시행됨에 따라 제주특별자치도에서 외국인 전용 카지노업을 경영하려는 자는 제주도지사의 허가를 받아야 한다.

현행 「관광진흥법」에 의거한 카지노업은 내국인 출입을 허용하지 않는 것을 기본으로 하고 있으며, 예외적으로 1995년에 신설된 「폐광지역개발지원에 관한 특별법」에 의거 폐광지역의 경기 활성화를 위하여 2000년 10월 강원도 정선군에 개장한 강원랜드 카지노만은 내국인의 출입을 허용하였다. 2005년 12월 31일까지 효력을 가지는 한시법(限時法)으로 되어 있었으나, 그 시한을 10년간 연장하였고(개정 2005.3.31.) 다시 10년간 연장하여(개정 2012.1.26) 2025년 12월 31일까지, 또다시 20년 연장하여(개정 2021.3.9.) 2045년 12월 31일까지 효력을 갖도록 하였다.

우리나라 카지노시설은 2022년 9월 말 기준으로 전국에 17개 업체가 운영 중에 있는데, 이 중에서 외국인 전용 카지노가 16개 업체이고, 내국인 출입 카지노는 강원랜드카지노 1개소이다.

7) 유원시설업

유원시설업은 유기시설이나 유기기구를 갖추어 이를 관광객에게 이용하게 하는 업(다른 영업을 경영하면서 관광객의 유치 또는 광고 등을 목적으로 유기시설이나 유기기구를 설치하여 이를 이용하게 하는 경우를 포함한다)을 말한다.

현행 「관광진흥법」상의 유원시설업은 종합유원시설업, 일반유원시설업, 기타유원시설업으로 분류하고 있다.

유원시설업의 등록현황을 살펴보면 2022년 9월 말 기준으로 종합유원시설업 51개 업체, 일반유원시설업 363개 업체, 기타유원시설업은 2,217개 업체 등이다.

(1) 종합유원시설업

유기시설이나 유기기구를 갖추어 관광객에게 이용하게 하는 업으로서 대규모의 대지 또는 실내에서 「관광진흥법」 제33조에 따른 안전성검사 대상 유기시설 또는 유기기구 여섯 종류 이상을 설치하여 운영하는 업을 말한다.

(2) 일반유원시설업

유기시설이나 유기기구를 갖추어 관광객에게 이용하게 하는 업으로서 「관광진흥법」 제33조에 따른 안전성검사 대상 유기시설 또는 유기기구 한 종류 이상을 설치하여 운영하는 업을 말한다.

(3) 기타유원시설업

유기시설이나 유기기구를 갖추어 관광객에게 이용하게 하는 업으로서 「관광진흥법」 제33조에 따른 안전성검사 대상이 아닌 유기시설 또는 유기기구를 설치하여 운영하는 업을 말한다.

8) 관광편의시설업

관광편의시설업은 앞에서 설명한 관광사업(여행업, 관광숙박업, 관광객이용시설업, 국제회의업, 카지노업, 유원시설업) 외에 관광진흥에 이바지할 수 있다고 인정되는 사업이나 시설 등을 운영하는 업을 말한다. 이는 비록 다른 관광사업보다 관광객의 이용도가 낮거나 시설규모는 작지만, 다른 사업 못지않게 관광진흥에 기여할 수 있다고 보아 인정된 사업이라고 하겠다.

우리나라 관광편의시설업의 등록현황을 살펴보면 2022년 9월 말 기준으로 관광유흥음식점업 8개, 관광극장유흥업 112개, 외국인전용유흥음식점업 313개, 관광식당업 1,861개, 관광순환버스업 57개, 관광사진업 18개, 여객자동차터미널시설업 2개, 관광펜션업 744개, 관광궤도업 22개, 관광면세업 78개, 관광지원서비스업 337개, 기타관광편의시설업 17개 업체 등이다.

(1) 관광유흥음식점업

식품위생 법령에 따른 유흥주점 영업의 허가를 받은 자가 관광객이 이용하기 적합한 한국 전통 분위기의 시설(서화 · 문갑 · 병풍 및 나전칠기 등으로 장식할 것)을 갖추어 그 시설을 이용하는 자에게 음식을 제공하고 노래와 춤을 감상하게 하거나 춤을 추게 하는 업을 말한다.

(2) 관광극장유흥업

식품위생 법령에 따른 유흥주점 영업의 허가를 받은 자가 관광객이 이용하기 적합한 무도(舞蹈)시설을 갖추어 그 시설을 이용하는 자에게 음식을 제공하고 노래와 춤을 감상하게 하거나 춤을 추게 하는 업을 말한다.

(3) 외국인전용 유흥음식점업

식품위생 법령에 따른 유흥주점영업의 허가를 받은 자가 외국인이 이용하기 적합한 시설을 갖추어 그 시설을 이용하는 자에게 주류나 그 밖의 음식을 제공하고 노래와 춤을 감상하게 하거나 춤을 추게 하는 업을 말한다.

(4) 관광식당업

식품위생 법령에 따른 일반음식점영업의 허가를 받은 자가 관광객이 이용하기 적합한 음식제공시설을 갖추고 관광객에게 특정 국가의 음식을 전문적으로 제공하는 업을 말한다.

(5) 관광순환버스업

「여객자동차운수사업법」에 따른 여객자동차운송사업의 면허를 받거나 등록을 한 자가 버스를 이용하여 관광객에게 시내와 그 주변 관광지를 정기적으로 순회하면서 관광할 수 있도록 하는 업을 말한다.

(6) 관광사진업

외국인 관광객과 동행하며 기념사진을 촬영하여 판매하는 업을 말한다. 관광사진업을 운영하기 위해서는 사진촬영 기술이 풍부한 자 및 외국어 안내서비스가 가능한 체제를 갖추어야 한다.

(7) 여객자동차터미널시설업

「여객자동차운수사업법」에 따른 여객자동차터미널사업의 면허를 받은 자가 관광객이 이용하기 적합한 여객자동차터미널시설을 갖추고 이들에게 휴게시설·안내시설 등 편익시설을 제공하는 업을 말한다.

(8) 관광펜션업

숙박시설을 운영하고 있는 자가 자연·문화 체험관광에 적합한 시설을 갖추어 관광객에게 이용하게 하는 업을 말한다. 이는 2003년 8월 「관광진흥법 시행령」 개정 때 새로 추가된 업종으로 새로운 숙박형태의 소규모 고급민박시설이지만, 관광숙박업의 세부업종이 아님을 유의하여야 한다.

그리고 관광펜션업은 「제주특별자치도 설치 및 국제자유도시 조성을 위한 특별법」을 적용받는 지역에 대하여는 적용하지 아니한다. 이 「제주특별자치도법」에서는 관광펜션업 대신에 '휴양펜션업'을 규정하고 있다.

(9) 관광궤도업

「궤도운송법」에 따른 궤도사업의 허가를 받은 자가 주변 관람과 운송에 적합한 시설을 갖추어 관광객에게 이용하게 하는 업을 말한다. 이는 종전의 「삭도·

궤도법」이 전부 개정되어 「궤도운송법」으로 법의 명칭이 변경됨에 따라 2009년 11월 2일 「관광진흥법 시행령」 개정 때 종전의 관광삭도업을 관광궤도업으로 명칭이 변경된 것이다.

(10) 관광면세업

보세판매장의 특허를 받은 자 또는 면세판매장의 지정을 받은 자가 판매시설을 갖추어 관광객에게 면세물품을 판매하는 업을 말한다(관광진흥법 시행령 제2조제1항제6호 카목). 이는 2016년 3월 22일 「관광진흥법 시행령」 개정 때 새로 추가된 업종으로, 관광면세업을 관광사업의 업종에 포함시켜 관광면세업에 대한 관광진흥개발기금의 지원이 가능하게 함으로써 관광면세업을 체계적으로 관리·육성할 수 있도록 하려는 데 목적이 있다.

관광면세업의 지정기준을 살펴보면 첫째, 외국어 안내서비스가 가능한 체제를 갖출 것, 둘째, 한 개 이상의 외국어로 상품명 및 가격 등 관련 정보가 명시된 전체 또는 개별 안내판을 갖출 것, 셋째, 주변교통의 원활한 소통에 지장을 초래하지 않을 것 등이다.

제 3 절 관광사업의 경제적 효과[4)]

1. 소득효과

관광사업의 발달에 의한 경제적 효과는 우선 해당 지역에 미치는 소득 증대를 들 수 있다. 소득효과는 관광사업에 필요한 투자에 의한 경우와 관광객의 소비에 의한 경우가 있다.

1) 투자소득효과

관광사업에 대한 투자에는 일반적으로 관광자원의 개발 · 보호 및 도로나 공원 등의 공공시설에 대한 공공투자, 그리고 장비산업 관광시설에 대한 설비투자로서의 기업투자가 있다. 이와 같은 투자액은 거액인 경우가 많고 경제환경에 따라 이 지역에 떨어지는 소득수입이 되고 있다. 또한 개발시의 일시적 투자에 이어 관광투자는 계속된다. 이러한 투자자본은 대부분 외부로부터 오는 경우가 많아 국가나 지방공공단체로부터의 재정자금이라든가 폭넓은 민간자금 등의 자본조달이 행해진다.

2) 소비소득효과

관광행위는 일련의 소비활동으로 성립되어 있다. 관광소비의 구조는 교통비, 숙박비, 음식비, 오락비, 토산품 구입비, 입장료, 주차료 등으로 되어 있어서 교통비의 일부를 제외하고는 관광객이 소비하는 돈이 그 지역의 관광수입이 된다. 더욱이 관광사업은 복합적으로 구성되어 있어서 소득분배효과가 미치는 범위가 넓다. 그 효과를 최대화하기 위해서는 관광객수의 증가와 체재의 장기화가 기본 정책이 된다.

---

4) 김성혁 · 오세경 공저, 최신관광사업개론(서울: 백산출판사, 2014), pp.66~69.

3) 외화획득효과

외국인의 관광소비는 관광객 수용국으로 볼 때 외화수입이 되어 모든 경제적 효과를 유발해서 그 나라의 국민경제에 크게 기여하게 된다.

국제관광수입은 수출무역수입과 비교된다. 말하자면 무역외 수지의 일부가 된다. 외화를 획득하는 것은 무형적 무역이라 할 수 있는 운임, 보험료, 이자 배당, 이민 또는 해외근로자의 송금, 관광에 의한 외화수입에 의해 가능하다. 경상수지 가운데 관광수지가 차지하는 비율이 매우 높아서 영국, 스페인, 이탈리아, 멕시코 등 많은 국가에서는 관광이 최대의 수출품목으로서 중요시되고 있다.

2. 산업효과

산업효과는 소득효과와 관련되어 있어 관광사업의 사회경제적 중요성을 높여 준다. 이 산업효과는 다양하게 직접적인 산업진흥으로부터 고용문제의 해결, 또한 산업자본의 하나로서 사회자본의 고도이용효과 등도 고려되고 있다.

1) 산업진흥

관광수요는 관광산업을 발생시키므로, 관광산업의 진흥은 관광관련 산업의 활동에 영향을 준다. 말하자면 관광산업의 수요는 타 산업의 활동을 촉진시켜 지역전체의 경제활동을 활성화한다.

관광산업의 생산활동은 관광소비에 의한 것이고 관광지출은 서비스 구입에 한하지만, 유형재 지출이 많은 여행상품 및 토산품 등의 구입은 관광산업 이외의 산업생산을 유발하여 그것은 유형재 생산에도 경제적 파급효과가 크다. 지역경제를 고려할 때 토산품의 생산은 현지산업의 육성과 유지발전에 도움이 된다. 지역적 특수생산품이 되는 토산품은 곧바로 일반상품화하여 생산규모를 한층 증대시키는 경우가 많다. 외국관광객이 토산품을 구입할 경우 토산품 판매는 곧 상품수출이 된다.

2) 고용증대

관광소비는 각종 산업활동을 활발하게 하며 고용증대를 가져다준다. 관광산업은 일반적으로 밀도 높은 노동력을 필요로 하여 생력화(省力化)가 곤란하지만 고용효과는 크다. 1차산업 및 2차산업에는 점차 산업기술의 발달이라든가 생산시스템의 개량에 의하여 노동력 전체에 잉여현상이 일어나고 있다. 그러한 산업의 잉여노동력을 관광산업이 흡수하여 많은 취업기회를 줄 뿐만 아니라 국민생활 안정에도 기여한다. 관광산업에서의 노동은 신체적 노동 외에 지적노동, 기술노동, 상품요소가 되는 노동 등 폭넓은 노동을 필요로 한다. 노동기회의 증가는 소득분배효과를 가져오고 지역의 소비생활을 증대시키며 경제생활을 풍요롭게 하는 효과가 있다. 또한 소비에 따른 생산 및 유통활동도 촉진시키게 된다.

3) 사회자본의 고도이용

철도, 선박, 자동차, 항공기 등에 관계하는 교통시설에 대한 투자는 언제나 거액이지만, 이러한 교통관계시설은 교통 이외에는 거의 이용이 불가능한 시설이란 점을 고려할 때, 그 거액의 자본을 필요로 한 고통관계시설을 충분히 활용하지 못하는 것은 크나큰 국민경제의 손실이 된다. 드한 산업 및 경제에도 막대한 영향을 미친다.

교통기관의 이용률이 낮은 경우 사업경영의 유지를 곤란하게 할 뿐만 아니라 공적사업이 되는 까닭에 국민의 경제생활에 영향을 주는 사회생활의 질서유지를 보장할 수가 없다. 관광왕래에 있어서도 교통기관은 불가결한 것이며 관광왕래와 교통기관은 서로 자극을 주어 관광왕래의 증대와 교통기관의 발전이 동시에 이루어질 수 있다. 철도, 자동차 및 도로망의 정비, 항공기의 발달과 국내외 여행의 활성화 등은 좋은 예이다.

관광왕래의 촉진과 증가는 교통기관의 집약적 이용을 비롯하여 교통업무의 단가를 저하시키고 교통업무의 내용을 개선하는 데 힘쓰는 한편, 각종 교통기관의 발전을 상호 촉진하여 산업경제활동이나 사회일반의 모든 활동에 있어서도 균형효과를 주게 된다.

4) 지역경제의 개발효과

관광사업에 의한 지역의 소득효과 및 산업효과는 지역경제에 대한 개발효과를 가져온다. 관광객에 의한 관광소비는 직접적으로 관광수입을 형성하고 또한 관광객 증가에 의한 새로운 관광개발도 활발히 행해지며 여기에 필요한 토지이용, 노동력, 자본의 유입에 의해서 지역의 관련사업이 번영하고 지역주민에게 취업기회를 주게 된다.

이와 같이 관광사업의 발전은 지역주민의 소득을 향상시키고 주민의 과소비현상을 막아주며, 교통을 편리하게 하여 생산성을 높이는 지역경제 개발효과를 가져다준다.

CHAPTER 03

관광자원

제1절 관광자원의 개요

제2절 관광자원의 분류

CHAPTER 03

관광자원

제 1 절 관광자원의 개요

1. 관광자원의 정의

1) 자원의 정의

자원이라고 하는 것은 시간과 공간, 사회환경, 과학과 기술의 진보에 따라 그 범위가 변화하는 동태성을 지니고 있으므로 자원의 개념을 단순화시켜 한 마디로 규정짓기에는 무리가 있다. 또한 자원은 자연과 인간의 상호작용 결과로서 인식되기 때문에 인간과 자연 간의 양면적인 문제와 자연 자체의 존재양태 변화에 따라 다양성과 자의성을 가진다.

통상 자원이란 그 자체가 경제적 부를 창출하기 때문에 가치가 있는 것이다. 자원이란 인간의 생활 및 경제 생산에 이용되는 물적 자료 및 노동력, 기술 등을 통틀어 이르는 말로 정의되거나 정해진 기술과 경제적 · 사회적 조건 아래 인간이 유용하게 이용할 수 있는 자원과 환경 · 생태 시스템을 포함한다고 정의한다.

자원은 어떠한 형태로든 이용이 전제가 된다. 자원은 에너지자원, 수산자원, 식량자원, 인적자원, 관광자원 등 여러 유형으로 나눌 수 있는데, 일반적으로 자원이란 석유 석탄 · 식량 등 자연에서 얻을 수 있는 자연자원을 가리키며, 이러한 자연자원은 지구상에 보존되어 있는 생물과 무생물자원을 모두 포함하고 있다.

자원이용의 혜택은 부의 창출, 필요와 욕구의 충족, 시스템의 적절한 운영, 또는 삶의 가치 상승 등을 부여한다. 이러한 차원에서 존재 자체의 자원보다는 이용과 산출이 가능한 차원에서 자원개념을 정리하여 협의의 관점에서 보면 자원은 자연에서 얻을 수 있는 것이라 하겠으나, 광의의 관점에서 보면 자원은 기술의 발전에 따라 생산에 이용되는 것까지 포괄함을 의미한다.

〈표 3-1〉 자원의 개념요소

구 분	내 용
어원	라틴어 종교언어 re-surgere에서 유래되었는데, 즉 하나의 창조물은 반드시 그 이전에 창조된 것을 기반으로 한다는 의미로서 창조론적 시각에서 신이 만물을 창조한 일련의 과정을 상징하고 있다.
자원의 개념요소	① 자연의 속성을 지니고 있는 것 ② 기술의 발달, 시간의 흐름, 소득의 증가, 그리고 기호의 변화에 의해 변화할 소지가 있는 것 ③ 양적-질적-기술적 측면에서 경제성을 지니고 있는 것 ④ 인간의 욕구와 필요를 충족시킬 수 있는 것 ⑤ 환경과 생태계를 파괴하지 않는 범위 내에서 이용되어야 한다.

출처 : 한상헌(2010), 관광자원개발(관광학총론, 27장), 백산출판사, p.715.
김정옥(2011), 관광자원관리론, 대왕사, p.25.

2) 관광자원의 의의

관광자원(tourism resources)이란 라틴어의 종교용어 resurgere와 영어의 'resources'에 해당된다. 일반용어로서의 'resources'는 다분히 종교용어에서의 어의를 배경으로 하고 있는 것만은 사실이다.

관광자원은 관광의 주체인 관광객으로 하여금 관광동기를 유발시켜 관광행동으로 나아가게 하는 목적물로서의 관광대상이 되며, 관광행동의 목표물인 유형·무형의 모든 관광대상을 가리켜 말한다. 따라서 관광자원이 되기 위해서는 관광객을 매료시킬 수 있는 독자적인 관광매력을 스스로 지니고 있는 것이라야 한다.

무릇 자원이란 자연에서 채취할 수 있는 자연적인 자원으로서만 인식되어 왔으나, 오늘날에 와서는 자연뿐만 아니라 무형적인 재화에 이르기까지의 포괄적인 의미를 갖는 총체가 되었다. 즉 자원이란 자연적인 기본배경 아래 경제성 및 인간에게 도움을 줄 수 있는 욕구충족의 대상이며 끊임없는 변화에 대응할 수 있는 것이라야 한다. 이러한 맥락에서 볼 때 관광자원은 자원 그 자체가 모두 해당될 수 있을 정도로 한정되어 있지 않다는 점과 관광활동의 다양성으로 인해 그 범위는 더욱 확대되어 가고 있다.

일반적으로 광의의 자원의 의미는 관광자원과는 근본적으로 다르며, 타 산업부문의 자원은 원재료로 가용될 수 있는 자연 자체로 본다. 관광자원의 가치는 관광욕구를 충족시키는 주된 요인이 되며, 관광행동의 대상이 되는 것이다.

관광자원의 의의를 규정짓기 위한 내용을 항목별로 망라하면,

첫째, 관광객의 관광욕구와 동기를 충족시켜 줄 수 있는 관광행동의 목적물이어야 할 것,

둘째, 자연적 · 인문적, 유 · 무형의 모든 자원일 것,

셋째, 교훈적 · 위락적 · 문화적 가치가 있으며 매력성과 자력성을 지닌 소재적 자원일 것,

넷째, 관광의 객체로서 보존 · 보호의 바탕 아래 개발할 수 있을 것

등이다.

결국 관광자원이란 함축적으로 관광객의 관광욕구를 충족시켜 줄 수 있는 유 · 무형의 모든 자원이라 할 수 있다. 이러한 여러 가지 관광자원의 의의에 대해 그동안의 연구의 결과물이 관광자원학의 발전에 이바지해온 점도 있으나, 혼란을 야기해 불이익을 가져다주는 요인도 있었음이 사실이다.

[그림 3-1] 관광자원의 분류(한국관광공사)

관광자원은 객체로서 관광의 성립요소 중 제2요소로서 상당한 비중을 차지하고 있다. 그러나 이의 출발점이라 할 수 있는 기본개념의 보편타당한 규정은 그 이후 전개되는 세부 각론의 방향을 정확히 결정짓는 사안이 되므로 이에 대한 개념정의는 매우 중요하다고 할 수 있다.

관광자원과 관광대상이란 용어가 혼용되어 사용되고 있는데, 그러나 이 경우에도 두 가지의 뚜렷한 차이가 있을 수 있다. 하나는 관광대상을 관광자원부분과 관광시설부분의 두 개 부분이 합해진 것으로 봄으로써 관광대상은 광의의 해석으로, 관광자원은 협의의 해석으로 보는 견해이고, 다른 하나는 관광대상이 관광자원과 동일시되어 관광자원 자체는 관광시설까지도 포함하여 광의의 개념으로 보는 견해이다.

이러한 두 가지의 상반된 견해에 대하여 단정적인 결론을 내리기는 대단히 모호한 형편이며, 더욱이 그 나라의 역사, 풍토, 독특한 환경, 민족성 등이 천차만별이므로 더욱 그러하다.

국내 관광학자들의 견해를 살펴보면, 관광자원은 그 본질을 중심으로 인간의 관광동기를 불러일으킬 수 있는 생태계 내의 유·무형의 모든 자원으로서 보존·보호하지 않으면 그 가치를 상실·훼손당하기 쉬운 자원이다. 또는 보존·보호도 중요시되지만 관광자원은 관광대상이 될 수 있는 소재로서 이를 개발할 때에만 비로소 관광자원으로 그 가치를 발휘할 수 있으므로 시설부문도 포함하는 광의의 개념으로 보는 견해도 있다.

생각건대 관광자원이란 관광객 욕구의 충족성, 관광행동의 유인성, 유·무형성 형태를 제시하며 관광객에 대하여 관광자원이 지니는 매력성과 유인성이 강조된다. 관광행정단위 기구에서의 관광자원의 개념에 대한 규정 또한 뚜렷한 결론적 단정을 짓지 못하고 있는 실정이다. 그렇지만 가장 공통적인 내용을 추출해 보면 유·무형적 자원, 소재적 자원, 매력성·자력성을 가진 자원으로 보호·보존으로 가치가 증가되는 자원 또는 보호·보존의 전제하에 개발이 이루어질 때 비로소 그 가치를 발하는 자원 등으로 국내 관광학자들의 요약적 견해로 파악할 수 있겠다.

결론적으로 관광자원은 관광객의 욕구 및 동기를 충족시켜 줄 수 있는 것으로서 관광객의 목적물로서의 대상이며 관광업체의 관광상품으로서의 기본적 소재로서는 상품의 재료이며 이는 매력적·자력적·교육적·문화적·위락적 등의 가치를 갖는 대상이다. 또한 유·무형의 다양한 효용성을 갖고 있는 자원이며 보존·보호가 대단히 중요한 자원이다.

즉 관광자원은 관광객의 관광욕구를 충족시켜 줄 수 있는 유·무형의 모든 자원을 말한다고 하겠다.

〈표 3-2〉 자원과 관광자원

자 원	관광자원
원재료가 되는 자연물을 가리키며, 지하자원, 산림자원, 수산자원 등의 자원은 어느 것이나 생산과정에서 생산물을 생산하는 데 소비되어 버리는 것임	이용되든가 소비됨으로써 사용에 의해 원형이 없어지거나 모양이 달라지는 것은 아님
인간에게 효용가치가 있으면서 기술을 매체로 하여 경제적으로 개발이 가능한 것으로 인간이 유용하게 이용할 수 있는 모든 경제적 자원(economic resources) 이 구체적 대상에 포함됨	관광의 목적대상이 될 수 있는 요소와 관광재화로서의 가치가 함유된 대상이 해당된다. 즉 관광객의 소비에 의해 비로소 그 가치가 결정됨

출처: 김미경 정연국 안택균 서광열(2010), 신관광학, 백산출판사, p.136.
이광우(2003), 자연자원 내 관광개발의 편익가치 추정에 관한 연구, 경희대학교 대학원 박사학위논문, p.12.

관광자원이라는 표현은 어디까지나 경제적 용어로서 관광객이 관광지에서 소비하는 돈을 관광자원 때문에 취득하게 되고, 또한 국제관광 사업에서는 이 관광대상물이 외화를 벌게 하는 것 등의 경제적 효과에 근거하여 일반사업에서 사용되는 자원이라는 말을 관광자원이라는 말로 사용되게 되었다. 그러므로 일반경제용어로서의 자원과 이 관광자원의 자원과는 사용법의 예에서도 전혀 다른 요소를 가지고 있다. 이와 같은 의미에서 일반산업에 있어서의 자원과 관광사업에 있어서의 자원과는 그 성격에서 본질적인 차이가 있다. 따라서 관광자원이라는 표현은 비유적인 용법이라고 할 수 있다.

관광자원 그 자체는 관광현상과 직접적으로 무관한 존재이지만 관광행동이라는 측면에서 그 대상이 되는 것이다. 자연적인 것, 시간경과에 의해서 형성된 인문적인 것, 이 양자가 복합한 것 등 세 종류로 분류할 수 있다. 관광대상으로서 기능하는 것에는 관광시설이나 서비스와 결합에 의해서 가능하게 되는 것이기 때문에 관광대상의 소재가 된다. 관광자원은 관광산업에 의해 경제적 가치를 생산해 내는 관광상품이라는 의미로도 사용되고 있다. 관광대상은 관광자원과 관광시설로 나누어지는데, 그 반대로 관광대상과 관광시설을 관광자원에 포함시켜 설명하기도 한다.

2. 관광자원의 가치

1) 관광자원의 가치결정

관광현상에 있어서 관광자원은 관광의 필수불가결한 요소로서 관광자원 없이는 관광이 성립될 수 없다. 관광자원의 가치는 크게 이용가치(use value)와 비이용가치(non-use value)의 합으로 나타낼 수 있다. 실제 상품이나 서비스(용역)라는 대상 재화를 이용한 사람이 향유한 가치를 이용가치라고 하며, 현재에는 이용하지 않으나 향후 미래에 사용할 선택권(option)을 유보해 놓거나 혹은 후세에 물려주는데 부여하는 가치를 비이용가치라고 한다.

이용가치는 특정 재화나 용역에 대하여 실제적으로 소비하거나, 만지거나, 체험하는 일련의 소비행위를 지칭하므로 관광 상품과 관련한 일련의 소비행위로서 관광자원의 보전을 통하여 생성되는 생태관광상품, 경관조명, 수질개선, 관광자원에 대한 보전적 이용 등의 소비도 이용가치의 범주 내에 포함되게 된다.

관광자원의 총가치	이용가치(사용가치)	이미 지급한 시장가치(교환가치)
	+	
	비이용가치(보전가치)	소비자 잉여가치

[그림 3-2] 관광자원의 총 가치

비이용가치는 보전가치(preservation value)라고도 하며, 이는 선택가치(option value), 존재가치(existence value), 유산가치(bequest value)로 구분된다.

비이용가치 (보전가치)	선택권가치	어떠한 자원을 미래에도 이용할 수 있는 선택권을 미리 확보해 두는 대가로 잠재소비자가 지급하고자 하는 일종의 '위험프리미엄'
	+	
	존재가치	어떠한 자원을 현재 혹은 장래에 이용하지 않더라도 그 자원이 존재하는 사실 그 자체에 부여하고자 하는 가치
	+	
	유산가치	어떠한 자원을 자신의 후손에게 유산으로 물려줄 수 있는 가능성에 대하여 부여하고자 하는 가치

출처 : 허중욱(2003), 공공성 관광자원의 가치추정에 관한 연구, 경기대학교 대학원 박사학위논문.

[그림 3-3] 비이용가치(보전가치)

버카트와 메드릭(Burkart and Medlik)은 관광자원의 가치를 결정짓는 요인으로 접근성, 매력성, 이미지, 관광시설, 하부구조를 들고 있다(〈표 3-3〉 참조).

〈표 3-3〉 관광자원 가치결정요인

구 분	내 용
접근성 (accessibility)	관광객의 거주지에서 목적지까지의 근접성에 근거한 개념으로 관광객의 행동에 크게 영향을 준다. 보통 관광객은 물리적인 거리보다는 시간과 비용에 의한 경제적 거리, 나아가서는 관광동기에 따른 심리적 거리에 의해서 관광자원에 접근하게 된다.
매력성 (attractiveness)	매력성은 관광객을 유인할 수 있는 흡인력으로 다양한 자원들이 집중되어 있을수록 매력성이 커지게 된다.
이미지 (image)	이미지는 한 사람 또는 집단이 대상에 대해 갖고 있는 일련의 신념으로서 관광객의 관광지(자원)에 대한 이미지는 그들이 여행참여를 유도하는 커다란 동인의 역할을 하게 된다.
관광시설 (tourism facilities)	관광시설이란 숙박시설, 유원시설, 휴게시설, 식당시설, 관광안내시설 등으로 관광자원의 가치를 향상시키는 보조적인 역할을 한다. 그러나 경우에 따라 관광시설은 자체의 매력성을 가지고 독자적으로 관광객을 유인할 수도 있다. 관광시설은 중앙정부나 지방정부가 투자하는 하부구조와는 달리 영리를 추구하는 민간 기업들이 주로 투자를 하게 된다.
관광기반시설 (infrastructure)	관광객이 관광지나 관광자원에 접근하는데 이용되는 교통수단과 시설, 그리고 관광지에서 관광편의를 제공하는 전기 · 통신시설, 상하수도 시설, 의료시설 등이 여기에 해당된다.

출처 : 김광근 외(2011), 관광학의 이해, 백산출판사, pp.121-123.

2) 관광자원의 매력성

관광자원의 매력[1]요인으로는 독특성, 고유성, 체험성, 교육성, 신기성, 유희성, 경관성 등이 있다. 매력(성)의 개념을 사전에서는 "사람의 마음을 사로잡는 야릇한 힘"이라고 정의하고 있으며, 어떤 사물이나 경험에 대해 의식적 충동이나 선호를 가지고 즐거움이나 만족을 추구하는 사람의 마음을 끄는 힘, 관광객이 추구하는 편익(benefits)에 대해 부여하는 중요성과 그 편익들을 관광지가 제공해 줄 것이라고 지각하는 신념의 결합, 관광객을 끌기 위한 시설이나 관광지의 능력 척도 등으로 정의되고 있다.

매력(성)이란 첫째, 물리적 측면으로서의 자원이나 상품으로 이해되거나, 둘째, 상징적 특징으로서 이미지, 특징, 스스로의 능력, 서비스속성, 환대성 등을 의미하거나, 셋째, 관광객들이 어떤 대상에 대하서 모험적, 위락적, 교육적 혹은 확실성을 포함하는 지각된 범위와 인식에 의거하여 분류되기도 한다.

1) 고계성(2006), 관광목적지 유형에 따른 매력성 평가에 관한 연구, 제주대학교 대학원 박사학위논문. 소비자행동이론이나 기타 사회과학분야에서 매력성과 유사한 의미로 사용되는 개념은 태도(attitude)라고 할 수 있다. 태도이론을 기초로 하면, 관광지 매력은 잠재적 관광객에게 어떤 관광지들이 자신들의 휴가 욕구를 만족시켜 줄 수 있다는 신념, 느낌, 그리고 행동 성향을 반영하게 된다. 따라서 특정 관광지가 잠재적 관광객으로 하여금 그들의 여행욕구를 만족시켜줄 것이라는 믿음을 강하게 부여하면 할수록 그 관광객은 매력이 높아진다고 할 수 있고, 결국 잠재적 여행지로 선택될 수 있을 것이다. 이러한 이유로 관광객들을 유도하는 관광지에 대한 매력 연구는 충분히 마케팅 차원에서 시사하는 바가 크다.

〈표 3-4〉 관광자원의 매력성

매력요인	특 성
독특성 (uniqueness)	다른 곳에서는 경험할 수 없는 해당 관광자원만이 가지고 있는 특성으로 이는 관광자원의 희소성과도 관련이 있으며, 독특한 관광자원은 관광객에게 차별화된 경험의 기회를 제공할 수 있기 때문에 해당 관광자원의 매력도가 증가함
고유성 (authenticity)	해당 관광자원이 고유한 성질을 그대로 유지하고 관광객은 해당 관광자원이 고유하다고 느낄 때 그 매력도는 증가함
체험성 (experience)	단순한 관람형태를 벗어나 오감을 통해 직접 경험하는 것을 선호하며, 관광객이 직접 참여하여 경험할 수 있는 기회를 제공할 때 그 매력도는 증가함
교육성 (education)	관광자원이 관광객의 지적 호기심을 충족시킬 수 있거나 관광객에게 새로운 정보나 지식을 제공할 수 있으면 해당 관광자원의 매력도는 증가함
신기성 (novelty)	관광자원이 관광객에게 새로운 경험을 제공할 수 있다면 관광객은 자신의 신기성을 충족시킬 수 있는 곳을 선택함
유희성 (excitement)	관광자원이 즐거움을 제공하지 못하면 해당 관광자원은 관광객으로부터 외면당하게 됨
경관성 (scenic beauty)	경관적인 아름다움은 전통적으로 관광객을 끌어들이는 요인으로 작용해 왔으며 경관적인 아름다움을 보유하고 있는 관광자원의 매력도는 증가함

출처: 이석호 · 최광규 · 김영준(2011), 관광개발론, 방송대출판부

제 2 절 관광자원의 분류

1. 관광자원의 분류

앞에서 관광대상을 관광자원과 인적 요소를 포함한 관광시설로 분류하였는데, 개개의 관광자원이나 관광시설은 실제로는 복합된 형태로 관광대상을 이루고 있다는 점에 유념하지 않으면 안 된다. 이러한 사실을 전제로 하여 관광자원을 자연관광자원과 인문관광자원으로 대별하고, 다음에 관광시설을 설명하기로 한다.

일반적으로 각종 관광자원을 유형화하기 위해서는 먼저 각 구성요소의 자원적 가치를 서로 비교하고 평가할 수 있는 객관적 기준과 균등한 단위를 설정해야 한다. 체계적인 유형분류방식은 비교대상이 되는 각 요소의 특성과 가치를 평가하는 기준에 대한 객관성과 신뢰도를 간접적으로 나타내는 것이므로 대단히 중요하다.

관광자원의 종류를 어떻게 분류할 것이냐는 관광자원을 대하는 시각에 따라서 상이한 분류체계를 가질 수도 있다. 관광자원의 분류상황은 동양과 서양이 다른 분류체계를 가지고 있기도 하다. 여기서는 국내와 국외로 나누어서 살펴보기로 한다.

첫째, 국내에 있어서의 관광자원 분류는 구미계통과 일본식 분류방식이 혼용되어 있다. 즉 관광자원을 대별할 경우는 일본식의 분류방식을 이용하고, 세분할 경우는 구미계통의 분류방식을 택한다고 볼 수 있다.

둘째, 국외의 여러 분류상에서 구미계통의 분류는 관광자원을 포괄적인 관광대상의 측면에서 파악하거나, 하나의 연속체적 성격으로 파악하려는 경향이 짙다. 나아가 관광개발을 전제로 한 관광자원의 범주를 시설 · 교통 · 상부구조 · 하부구조 등이 결합된 포괄적 자원까지 확대하고 있음을 볼 수 있다.

반면에 일본의 관광자원 분류는 관광자원이 2원적 형태를 띠고 있음을 강조하면서 자연형 관광자원과 인문형 관광자원, 유형관광자원과 무형관광자원, 동태형 관광자원과 정태형 관광자원 등으로 양분하려는 경향을 보여주고 있다.

일반적으로 관광자원의 분류기준을 살펴보면 다음 〈표 3-5〉와 같다.

〈표 3-5〉 관광자원의 분류기준

분류기준	관광자원의 구성내용
입지	이용자중심형, 중간형, 자원중심형
분광체 (spectrum)	고밀도 위락지역, 일반옥외 위락지역, 자연환경지역, 독특한 지역, 원시지역, 역사 문화지역
자원의 생성과정	자연적 관광자원, 인문적 관광자원
관광객 행동패턴	주유형 관광자원, 체재형 관광자원, 동적 관광자원, 정적 관광자원
자원의 이용성격 및 토지이용단위	자연자원 의존형, 문화자원 의존형, 인공시설자원 의존형
자원의 가시성	유형관광자원, 무형관광자원

출처 : 이봉석 · 정석중 · 심인보 · 이미혜 · 김창수 · 송재호(2001), 관광자원론, 대왕사, p.84. 재인용.

클로슨(Marion, Clawson)은 1960년대 관광 · 위락활동이 일어나는 장소를 중심으로 세 가지로 구분하여 설명하고 있다.

〈표 3-6〉 Clawson의 관광자원 분류

구 분	내 용
이용자중심형 지역	일과 후에 쉽게 접근할 수 있는 소규모 공간 또는 시설지역으로서 지역주민의 일상 생활권에 위치하여 이용자의 활동이 중심이 되는 지역이다. 지역주민의 일상적 여가시간에 이용이 가능한 위치와 적절한 시설의 구비가 일차적으로 중요하며 도시공원, 놀이터, 실내수영장 등이 해당된다.
중간형 지역	이용자중심형과 자원중심형의 중간적 위치에 있으며 비교적 접근이 용이한 주변 지역으로 보통 거주지에서 1~2시간 정도 소요되는 거리에 위치한 지역으로, 당일 및 주말을 이용하여 일상권을 벗어나서 피크닉 · 수영, 낚시 등을 할 수 있는 곳 등이 해당된다.
자원중심형 지역	매력적인 자원의 질(quality)에 초점을 두고 있으며, 사적지나 문화재보호지역, 국립공원, 산림 등이 해당된다.

출처 : 박석희(2000), 신관광자원론, 일신사 / 이봉석 외(2001), 관광자원론, 대왕사.
조운기(2004), 남원지역 관광자원 활성화 방안에 관한 연구, 전주대학교 국제 · 경영대학원 석사학위논문

미국의 옥외 레크리에이션 자원평가위원회(Outdoor Recreation Resources Review Commission)는 레크리에이션 자원을 물리적 자원특성, 개발과 관리의 실태, 이용 정도, 예상행동패턴 등에 근거하여 관광자원을 분류하고 있다. 이것은 관광자원을 하나의 분광체(a spectrums)로 분석하려는 것으로서, 이 분류방식은 어떠한 관광활동을 통하여 어느 정도 다양한 관광경험이 제공되고 있는가에 따라 관광자원을 분류하는 방식이다. 일반적으로 고밀도위락지역, 일반옥외위락지역, 자연환경지역, 독특한 자연지역, 원시지역, 역사 · 문화지역으로 나누고 있다.

첫째, 고밀도위락지역(high-density recreation areas)은 집중적인 개발지역으로 대규모이용을 위해 운영되며, 주로 대도시권에 근접되어 있다.

둘째, 일반옥외위락지역(general outdoor recreation areas)은 특정한 레크리에이션 이용을 위해 다양하게 개발된 지역으로 보통 주요 대도시권에서 어느 정도 떨어져 있다.

셋째, 자연환경지역(natural environment area)은 자연환경 내에서 레크리에이션을 위해서 알맞게 개발한 지역으로 복합적인 레크리에이션을 할 수 있다.

넷째, 독특한 자연지역(unique natural areas)은 뛰어난 경관미와 자연적 불가사의를 지니고 있어 과학적 중요성을 지닌 자원이다.

다섯째, 원시지역(primitive areas)은 도로가 없으며 자연 그대로의 상태를 지닌 지역으로 야생경험을 제공할 수 있을 만큼 대규모적이고 원거리에 위치하고 있다.

여섯째, 역사 문화적 지역(historic and cultural sites)은 중요한 역사 문화적 중요성을 지닌 장소로서 역사적 사건의 발생지나 고고학적 유적지 등이 여기에 해당된다.

이 방식은 자원의 특성에 근거한 시설 및 활동의 종류를 추출함으로써 관광객의 이용유형에 접근하고 있다는 장점이 있다. 그러나 자원의 개발계획 수립을 위하여 1차적으로 묶어 주는 구실만 할 뿐 체계화시키지 못하고 있으며, 고밀도관광지역에서 야생지역까지는 분광체(a spectrum)적 성격을 지니고 있으나, 마지막 유형인 역사문화유적지역은 동일한 선상에 놓일 수 없는 제약점을 지니고 있다.

자원의 생성기원에 따라 자연적 자원, 인공적 자원 그리고 혼합형 자원으로 나눌 수 있다. 그러나 순수한 자연적 자원이나 인공적 자원은 보기가 쉽지 않으며 대부분이 자연적 자원에다 인공자원이 가미된 혼합형 자원으로 볼 수 있다.

〈표 3-7〉 관광자원의 생성기원에 의한 분류

구 분	구성 요소
자연적 자원	산, 바다, 계곡, 폭포 등
인공적 자원	테마파크, 민속촌 등
혼합형 자원	자연자원 + 인공적 시설

출처 : 김광근 외(2013), 관광학의 이해, 백산출판사.

관광객의 행동패턴에 의한 분류로 건(Gunn)은 주유형(touring type)과 체재형(destination type)으로 구분하여 나누고 있다. 주유형 관광자원은 숙박하지 않고 이동하며 보고 즐길 수 있는 자원으로서 경관, 축제, 쇼핑 등이 여기에 해당된다. 체재형 관광자원은 숙박을 하며 그 지역 내에서 보고 즐길 수 있는 자원으로서 휴양지, 캠프장, 해안, 목장 등이 해당된다.

〈표 3-8〉 Gunn의 관광자원 분류

유 형	구 성 요 소
주유형	도로변 경관지, 훌륭한 자연지역, 자연캠핑지, 친구와 친척의 집, 수변지역, 독특한 관습, 사당과 문화적 장소, 토속음식과 위락지, 역사적 건물과 유적지, 민족 특유의 장소, 쇼핑지역, 특수공예 전승지 등
체재형	휴양지, 축제장소와 농가, 집단 캠프장, 휴가지 가정, 도박중심지, 종합병원, 낚시, 사냥, 해안, 수상 스포츠지역, 관광목장, 회의중심지, 운동경기장, 무역회관, 과학기술회관 등

출처 : 김정옥(2011), 관광자원관리론, 대왕사, p.35. 재인용.

건(Gunn)은 관광자원을 자연관광자원(natural resources), 문화관광자원(cultural resources), 혼합형관광자원(natural or cultural resource4s)으로 구분하고 있다. 관광자원의 이용성격이 자연적인가, 문화적인가, 인공적인가로 구분되고, 여기에 다시 토지이용단위를 기준으로 관광자원이 토지의 어떠한 특성에 의존하여 관광매력을 보유하게 되는가를 파악하여 분류하는 방식이다.

〈표 3-9〉 토지이용단위별 관광자원 분류

유 형	종 류
자연자원	해변, 피크닉 장소, 자연캠핑지역, 일반경관지역, 경관지역, 암석채취지역, 화석채취지역, 사냥지역, 스키, 동계스포츠지역, 스노우모빌지역, 보트장, 카누장, 항해장, 하계휴양지, 캠프, 마리나, 항만, 계류장, 야생동물, 동물관찰지역, 수로, 전망대, 산림골재지역, 트레일코스, 자연오솔길, 조류관찰지역, 스쿠버, 해저탐험지역, 축제 등
문화자원	고고학적 유적, 박물관, 역사유적, 유령도시, 최초 유명 사건발생지, 특수 인종적 문화, 공학적 및 과학적 불가사의, 제조공장, 역사적 건물, 성지, 성역지, 관광목장, 전설지역 등
혼합자원	콘서트, 드라마, 연극장, 공예품전시장, 도시캠핑지역, 스포츠센터, 골프장, 오락공원, 쇼핑센터, 나이트클럽, 숙박업소, 음식점, 정보센터, 휴식처, 퍼레이드, 경마장, 운동장 등

출처: 조운기(2004), 남원지역 관광자원 활성화 방안에 관한 연구, 전주대학교 국제 경영대학원 석사학위논문, p.20. 재인용.

관광자원의 종류는 다종다양하고 광범위하므로 종류별 영역 설정도 여러 가지로 견해가 분분하다. 오늘날에 있어 관광자원의 역할이란 관광객에 의해 이용되는 수준에서 진일보하여 내면적인 가치론이 더욱 중요시되고 있다. 구체적으로 자연자원을 대표하는 자연미·경관미 인문자원을 대표하는 예술미 등의 미학적 측면과 직관적·논리적 인식론까지 적용되고 있다. 관광자원은 결국 관광객에게 인간과의 만남, 역사와의 만남, 자연과의 만남 등의 과정으로 이어지면서 휴식과 진정한 관광자원으로서의 빛을 발한다고 본다.

관광자원의 종류에 대한 국내 관광학자의 경우를 살펴보면, 김진섭은 자연적(Natural)·문화적(Cultural)·사회적(Social)·산업적(Industrial) 관광자원의 4분류로 규정하고 있으며, 이장춘은 유형적인 관광자원 못지않게 무형적인 관광자원의 상대적 중요성을 강조하면서, 유형관광자원을 자연관광자원과 인문관광자원 그리고 무형관광자원을 인적(人的) 관광자원과 비인적(非人的) 관광자원으로 세분하고 있다. 안종윤에 의하면 관광자원은 무한한 확대추세에 있다고 보고 관광자원을 자연자원, 문화자원, 인적 자원, 새로운 관광자원 및 기타로 나누고 있다.

한편, 정부의 부서로서 관광행정의 주무관청인 문화체육관광부의 경우는 관광자원이 관광성향의 변화에 따라 계속 생성되며 매우 다양하다는 전제 아래 관광자원을 유형관광자원(visible tourism resources)과 무형관광자원(invisible tourism resources)으로 구분된다.

〈표 3-10〉 국내 학자별 관광자원 분류

<table>
<tr><th>학자</th><th>유형</th><th>종류</th></tr>
<tr><td rowspan="4">김진섭</td><td>자연적 관광자원</td><td>지형, 지질, 천문, 기상, 동식물</td></tr>
<tr><td>문화적 관광자원</td><td>유형 · 무형문화재, 기념물, 민속자료</td></tr>
<tr><td>사회적 관광자원</td><td>인정, 풍속, 행사, 생활, 예절, 음식물, 예술, 예능, 스포츠, 사회, 문화시설</td></tr>
<tr><td>산업적 관광자원</td><td>공장시설, 농장시설, 사회공공시설, 견본시, 전람회, 전시회</td></tr>
<tr><td rowspan="4">이장춘</td><td rowspan="2">유형관광자원</td><td>자연관광자원 : 자연보전특별지구, 자연보전지구, 휴양지보전지구</td></tr>
<tr><td>인문관광자원 : 문화관광자원, 관광동기 충족 산업시설</td></tr>
<tr><td rowspan="2">무형관광자원</td><td>인적 관광자원</td></tr>
<tr><td>비인적 관광자원</td></tr>
<tr><td rowspan="4">안종윤</td><td>자연자원</td><td>산악, 평원, 해안, 도서, 하천, 호소, 폭포, 계곡, 지질, 기상, 온천, 동식물</td></tr>
<tr><td>문화자원</td><td>미술공예품, 건축물, 조각</td></tr>
<tr><td>인적자원</td><td>국민생활, 풍속, 습관, 인정, 가정생활</td></tr>
<tr><td>새로운 관광자원 및 기타</td><td>공장, 생산공정, 기술, 공원, 음식, 토산품</td></tr>
<tr><td rowspan="7">한국
관광공사</td><td rowspan="5">유형 관광자원</td><td>자연적 관광자원 : 천연자원, 인문자원, 동 식물</td></tr>
<tr><td>문화적 관광자원 : 고고학적 유적, 사적, 사찰공원</td></tr>
<tr><td>사회적 관광자원 : 풍속, 행사, 생활, 예술, 교육, 스포츠</td></tr>
<tr><td>산업적 관광자원 : 공업단지, 유통단지, 광업소, 농장, 목장, 백화점</td></tr>
<tr><td>관광레크리에이션자원 : 캠프장, 수영장, 놀이시설, 어린이공원</td></tr>
<tr><td rowspan="2">무형 관광자원</td><td>인적 관광자원 : 국민성, 풍속, 관습, 예절</td></tr>
<tr><td>비인적 관광자원 : 고유종교, 사상, 철학, 역사, 가곡, 음악</td></tr>
</table>

〈표 3-11〉 일본 학자의 관광자원 분류

학자	유형	종류
스즈키 (鈴木忠義)	자연자원	산악, 고원, 호수, 계곡, 폭포, 하천, 해안, 산호초, 관광 전망지점, 암석, 동물, 식굴, 온천, 자연현상
	문화자원	사적, 사찰, 정원, 공원, 비석, 동상술, 공예품, 건축물, 조각
	관광대상시설	관람시설, 오락시설, 스포츠시설, 산업시설, 생활시설, 연중행사
쓰다노보루 (津田昇)	자연적 관광자원	기후, 풍토, 풍경, 온천, 천연자원, 동식물, 도시공원
	문화적 관광자원	유형문화재, 무형문화재, 민속자원, 기념물
	사회적 관광자원	인정, 풍속, 행사, 국민성, 생활, 예술, 문화교육
	산업적 관광자원	공장시설, 농 · 목장, 사회공공시설, 견본시(見本市)
수에다께 (末武直義)	자연자원	지형, 동식물 등
	인공자원	사원, 카지노, 기념물, 역사적 건축물, 오락공원 등
	인문자원	언어, 음악, 민속, 무용

일본의 경우 스즈키 타다요시(鈴木忠義)의 견해에 의하면 관광자원을 자연자원, 인문자원, 관광대상시설로 나누고 있으며, 쓰다노보루(津田昇)에 의하면 일반적으로 많이 도입되는 관광자원을 4분류로 규정짓고 있다.

또한 수에다께(末武直義)의 경우는 관광자원을 자연자원과 인문자원 둘로 기술하기도 한다. 맥킨토시에 의하면 관광자원을 자연자원과 환대문화자원으로 대별하고 있다. 피어스는 관광자원은 관광객을 방문하게끔 끌어들이는 것이라 하여 관광자원의 종류로서 자연자원과 인공자원, 인문자원을 들고 있다.

2. 관광자원의 유형

최근 들어서는 관광자원의 분류범위가 확대되고 있다. 종래에는 관광객 행위대상이 자연관광자원에 편중되었으나, 근래에는 국가 간 지역 간 왕래의 용이성으로 인해서 사회 · 문화적 관광자원의 비중이 커지고 있다. 또한 산업의 발달과 무역의 확대는 산업시설을 관광자원의 범주에 포함시키는 계기가 되었다. 그리고 관광객의 행동패턴이 종래의 감상적 · 정태적 · 보양적 측면에서 활동적 · 동태적 스포츠형의 패턴으로 점진적인 변화를 나타내고 있다. 시대적 변천, 관광활동의 변화와 그에 따른 관광자원의 상대적 중요성의 변화, 새로운 관광자원의 출현 등으로 관광자원의 분류는 현재 한국에서 일반적으로 자연관광자원, 문화관광자원, 사회관광자원, 산업관광자원, 그리고 위락관광자원의 5가지로 분류하는 것이 일반적이다.

1) 자연관광자원

자연관광자원은 자연이 인류에게 가져다준 위대한 선물이다. 자연관광자원은 인간의 노동력과 자본이 투하되지 아니한 상태 하에서 존재할 수 있지만, 국토개발과 자원보전의 입장에서 인간의 노동력과 자본이 투하되더라도 자연경관지로서 원형을 보존하고 있다면 자연관광자원이 된다.

지구상에는 여러 모양의 다른 자연환경이 존재하고 있는데, 기후적으로는 열대에서부터 건조대, 온대, 냉대, 한대로 나누어지고, 지형적으로는 산악에서부터 고원, 평지가 있으며, 그 위에 하천이 흐르고 있다. 또한 그 하천에는 많은 폭포가 있다. 그것들은 지질 구조적으로 침식의 연대에 따라 어떤 경우에는 빙하가 있고, 화산지형도 존재한다. 해양에는 많은 섬이 있고, 지상에는 여러 종류의 삼림이나 동식물이 있으며, 해양이나 하천에는 어류가 생식하고 있다. 이와 같은 자연환경은 같은 모양으로 분포되고 있는 것이 아니라, 기후적 · 지형적인 요인을 중심으로 복잡하게 결합되어 각 지역마다 독자적인 경관을 구성함으로써 자연관광자원을 이루어 관광의 대상물이 되고 있다.

이용상의 기능으로 분류한다면, 자연관광자원은 그 자신 단독으로 자연경관을 형성하고 있거나 또는 자연경관을 형성하는데 요소가 되는 지형, 지질, 기상, 천상 등 관상관광의 자원이 되는 것과, 체재나 보양의 목적이 되거나 자연환경을 형성하는데 요소가 되는 기후, 온천, 지형 등 체재관광의 자원이 되는 것으로 나눌 수 있다.

전자는 자연의 아름다움, 웅대함, 그리고 진기함 등에 의해 관광재로서의 가치를 지녀 대부분 경관지를 형성함으로써 많은 관광객을 유인하고 있다. 한편, 후자는 스포츠, 심신의 휴식, 체재의 쾌적이나 즐거움을 가져다주는 기능을 갖추어 보양리조트, 스포츠리조트 등을 형성하고 있다. 물론 실제로는 이 양자가 모두 자연적으로 갖추어져 복합적으로 활용되어 가치 있는 관광지를 형성하고 있는 곳도 있다.

2) 인문관광자원

관광여행은 자연관광자원에 의해서만 유인되는 것은 아니며, 인문관광자원도 커다란 유인력을 지니고 있어 많은 관광객을 유인한다. 인문관광자원이라 함은 자연관광자원과의 상대적인 대응관계에 놓여져 있는 인간이 만들어낸 관광자원을 말한다. 자연관광자원이 자연 상태의 소산인 천연적 자원이라면, 인문관광자원은 인간창조의 소산인 인위적 자원이다.

인문관광자원은 그 종류가 매우 다양하여 기능적으로 분류하기는 어려우나, 그것이 가지는 성격상의 내용으로 문화적 관광자원, 사회적 관광자원, 산업적 관광자원으로 세분하여 볼 수 있다.

(1) 문화적 관광자원

문화적 관광자원은 민족문화의 유산으로서 문화적 가치가 있는 유형 · 무형의 문화재, 민속자료, 기념물 등과 같은 문화유산인데, 관광자원으로서 관광객에게 커다란 유인력을 가지고 있다.

그 가운데서도 중핵을 이루고 있는 것은 사적, 사찰, 성적 등이며, 국가의 지정을 받은 국보, 중요문화재 등이 관광자원성을 높이고 있다. 역사상 · 예술상의 가치가 높은 국보 가운데서도 회화, 조각, 공예, 서적, 고고자료 등은 수도나 고도에 많다. 그러나 문화적 관광자원으로서는 특히 건조물이나 사적이 중요한 대상물이다.

성터, 조개무덤, 옛무덤, 고택, 정원 등의 사적은 거의 전국에 평균화되어 분포돼 있어 지방적인 관광대상으로서의 가치가 높으며, 그것은 관광거점을 쉽게 형성할 수 있음을 의미하고 있다, 또한 연극 · 음악 · 공예기술 등의 역사상 · 예술상의 가치가 높은 무형의 문화적 소산이나 의식주 · 신앙 · 연중행사 등의 민속자료도 문화적 관광자원으로서 일반에 이용되고 있지만, 이와 같은 것들은 지방에 분산되고 있다는 데에 특색이 있다.

그리고 문화적 관광자원 가운데서도 특히 연중행사는 중요한 인문관광자원이

되고 있는데, 우리나라에서도 경주의 '신라문화제', 부여의 '백제문화제' 그리고 자연적 특성을 살려 새로 시작한 제주의 '유채꽃 큰잔치' 등은 열릴 때마다 많은 사람들이 구경하러 모여들고 있다. 또 축제라고 부를 수 없는 여러 가지의 '이벤트(event)'[2]도 관광자원으로 중요하다. 예컨대, 미국의 보스턴(Boston) 교외의 탱글 웃에서 해마다 여름에 개최되는 음악회(Tanglewood Music Festival)는 많은 관광객을 유치하고 있다. 그리고 만국박람회나 올림픽대회도 전 세계로부터 많은 관광객을 모이게 하고 있다.

(2) 사회적 관광자원

사회적 관광자원은 집락, 사회제도, 국민성, 민족성 등의 사회형태와 인정, 풍속, 습관, 생활방식, 식사, 의복, 주거 등의 생활 형태를 가리킨다.

종래까지는 관광자원이 될 수 없었던 대상물도 관광이 대중화됨에 따라 관광매력성을 가진 관광자원으로 각광을 받게 되었는데, 최근에 와서는 다양화한 관광행동의 지향성에 따라 소박한 인정, 풍속, 특색 있는 국민성, 음식물, 예절, 여러 가지의 사회제도, 생활 속에 전승되어 온 모든 생활자료와 행사 등도 관광자원으로 재평가받게 된 것이다.

이와 같이 사회적 관광자원은 한 나라의 역사와 전통, 그리고 과거의 생활상을 추적하고 현재의 발전상을 이해하는데 있어서 귀중한 자료가 된다. 따라서 이 사회적 관광자원은 관광에 있어서 국민적 · 민족적 관광자원이라 말할 수 있다.

(3) 산업적 관광자원

산업적 관광자원은 새로운 분야의 인문관광자원으로서 개발 · 활용되고 있는 것으로, 산업관계의 유형 · 무형의 관광자원을 가리키는 것인데, 한 나라의 농업, 임업, 어업, 공업, 상업관계의 산업시설과 그 기술수준을 볼 수 있는 산업적 대상을 말한다. 보다 더 구체적으로 말한다면, 공장에 찾아가 거기서 기술설비나 산업공정 등을 본다든가, 농산물 · 해산물의 가공시설이나 가공과정 등을 보는 것, 그리고 농업이나 목장 등에 찾아가 거기서 농산물 · 축산물의 생산기술이나 재배법을 보는 것 등을 말한다. 경우에 따라서는 직접 자기의 손이나 몸을 움직여 재배, 채수, 채취 등을 해보는 것과 같은 행동의 대상이 되는 것까지도 포함

2) 각종 회합 또는 연예 따위의 총칭.

한다.

이와 같은 산업적 관광자원의 개발·활용은 일찍이 프랑스에서 식품가공업이나 화장품 제조업과 같은 소비대중에 직결되는 기업이 사람들에게 대해서 공장 시찰을 시킴으로써 제조상품에 대한 친숙감을 느끼게 하거나, 직매를 하는 데서 비롯되었다. 나아가서 이것이 관광 사업에 이용되게 되었고 관광객 유치의 수단으로써 개발되었는데, 이러한 것들을 목적으로 하는 관광형태를 산업관광(industrial tourism) 또는 기술관광(technical tourism)으로서, 현재는 관광사업의 한 형태로 확립되어 각 나라에서 다투어 실시되고 있다. 우리나라에서도 특히 포항제철이나 울산의 현대중공업, 현대자동차 공장 등은 관광객들에게 인기 있는 산업적 관광의 대상이 되고 있다.

또한 관광자원의 유형으로 자연관광자원, 인문관광자원 이외에 복합형 관광자원으로 분류하는 경우가 있는데, 자연관광자원과 임문관광자원이 서로 밀접히 연관되어서 자연이라고도 인문이라고도 말할 수 없는 관광자원이 존재하기 때문에 그렇게 부르고 있는 것 같다. 예를 들면, 문화재와 자연환경이 결합하여 한 개의 매력 있는 역사경관을 형성하고 있는 경우, 이것을 복합형 관광자원으로서 파악하는 것이 관광이라 하는 현상을 이해하고, 더욱이 관광 사업을 추진하는 입장에서 불가결한 것이라 말하고 있다. 우리나라에서도 현재 '역사적 풍토'의 지정 및 보존이 추진되고 있는데, 이러한 복합형 관광자원으로서의 인식에 입각한 것이라고 말할 수 있겠다.

끝으로 놀이시설, 여가시설, 캠핑장, 어린이공원, 테마파크, 승마장, 스키장 등이 주류를 이루는 위락관광자원으로 구분할 수 있다.

〈표 3-12〉 우리나라 일반적 관광자원의 분류

자원 구분	세부 내용
자연관광자원	산악, 온천, 기후, 구름, 호수, 폭포, 계곡, 산림, 동식물 등
문화관광자원	사적, 유적, 유·무형문화재, 기념물, 민속자료, 박물관 등
사회관광자원	축제, 종교, 사상, 철학, 예술, 음악, 무용, 스포츠, 음식 등
산업관광자원	산업현장, 유통단지, 백화점, 공공시설, 쇼핑 및 상점가 등
위락관광자원	놀이시설, 여가시설, 캠핑장, 테마파크, 승마장, 스키장 등

출처: 김홍렬(2015), 관광학원론, 백산출판사, p.304.

CHAPTER 04

관광자원의 특성

CHAPTER 04

관광자원의 특성

제 1 절 자연관광자원

1. 개념 및 종류

자연적 관광자원은 모든 자원의 기본이 될 뿐만 아니라, 가장 큰 비중을 차지하고 있다. 주로 자연의 아름다움을 중심으로 형성되기 때문에 매우 다양하다. 자연적으로 생성된 자원, 즉 사람이 인위적으로 만들지 않은 천연자원을 뜻하며 관광자원 가운데 가장 원천적인 것이라 할 수 있다.

자연환경은 기후적 조건과 지형적 요인들에 따라 복잡하게 결합되어 자연환경의 상태에 따라 지역차가 이루어지고 이러한 현상이 관광대상으로서 자연적 관광자원이 된다. 이런 자연적 관광자원은 도로나 철도, 항공 같은 교통수단 등의 개발조건과 결합되어 관광자원으로 가치를 높이게 된다.

오늘날 관광자원의 개발형태는 인간의 자연지향성이 높아짐에 따라 주로 자연적 자원을 대상으로 개발되는 추세를 보인다. 그리고 자연적 · 인문적 관광자원이 상호 융합되어 하나의 완전한 관광자원으로서의 가치를 발휘하기 때문에 상호 조화됨으로써 관광자원에 대한 보호 · 육성이 이루어져야 한다. 매력적인 관광자원도 관리가 없다면 관광의 가치성과 개발의 효용이 없어지기 때문이다.

2. 산악 관광자원

한국은 국토의 약 70%가 산지로서 예부터 산과 하천, 그리고 바다가 어우러진 금수강산으로 불려왔다. 「자연공원법」에 의해 자연공원을 지정하고 관리 운영한다. 자연공원은 국립공원, 도립공원, 군립공원 및 지질공원으로 구분한다.

1) 국립공원

국립공원이란 우리나라의 자연생태계나 자연 및 문화경관(이하 "경관"이라 한다)을 대표할 만한 지역으로서 환경부장관이 지정 · 관리하고, 지정대상지역의 자연생태계, 생물자원, 경관의 현황 · 특성, 지형, 토지이용상황 등 그 지정에 필요한 사항을 조사하여 지정된 공원을 말한다(자연공원법 제2조 2호 및 제4조 · 제4조의3).

국립공원을 설정하는 목적은 첫째, 자연의 원형보존 및 후손에게 물려주기 위함이고, 둘째, 학술적 연구를 통해 인류복지에 기여하기 위함이며, 셋째, 생태계의 균형을 유지하기 위함이다.

국립공원의 지정권자는 환경부장관이며, 국립공원을 지정하고자 하는 때에는 관할 시 · 도지사 및 군수의 의견을 들은 후, 관계 중앙행정기관의 장과 협의를 거친 후 '국립공원위원회'의 심의를 거쳐 환경부장관이 지정한다.

국립공원의 관리는 '환경부'가 관장하지만, 실제적으로 19개소는 '국립공원관리공단'에, 2개소는 도에 위임되어 있다(경주 – 경주시 관리, 한라산 – 제주도 관리). 2017년 12월 31일 기준으로 우리나라의 전체 국립공원 수는 22개소이며 이 중에서 17개소가 산악형 국립공원이다.

세계 최대 국립공원은 탄자니아 세렝게티평원에 위치한 국립공원으로 1941년 국립공원으로 1만 4,763km²에 달하고 1981년 유네스코에서 세계자연유산으로 지정되었다. 세계 최초로 국립공원으로 지정된 미국의 옐로우스톤 국립공원도 와이오밍주, 몬태나주, 아이다호주의 세 주에 걸쳐 있고, 그 면적이 8,800km²에 이르며, 캐나다의 쟈스퍼 국립공원도 4,521km²에 달한다.

〈표 4-1〉 국립공원 지정 현황

(단위: km²)

지정 순위	공원명	위 치	공원구역		비 고
			지정연월일	지정면적(km²)	
1	지리산	전남, 경북, 경남	1967.12.29	483.022	
2	경주	경북	1968.12.31	136.550	
3	계룡산	충남, 대전	1968.12.31	65.335	
4	한려해상	전남, 경남	1968.12.31	535.676	해상 408.488
5	설악산	강원	1970.03.24	398.237	
6	속리산	충북, 경북	1970.03.24	274.766	
7	한라산	제주	1970.03.24	153.332	
8	내장산	전남, 전북	1971.11.17	80.708	
9	가야산	경남, 경북	1972.10.13	76.256	
10	덕유산	전북, 경남	1975.02.01	229.430	
11	오대산	강원	1975.02.01	326.348	
12	주왕산	경북	1976.03.30	105.595	
13	태안해안	충남	1978.10.20	377.019	해상 352.796
14	다도해해상	전남	1981.12.23	2,266.221	해상 1,975.198
15	북한산	서울, 경기	1983.04.02	76.922	
16	치악산	강원	1984.12.31	175.668	
17	월악산	충북, 경북	1984.12.31	287.571	
18	소백산	충북, 경북	1987.12.14	322.011	
19	변산반도	전북	1988.06.11	153.934	해상 17.227
20	월출산	전남	1988.6.11	56.220	
21	무등산	광주, 전남	2013.03.04	75.425	
22	태백산	강원	2016.08.22	70.052	
계 22개소				6,726.298	주) 참조

자료 : 환경부, 2019년 12월 31일 기준

주) 육지 : 3,902.537, 해면 : 2,753.709(2.7%), 국토면적의 3.9%(육상면적 기준)

2) 도립공원

우리나라 「자연공원법」에서 규정하고 있는 도립공원이라 함은 특별시 · 광역시 · 특별자치시 · 도 및 특별자치도(이하 "시 · 도"라 한다)의 자연생태계나 경관(자연 및 문화경관)을 대표할 만한 지역으로서 특별시장 · 광역시장 · 특별자치시장 · 도지사 또는 특별자치도지사(이하 "시 · 도지사"라 한다)가 지정한 공원을 말한다.

'시 · 도지사'는 도립공원을 지정하고자 하는 때에는 관할 군수(시장 · 군수 또는 자치구의 구청장을 말한다)의 의견을 청취하고 관계 중앙행정기관의 장과의 협의를 거친 후 도립공원위원회의 심의를 거쳐 지정하게 되며, 지정된 도립공원을 폐지하거나 그 규모를 축소하려는 경우에는 환경부장관의 승인을 받아야 한다.

우리나라의 도립공원은 경북 금오산도립공원이 제1호로 지정된(1970.6.1.) 이래 1970년대에 13개소, 1980년대에 팔공산 등 7개소가 지정되었고, 1990년대에 2개소, 2005년에 연인산 1개소, 2008년에 제주자치도의 행정구역 개편으로 제주조각공원 등 6개 군립공원이 도립공원으로 편입되었고, 2009년 수리산 도립공원을 지정하였다. 2011년에 제주조각공원을 폐지하고 제주곶자왈 1곳을 추가로 지정하였으며, 2013년에는 무등산도립공원이 국립공원으로 승격되었고, 고복도립공원은 세종특별자치시 출범에 따라 군립공원에서 도립공원으로 승격되었다. 또 2016년 8월 22일에는 도립공원 태백산이 국립공원으로 승격되고 낙산도립공원이 자연공원 최초로 지정해제되었으나, 벌교갯벌도립공원이 신규지정되어 2017년 12월 31일 기준으로 29개소의 도립공원이 지정돼 있으며, 그 현황은 〈표 4-2〉와 같다.

〈표 4-2〉 도립공원 지정 현황

(단위 : km^2)

지정 순위	공원명	위 치	면적	지정일
1	금오산	경북 구미, 칠곡, 김천	37.290	1970.06.01
2	남한산성	경기 광주, 하남, 성남	35.166	1971.03.17
3	모악산	전북 김제, 완주, 전주	43.309	1971.12.02
4	덕산	충남 예산, 서산	19.859	1973.03.06

지정 순위	공원명	위 치	면적	지정일
5	칠갑산	충남 청양	32.946	1973.03.06
6	대둔산	전북 완주, 충남 논산, 금산	59.933	1977.03.23
7	마이산	전북 진안	17.221	1979.10.16
8	가지산	울산, 경남 양산, 밀양	104.354	1979.11.05
9	조계산	전남 순천	27.250	1979.12.26
10	두륜산	전남 해남	33.390	1979.12.26
11	선운산	전북 고창	43.683	1979.12.27
12	팔공산	대구, 경북 칠곡, 군위, 경산, 영천	125.668	1980.05.13
13	문경새재	경북 문경	5.494	1981.06.04
14	경포	강원 강릉	6.865	1982.06.26
15	청량산	경북 봉화, 안동	49.470	1982.08.21
16	연화산	경남 고성	22.260	1983.09.29
17	고복	세종특별자치시	1.949	1990.01.20 (2013.01.07. 군립→도립)
18	천관산	전남 장흥	7.606	1998.10.13
19	연인산	경기 가평	37.445	2005.09.15
20	신안갯벌	전남 신안	144.000	2013.12.31
21	무안갯벌	전남 무안	37.123	2008.06.05
22	마라해양	제주도 서귀포시	49.755	2008.09.19
23	성산일출해양	제주도 서귀포시	16.156	2008.09.19
24	서귀포해양	제주도 서귀포시	19.540	2008.09.19
25	추자	제주도 제주시	95.292	2008.09.19
26	우도해양	제주도 제주시	25.863	2008.09.19
27	수리산	경기 안양, 안산, 군포	6.962	2009.07.16
28	제주 곶자왈	제주도 서귀포시	1.547	2011.12.30
29	벌교갯벌	전남 보성	23.068	2016.01.28
30	불갑산	전남 영광	6,887	2019.01.10
계 30개소			1,147,530	

자료 : 환경부, 2019년 12월 31일 기준

3) 군립공원

군립공원(郡立公園)이란 시 · 군 및 자치구(이하 "군"이라 한다)의 자연생태계나 경관(자연 및 문화경관)을 대표할 만한 지역으로서, 지정대상 지역의 자연생태계, 생물자원, 경관의 현황 · 특성, 지형, 토지이용상황 등 지정에 필요한 사항을 조사하여 시장 · 군수 또는 자치구의 구청장(이하 "군수"라 한다)이 지정 · 관리하는 공원을 말한다.

군립공원의 지정절차는 ① 해당 지역주민의 의견 청취, ② 관계 행정기관의 장과의 협의, ③ 군립공원위원회의 심의를 거쳐 지정되며, 군수는 지정된 군립공원을 폐지하거나 그 규모를 축소하려는 경우에는 시 · 도지사의 승인을 받아야 한다.

이러한 절차에 의하여 1981년 1월 7일에 전라북도 순창군의 강천산이 최초의 군립공원으로 지정된 이래 1980년대에 보경사 등 22개소가 지정되고, 2000년대에 들어와 추자, 우도해상, 월성계곡 등 3개소가 지정되면서 33개소에 이르게 되었으나, 제주특별자치도의 행정구역 개편으로 추자 등 군립공원 6개소가 도립공원으로 승격 · 지정되면서 2017년 12월 31일 기준으로 27개소에 걸쳐 총면적 237.794km^{2}가 군립공원으로 지정되어 있으며, 그 현황은 〈표 4-3〉과 같다.

〈표 4-3〉 군립공원 지정 현황

(단위 : km^2)

지정 순위	공원명	위치	면적	지정일
1	강천산	전북 순창군 팔덕면	15.844	1981.01.07
2	천마산	경기 남양주시 화도읍, 진천면, 호평면	12.461	1983.08.29
3	보경사	경북 포항시 송라면	8.510	1983.10.01
4	불영계곡	경북 울진군 울진읍, 서면, 근남면	25.140	1983.10.05
5	덕구온천	경북 울진군 북면	6.060	1983.10.05
6	상족암	경남 고성군 하일면, 하이면	5.106	1983.11.10
7	호구산	경남 남해군 이동면	2.869	1983.11.12
8	고소성	경남 하동군 악양면, 화개면	3.177	1983.11.14
9	봉명산	경남 사천시 곤양면, 곤명면	2.645	1983.11.14

지정 순위	공원명	위치	면적	지정일
10	거열산성	경남 거창군 거창읍, 마리면	3.271	1984.11.17
11	기백산	경남 함양군 안의면	2.013	1983.11.18
12	황매산	경남 합천군 대명면, 가회면	21.784	1983.11.18
13	웅석봉	경남 산청군 산청읍, 금서 · 삼장 · 단성	17.960	1983.11.23
14	신불산	울산 울주군 상북면, 삼남면	11.585	1983.12.02
15	운문산	경북 청도군 운문면	16.173	1983.12.29
16	화왕산	경남 창녕군 창녕읍	31.283	1984.01.11
17	구천계곡	경남 거제시 신현읍, 동부면	5.871	1984.02.04
18	입곡	경남 함양군 산인면	0.995	1985.01.28
19	비슬산	대구 달성군 옥포면, 유가면	13.382	1986.02.22
20	장안산	전북 장수군 장수읍	6.200	1986.08.18
21	빙계계곡	경북 의성군 춘산면	0.880	1987.09.25
22	아미산	강원 인제군 인제읍	3.160	1990.02.23
23	명지산	경기 가평군 북면	14.027	1991.10.09
24	방어산	경남 진주시 지수면	2.588	1993.12.16
25	대이리	강원 삼척시 신기면	3.660	1996.10.25
26	월성계곡	경남 거창군 북상면	0.650	2002.04.25
27	병방산	강원 정선군 정선읍	0.500	2011.09.30
계 27개소				

자료: 환경부, 2019년 12월 31일 기준

4) 지질공원

국가지질공원은 지구과학적으로 중요하고 경관이 우수한 지역으로서 이를 보전하고 교육 · 관광 사업 등에 활용하기 위하여 환경부장관이 인증한 공원이다. 2012년 12월 27일 제주도와 울릉도 · 독도가 국가지질공원으로 최초 지정된 이래 2015년 12월 31일 한탄 · 임진강이 지정된데 이어 2017년 1월 5일에는 강원고생대가 지질공원으로 지정되었고, 2017년 9월 13일에는 경북 동해안 및 전북 서해안권이 지질공원으로 지정되면서 2017년 12월 말 기준으로 총 10개소가 지정되었다. 그리고 총넓이는 11,146km^{2}로서 전 국토의 11.1%가 국가지질공원으로 지정되었다. 한편, 고시일로부터 4년마다 국가지질공원의 관리·운영현황을 조사·점검하여 재평가한다.

〈표 4-4〉 지질공원 인증 현황

(단위 : km^2)

지정 순위	공원명	위치	면적	인증일
1	울릉도·독도	경북 울릉군	127.90	2012.12.27
2	제주도	제주 제주시, 시귀포시	1,864.40	2012.12.27
3	부산	부산 7개 자치구(금정구, 영도구, 진구, 서구, 사하구, 남구, 해운대구)	296.98	2013.12.06
4	강원평화	강원도 5개군(철원군, 화천군, 양구군, 인제군, 고성군)	2,067.07	2014.04.11
5	청송	경북 청송군	845.71	2014.04.11
6	무등산권역	광주 2개 자치구(동구, 북구) 전남 2개군(화순군, 담양군)	246.31	2014.12.10
7	한탄·임진강	경기 2개 시·군(포천시, 연천군)	766.68	2015.12.31
8	강원고생대	강원도 4개 시·군(영월군, 정선군, 평창군, 태백시)	1,999.01	2017.01.05
9	경북 동해안	경북 4개시·군(경주시, 포항시, 영덕군, 울진군)	2,261	2017.09.13
10	전북 서해안권	전북 2개군(고창군, 부안군)	520.3	2017.09.13
11	백령·대청	인천광역시(옹진군)	66.86	2019.07.10
12	진안·무주	전라북도(진안군, 무주군)	1,154.62	2019.07.10
13	단양	충청북도(단양군)	781.06	2020.07.27
계 13개소			13,148.99	

자료: 환경부, 2020년 8월 25일 기준

3. 온천 관광자원

1) 온천의 개념

온천은 화산대의 지열에 의해 지하수가 고온으로 가열되어 분출하는 샘으로서 수량, 성분, 온도에 따라 그 가치가 평가된다. 온천은 인간에게 보양적 · 요양적 기능으로 활용되고 주변 산악경관과 결합된 휴양관광지가 될 수 있다. 온천은 통상 34~42℃의 수온이 대부분이며 그 이하일 경우는 미온천, 냉천이라 하고 그 이상일 경우는 고온천이라 한다. 성분은 유황성, 탄산, 라듐, 알칼리 등 인체에 유익한 성분이 다량 함유되어야 한다. 우리나라의 주요 온천지역으로는 부곡, 마금산, 온양, 유성, 덕산, 도고, 백암, 덕구, 수안보, 척산, 오색, 이천, 동래, 해운대, 경주온천 등이 있다.

2) 성분별 온천의 종류

(1) 단순천

온천수 1kg에 이산화탄소 또는 그 증발 잔재물이 1g 이상 함유된 천을 말하며 무색투명하다. 온천에 따라 두서너 가지씩 성격을 띠긴 하지만, 우리나라에서 가장 많이 볼 수 있는 온천이다. 신경통, 류머티즘 관절염, 오상후유증, 불면증, 생식기질환 등에 탕치효과가 있다. 척산 · 덕산 · 수안보 · 동래 · 이천온천이 대표적이다.

(2) 라듐천

일명 방사능천이라고 불려 거부감을 주기도 하지만, 온천수 1kg당 1억분의 1mg이라는 아주 적은 양의 라듐이 함유되어 있어 누구나 안심하고 즐길 수 있다. 부인병, 갱년기장애, 저혈압, 피부병에 효과가 있다. 백암 · 덕산 · 유성온천이 여기에 해당된다.

(3) 유황천

달걀 썩은 내가 약간 나고 물빛이 희끄무레하다. 그러나 온욕을 즐기다 보면 유황천 특유의 향내와 효험으로 일석이조의 효과를 얻을 수가 있다. 온천수 1kg에 중유황 1mg 이상이 함유되어 있어 마시기도 한다. 마시면 생식기질환, 빈혈증 환자에게 좋으며, 담즙의 왕성한 분비로 장의 운동과 호흡 상태를 고르게 해준다. 유황천에서는 비누거품이 잘 일지 않는다. 특히 은제품은 화학반응을 일으켜 새까맣게 변하므로 은제품의 착용은 금물이다. 천식, 부인병, 불임증, 동맥경화, 당뇨병에 좋으며 도고 · 부곡 · 백암온천이 대표적인 유황천이다.

(4) 식염천

식염천의 성분은 마시면 짠맛이 난다. 대개 온천수 1kg당 염분이 5~15g 정도면 식염천이라 한다. 우리나라에서는 드문 편이다. 염증, 요통, 만성류머티즘, 영양부족, 빈혈, 생식기 질환에 효과가 있다. 바다를 가까이 둔 부산의 해운대와 동래온천이 식염천의 성분을 약간 띠고 있다.

4. 해수욕장 및 해안 관광자원

1) 해수욕장의 개념

우리나라는 삼면이 바다인 반도국가로서 동해안의 맑고 깊은 급경사면과 서 · 남해안의 완만한 리아스식 해안에 많은 해수욕장을 소유해 오고 있다. 해수욕장은 여름뿐만 아니라 사계절의 전천후 관광객의 휴양지로서 관광자원의 효용을 갖고 있다. 해수욕장 가운데 특히 수질이 깨끗하여 관심을 끄는 곳은 맹방, 봉길, 변산, 하조대, 월포해수욕장 등이다.

해수욕장으로서 갖추어야 할 가장 기본적인 구비조건과 시설을 보면 다음과 같다.

(1) 구비조건

① 사장(砂場)의 길이는 500m 이상이어야 한다.

② 사질과 수질은 소금기가 적고 깨끗하여야 한다.

③ 수온은 해수욕시즌(통상 7월 초부터 8월 말까지) 동안 섭씨 25도 이상이어야 한다.

④ 수심은 깊이 1m 이내의 해저지역이 50m 이상이어야 한다.

⑤ 여름철의 해당지역의 쾌청일수가 통상 2주일 이상의 기상기록이어야 한다.
⑥ 해수욕을 하기 위해서 위험요소 및 구역이 없는 안전한 지역이어야 한다.
⑦ 배후지에 수림이 소재하여 해수욕객에게 편의가 제공될 수 있어야 한다.

(2) 시설

① 접근이 용이하도록 교통수단, 주차시설이 넉넉하고 편리하도록 되어 있어야 한다.
② 갱의, 샤워시설이 구비되어야 한다.
③ 해수욕장의 시설, 피서객을 위한 관리 · 보안시설이 구비되어야 한다.
④ 피서객이 값싸게 즐길 수 있도록 안전성이 확보된 유영시설(물놀이 등의 기구)이 구비되어야 한다.
⑤ 해수욕장을 출발 · 도착하는 근거리 주유의 유람선 등의 주유시설이 구비되어야 한다.
⑥ 식음료를 판매하고 피서객이 이용할 수 있도록 관련 공간을 구비하여야 하며, 건전하게 휴식할 수 있는 휴게시설을 구비하여야 한다.
⑦ 남녀노소가 고루 이용할 수 있도록 건전하고 쾌적한 오락시설이 구비되어 잘 훈련된 종사원에 의해 서비스가 제공되어야 한다.
⑧ 피서객이 다양하게 접할 수 있는 운동시설을 구비하여야 한다.
⑨ 피서객을 위한 전시, 영화, 연극, 가요제, 강연 등의 문화, 교화공간 및 이벤트가 구비되어야 한다.
⑩ 피서객을 위한 양질의 서비스를 제공할 수 있는 숙박시설이 구비되어야 한다.

2) 주요 해수욕장의 분포

우리나라의 지정 해수욕장은 100여 개에 이르고 있으며 강원도 지역이 가장 많이 분포하고 다음이 전남, 제주, 경남의 순이다.

시 · 도별 주요 해수욕장의 현황은 다음과 같다.

(1) 경기, 인천

송도, 서포리, 월미도, 을왕리, 영흥도, 제부도 등

(2) 충청남도

만리포, 연포, 천리포, 청포대, 춘장대, 몽산, 안면도, 대천, 무창, 난지도, 동백정, 학암포, 삼봉 등

(3) 전라북도

변산, 선유도, 동호, 가마미, 구시포, 격포 등

(4) 전라남도

주마리, 주포, 방죽포, 나로도, 대광, 송호, 중리, 하우리, 홍도, 톱머리, 유달, 신지도, 송지, 금호, 율포, 수문, 소록도, 망덕티, 만성리 등

(5) 경상북도

구룡포, 포항송도, 칠포, 월포, 장사, 구산, 대진, 영해, 월송정, 망양정, 죽변, 고래불, 대본, 동촌, 봉길 등

(6) 경상남도

상주, 남일대, 행암, 충무, 비진, 구조라, 월내, 진하, 일산 등

(7) 부산

해운대, 광안리, 송도, 송정, 다대포, 일광 등

(8) 강원도

화진포, 거진, 죽도, 교암, 문암리, 용촌리, 속초, 낙산, 수상, 하조대, 경포대, 송정, 망상, 옥계, 주문진, 연곡, 사천, 해금강, 후진, 월미도, 장호리, 맹방, 동호, 등명, 송지호, 안인, 어달, 오산 등

(9) 제주도

표선, 중문, 화순, 대정, 협재, 곽지, 함덕, 신양, 세화, 금녕, 이호 등

5. 동굴 관광자원

동굴은 자연적으로 형성된 지하 또는 지상의 공동(空洞)현상이다. 동굴은 성인상으로 자연동굴과 인공동굴로 크게 나뉜다. 자연동굴은 다시 석회동굴과 용암동굴 또는 화산 동굴 그리고 해식동굴 또는 파식굴이나 절리굴 등으로 나뉜다.

석회동굴은 석회암 지층이 있는 곳에 생기며, 용암동굴은 화산지역에서 볼 수 있다. 그리고 바닷가나 강가의 절벽면에서 볼 수 있는 것이 해식동굴이며 지층암석의 절리면을 따라 이루어진 동굴이 절리굴이다. 이 밖에 좀 더 많은 구분의 방법이 있으나, 대체로 우리나라의 동굴은 석회동굴과 용암동굴 그리고 해식동굴이다.

동굴은 형성된 유형에 따라 3가지로 나눈다.

첫째유형인 석회동굴은 석회암지역에서 지표면의 빗물이 지하 석회암 균열사이로 스며들면서 암석을 녹여 만든 동굴이며 수직형 동굴이다.

둘째유형은 용암동굴로서 화산지역에서 용암이 산비탈을 흘러내릴 때 공기중에 노출된 외부용암이 먼저 굳어지고 내부 용암은 그대로 흘러 빠져나가서 내부가 텅 빈 수평동굴이 된다.

세 번째 유형의 동굴은 암석 동굴로 침식과 풍화작용을 받아 암석의 약한 부분이 차츰 차츰 깊어져 암굴이 된다.

한국의 주요 석회동굴은 고씨굴, 고수굴, 용담굴, 화암굴, 비룡굴, 관음굴, 환선굴, 활기굴, 초당굴, 연지굴, 근덕굴, 노동굴, 동룡굴, 성류굴, 온달동굴, 냉천굴, 도담굴, 공이굴, 옥실굴, 여천굴, 늘골굴, 태나무굴, 광천굴, 대야굴, 장암굴 등이며, 화산용암굴은 빌레못굴, 만장굴, 김녕사굴, 협재굴, 황금굴, 쌍룡굴, 미천굴, 수산굴, 신창굴, 와흘굴, 한들굴, 구린굴, 소천굴 등이 있다. 셋째, 해식굴로는 오동도굴, 금산굴, 정방굴, 산방굴, 십자동굴, 용굴, 가사굴 등이 있다. 넷째, 절리굴로는 청석다리굴, 오수자굴, 박쥐굴 등이 있다.

주요 시 · 도별 동굴분포를 보면 강원 120개, 충북 46, 제주도 30, 경북 13, 충남 6, 경기 2, 전북 2, 전남 2개 지역이며 계속적으로 개발이 이루어지고 있다.

6. 천연기념물과 명승지

1) 천연기념물

천연기념물은 국가와 지역을 대표할 수 있는 고유한 동식물 등의 자연경관으로서 가치가 뛰어나고 희귀하여 보호받아야 할 자원을 말한다. 정부는 천연기념물 중 달성의 측백수림(제1호), 백송, 크낙새, 왜가리, 흑비둘기, 황새, 무태장어, 오골계, 진돗개, 은행나무, 비자나무, 후박나무, 미선나무 등을 지정 · 보호하고 있으며, 특히 설악산, 한라산, 홍도, 대암사 향로봉지역은 천연보호구역으로 설정되어 있다.

즉 천연기념물은 광의로는 한국의 자연을 이해하는 측면에서 없어서는 안 될 자연 및 자연현상을 말하며, 협의로는 「문화재보호법」에 의해 지정된 동식물 · 광물 · 동굴 등을 가리키는 말로서, 동물(서식지 · 번식지 · 도래지를 포함한다) · 식물(자생지를 포함한다) · 광물 · 동굴 등으로서 학술상 가치가 큰 것을 천연기념물로 지정하고 있다(문화재보호법 제2조). '천연기념물'이라는 뜻의 독일어는 Naturdenkmal, 영어로는 natural monument인데, 미국에서는 national monument(국가기념물)라고 하여 문화적 기념물도 포함하고 있다. 천연기념물이라는 말은 1800년에 독일의 훔볼트가 남미를 여행했을 때 한 그루의 거대한 나무를 가리켜 처음으로 사용한 데서 비롯되었다. 그러나 공식용어가 된 것은 19세기 후반부터이다. 자연보호가 문제시된 나라는 영국 · 미국 · 독일 등의 선진 3국인데, 이들 나라 중에서도 프로이센(현재의 독일)이 가장 먼저 향토애의 상징으로서 천연기념물에 대한 보호가 제창되었다. 1906년에 발족한 '프로이센 천연기념물 보호관리 국립연구소'의 활동원칙 제2조에 의하면 "천연기념물이란 특히 특색을 가진 향토의 자연물을 말하며 향토 풍경의 일부이든, 대지의 양상이든, 동식물류이든 그 본래의 장소에 존재하는 것을 말한다"고 하였다. 우리나라의 경우에는 일제 때 남벌과 특히 6 · 25전쟁으로 국토가 황폐화됨으로써 자연 파괴의 정도가 극에 이르렀다. 우리나라에서 천연기념물이라는 말이 법령으로 처음 공포된 것은 일제 때 '조선 보물 · 고적 · 명승 및 천연기념물 보존령'인데 이는 유명무실한 것에 그쳤고 본격적으로 1962년에 제정 · 공포된 「문화재보호법」에 의해 비롯되었다.

「문화재보호법」에 따라 1963년에 문화재위원회에서 728점의 지정문화재를 재

분류하는 과정에서 최초로 98점의 천연기념물을 지정한 이후 현재에 이르기까지 그 가운데 지정이 해제된 것도 있고 추가된 것도 있어 2016년 12월 말 현재 456점이 지정되었는데, 그 중 주요한 사항은 다음과 같다.

(1) 식물

신목(神木) · 당산목(堂山木) · 정자목 및 명목(名木) 등의 노거수(老巨樹), 자연림과 인공림, 식물의 자생지, 특산식물과 희귀식물 등이다. 개체별로 주요한 노거수에는 은행나무, 백송, 이팝나무, 왕버들, 곰솔, 느티나무, 향나무, 비자나무, 소나무, 팽나무 등이 있다. 특히 풍치림을 이루는 진도군 임회면의 비자나무, 정이품송(正二品松)으로 유명한 법주사 소나무, 운문사(雲門寺)의 반송(盤松)은 거수이면서 관상용으로 유명하고 일화도 많다. 자생지로 지정된 것은 제주도의 문주란(文珠蘭), 경상남도 통영군 한산면의 팔손이나무, 남해군 고현의 산닥나무, 제주시의 왕벚나무 자생지 등이 있다. 특히 충청북도 괴산군 등에 있는 미선나무는 세계적인 희귀종으로 꼽힌다.

(2) 동물

종(種) 자체가 전멸 위기에 있는 포유류, 조류, 곤충, 저명한 동물의 서식지 · 도래지 · 집단번식지, 축양(畜養)동물 등이 지정되어 있다. 개체별로 절멸 위기에 처해 있는 것에는 산양, 사향노루, 따오기, 두루미, 흑두루미, 저어새, 재두루미, 크낙새, 황새, 느시, 흑고니, 장수하늘소 등이 있다. 이 중 사향노루와 크낙새는 한국 특유의 동물이며, 희귀종으로는 제주도 천지연의 무태장어가 있다. 진도의 진돗개, 경상남도 양산군 기장읍의 오골계 등이 유명하다.

(3) 지질 · 광물 · 동굴

광물에는 경상북도 상주군 낙동면의 구상(球狀) 화강암이 특기할 만한 것이고, 화석으로는 제주도 서귀포시의 패류화석(貝類化石), 경상남도 의령의 우흔화석(雨痕化石) 등이 유명하다. 동굴은 강원도 영월의 고씨굴, 평창의 백룡동굴, 삼척의 초당굴, 충청북도 단양의 온달동굴, 고수동굴, 경상북도 울진의 성류굴, 제주의 만장굴 등이 지정되어 있다.

(4) 천연보호구역

천연기념물이 많은 일정구역을 보호구역으로 지정하고 있다. 홍도, 한라산, 설악산과 강원도 양구와 인제에 걸쳐 있는 대암산, 대우산, 인제와 고성에 걸쳐 있는 향로봉, 건봉산 등이 지정되어 있다.

2) 명승지

명승지(名勝地)는 자연경관이 특히 수려한 지역을 지정하였는데 제1호로 지정된 소금강은 강원도 명주군 청학동에 소재하며 조선의 거유 율곡 이이(李珥) 선생에 의해 그 명칭이 유래되었다고 한다. 제2호는 거제 해금강지역이며, 제3호는 완도의 9계 등인데, 특히 이것은 정도리 앞 해안의 바다 밑에 있는 것으로 폭 800m, 높이 80m의 천연청환석이 오랜 침식작용으로 9계단의 형상을 띤 귀중한 관광자원이다.

(1) 소금강

청학동 소금강은 오대산의 동부지역으로, 오대산국립공원으로 편입되기 전인 1970년에 이미 명승 제1호로 지정되었으며, 12km에 걸쳐 기암절경을 이루는 계곡경치로 유명하다. 명칭은 조선의 거유 율곡 이이가 이 지역이 금강산의 형상과 흡사하다고 한 데서 비롯되었다고 전해진다. 노인봉(1,338m)에서 발원한 청학천이 동북쪽으로 흘러 연곡천에 합류하는데, 이 청학천을 따라 괴석 · 층암절벽 · 폭포 · 담소(潭沼) 등이 마치 금강산의 축소판과 같다. 소금강의 명소는 무릉계(武陵溪)를 경계로 외소금강과 내소금강으로 분류되며, 구룡연, 십자소, 연화담, 군자폭, 세심폭, 구곡담, 문수담, 선녀탕, 만폭동, 상팔담, 삼폭, 금강사, 촉대석, 만물상, 백운대, 학소대 등의 명소가 있다. 이 중 구룡연과 구룡폭포 일대와 만물상이 빼어난 절경을 이루며, 구룡폭포 부근의 아미산성은 고구려와 신라의 옛 싸움터로 알려져 있다. 오대산은 눈이 많이 내려도 가파른 계곡이 없어 눈사태의 위험이 적으므로 겨울산행에 적격이다. 특히 능선상의 고사목과 적설이 장관을 이루며, 비로봉에서 상왕봉에 이르는 4km의 능선에는 갈대밭이 펼쳐져 있다. 서울, 원주, 강릉을 잇는 영동고속국도의 개통으로 교통이 편리해졌으며, 또한 등산길이 잘 정비되었고, 숙박시설도 비교적 양호하다.

(2) 해금강

경상남도 거제시 남부면 갈곶리에 있는 명승지이다. 거제도 최남부의 갈곶과 작은 돌섬인 갈도 일대는 기암괴석이 중첩하고 하늘로 치솟아 경승을 이룬다. 그 모양이 천태만상의 만물상을 이루어 금강산의 해금강을 방불케 하므로 '거제 해금강'으로 불려왔다. 1971년 명승 제2호로 지정되었고 1968년에는 한려해상국립공원으로 지정되었으며 해금강지구의 중심이 된다. 일출, 일몰, 낙조를 관망하기에 좋다는 사자바위, 은진미륵을 연상하게 하는 미륵바위, 해금강 최고의 절경이라는 십자동굴, 그밖에도 석문, 사통굴, 부처바위, 토끼바위, 금관바위, 촛대바위, 조서방바위 등 수많은 기암괴석들을 유람선을 타고 지나면서 관광할 수 있다. 갈도는 또한 약초가 많다 하여 약초섬이라고도 불리는데, 조사에 의하면 아열대식물 30여 종이 분포하고 있다고 한다.

(3) 대한 8경

① 백두산 천지

양강도 삼지연군의 북서부에 소재하는 백두산은 100만 년 전의 화산활동에 의해 생긴 민족의 영산으로 휴화산이다. 최근의 폭발은 1702년이었으며 북위 42도 7부, 동경 128도 5부의 위치이다. 우리 민족의 개국신화를 간직한 산이며 외경심, 숭앙심, 겨레의 염원으로 정신적 지주로 내려온 성산이다. 중국 쪽에서는 장백산이라 부르며 수많은 기암괴석, 계곡, 폭포, 고산식물이 서식하고 있다. 봉우리는 모두 16개로서 최고봉은 백두봉(또는 장군봉)이며 관면봉, 외호봉, 제운봉, 천운봉, 계관봉, 옥주봉, 백운봉, 지반봉, 금병봉, 관일봉, 용문봉, 천일봉, 철벽봉 등이 그것이다. 총면적은 8,000km²이며 천지의 둘레는 13.11km, 동서 3.35km, 남북 4.85km이다.

이 산의 정상은 천지라 하여 물을 담고 있는 천연호로서 면적 91.7km², 주위 14.4km², 최대 수심은 383m이다. 최저기온은 영하 47.5℃, 최고기온 18℃이며 강수량은 2500mm, 연중강설일은 134일이다. 얼음의 두께는 1.3~1.5m이고 천지의 물은 세 가지 샘으로부터 솟아 나오는 30%의 지하수와 70%의 우수로 되어 있다. 한겨울에는 두께 4m 정도의 얼음이 얼고 이듬해 7월까지도 일부는 얼어 있다.

수온은 여름에도 섭씨 6도 정도로 차다. 안개 낀 날이 많으며 여름에는 자주 비가 내리며 강풍 시는 0.5~1m의 파도가 인다. 천지물은 북쪽의 유출구로 흘러나오며 가까이 70m의 폭포가 있고 부근에 섭씨 73도의 유황온천이 솟고 있다. 식물은 수중에 5종, 암변에 168종을 비롯하여 1700여 종, 동물 1222종이다.

② 한라산 백록담

한라산 정상에 동서 500m, 남북 600m, 둘레 3km의 분화구가 있어 이를 예로부터 백록담이라 하는데, 전설에 의하면 태고에 신선이 하얀 사슴을 타고 노닐던 곳이라고 하여 백록담이라 부른다고 한다. 이곳에는 한겨울의 눈이 이듬해 초여름까지 남아 있으며 주위에는 철쭉, 구상나무, 눈향나무, 희귀한 귀화요초와 관상식물이 숲을 이루고 있다. 한반도에서 두 번째로 높은 곳으로 주위 경치는 가히 절경이라 할 만하다.

③ 지리산 운해

지리산은 한반도의 세 번째로 높은 곳으로 주봉은 천왕봉(1915m)이고 반야봉, 노고단 등 숱한 자연경관이 빼어난 곳이 즐비하다. 특히 천왕봉에서 내려다보는 구름이 평화롭게 걸려 있는 모습은 가히 절경으로서 예로부터 대한 8경의 하나로 손꼽혀 왔다.

④ 금강산 일만 이천 봉

'금강산을 보지 않고 천하의 명산을 말하지 말라'는 어느 시인의 말처럼 태백산맥의 북부에 위치한 이 산은 세계의 명산으로서 총면적 400km^2, 남북 60km, 동서 40km의 지역에 걸쳐져 일만 이천의 아름다운 봉우리가 즐비하게 그 아름다움을 뽐내고 있다.

최고봉은 비로봉으로서 1,638m이며 흔히 금강산을 다이아몬드에 비유하여 금강산이라 하니 그 의미를 잘 알 수 있을 것이다. 산의 지질은 거의 화강암, 섬면암으로 되어 있어 오랜 세월의 풍화, 침식으로 천태만상의 산세를 그려내었다고 하겠다. 750여 종의 식물과 38여 종의 짐승류, 130여 종의 조류, 9종의 파충류, 10종의 양서류, 24종의 어류가 서식하고 있다. 이 산은 지역적 특성에 따라 내금강, 외금강, 해금강으로 나누기도 하는데, 내금강은 계곡미를 대표하는 만폭동을 비롯해 우아한 경관으로 여성적이라 하며, 외금강은 만물상, 폭포, 계곡의 장대함으로 남성적이라고 한다. 해금강은 해안풍경, 호수아취의 풍치로 특색이 있다. 예로부터 구룡연 전설, 팔천여 전설 등 아름다움만큼이나 설화도 많은, 세계적으로 아름다운 산이다. 1999년 금강산관광의 본격적 시행으로 세계적인 주목을 끌고 있는 세계적 관광자원이다.

⑤ 묘향산

묘향산은 해발 1,909m의 비로봉을 주봉으로 하여 1,500m를 넘는 많은 봉우리들로 이루어져 있다. 산명의 유래는 향나무, 측백나무 등의 숲이 울창하여 그 향기가 산 전체를 덮고 있으며 또한 산의 모양이 매우 기묘하고 신비로운 데서 유래한 것이다. 약 660종류의 식물이 분포하고 33종류의 짐승류, 200여 종의 조류, 7종의 파충류 등이 서식하고 있고 산 전체가 자연보호구역으로 설치되어 있으며 평양에서 149km의 거리로 자동차, 기차를 이용할 수 있다. 주요 자원을 보면, 상원동, 금강폭포, 대하폭포, 산주폭포, 인호대, 상원암, 천신폭포, 법왕봉, 불영대, 보윤암, 용연폭포, 용각석, 축성전, 만폭동, 천주석, 무릉폭포, 서곡폭포, 은선폭포, 유선폭포, 비선폭포, 구층폭포, 은하폭포, 단군굴, 단군대, 화장암, 천태동, 백운대, 금강굴, 강선대, 국제친선관람관, 보현사, 수충사, 사자폭포, 칠성폭포 등 볼거리가 즐비하다. 숙박시설로는 향산호텔, 청천호텔, 청병여관 등이 있고 특산물로는 나무공예품, 영변 약산 비단, 인풍주가 유명하다.

⑥ 대동강 을밀대

평양의 도심을 남북으로 흐르는 대동강 변은 휴식공간이며 평양의 한가운데 위치한 모란봉은 모란꽃 모양이라고 하여 붙여진 이름이다. 모란봉에는 을밀대, 최승대, 칠성문, 부벽루, 청류정 등의 정자가 있으며, 특히 을밀대에서 바라보는 경관은 가히 절경이어서 예로부터 천하제일강산이라고 한다. 을밀대는 고구려 때 세워진 것을 조선시대에 재건한 것으로 옛 시인 김황순의 고사는 유명하다. 을밀대라고 부르게 된 연유는 두 가지가 있는데, 을지문덕장군의 아들 을밀장군이 이곳에서 굳건하게 나라를 지켰다는 설과 을밀선녀가 이곳의 경치에 매혹되어 이곳에서 노닐었다는 설이 있다. 지금의 건물은 조선 숙종 40년(1714)에 지어졌다.

⑦ 석굴암 일출

신라 35대 경덕왕 때의 재상 김대성이 전생의 부모를 위해 지었다고 전해오는 석굴암은 국보 제24호로서 경북 경주시 진현동 소재의 토함산의 정상에 있는 인공석굴이다. 세계적인 걸작품인 이 문화재는 길이 14.8m, 굴 내 높이 9.3m, 본존 높이 3.26m이며 둘레에 39체의 불교 관련 석상을 조각, 배치하였다. 특히 본존불의 시선은 감은사지, 대왕암, 동해, 태평양에 이르는 정확한 일직선을 이루고 있다는 특징이 있다. 이곳에서는 날씨가 좋으면 동쪽으로 멀리 동해가 보인다고 하며 일출풍경은 예로부터 가히 절경으로 손꼽힌다.

그러나 토함산 자체가 워낙 연중 안개가 자주 끼는 특징이 있어 일출의 장관을 구경하기는 매우 힘들며, 동해의 해가 뜨면서 이루어지는 석굴암 내외의 경관은 참으로 선경을 방불케 한다.

⑧ 해운대 저녁달

신라 말의 거유 최치원이 수도를 떠나 가야산을 향하던 중에 이곳의 풍경이 뛰어남에 감탄하여 동백섬의 암반 위에 자신의 자 해운을 각자한 데서 해운대라고 불려지고 있다.

지금도 동백섬의 암반 위에는 그때의 글자가 선명히 남아 있고 최치원의 동상과 유적비가 남아 있다. 해운대의 음력 15일은 날씨가 청명하면 바다와 달과의 오묘한 조화를 이루는 절경의 연출로 특히 정월대보름 때는 이를 보려는 방문객으로 인산인해를 이룬다.

(4) 관동8경

① 통천의 총석정

통천군 통천읍 소재의 총석정은 금강산 북쪽에 위치한 통천항에서 배를 타고 약 4km쯤 북상하다 보면 바닷가에 약 1km에 걸쳐 우뚝우뚝 솟아 있는 6각형의 돌기둥이 무리를 지어 있는데 가히 장관이다. 특히 바다 쪽에서 보면 더욱 절경으로 수천수백 개의 돌기둥이 오랜 세월에 걸쳐 침식과 풍화작용으로 기묘한 형태를 연출하고 있다. 망망대해에 우뚝 솟은 수십의 석주는 모두 6각주를 이루고 있으며 형태별로 입상, 와상, 파상으로 구분된다. 그 중에서도 4개의 돌기둥이 특히 두각을 나타내는데 이를 4선봉이라 하고, 옛날에 네 명의 신선이 여기에서 오래 머물렀다는 설화도 있다. 선녀가 목욕을 했다는 동굴의 설화나 석교설화 등이 유명하며 동해 일출이 경관의 으뜸이다.

② 고성의 삼일포

호수의 풍치가 뛰어나 예로부터 시인, 묵갠의 발길이 끊이지 않은 곳으로서 전설에 의하면 네 사람의 선인이 당일로 돌아올 예정으로 이곳에 왔지만 경치의 아름다움에 도취되어 사흘이나 머물렀다고 하는 데서 그 이름의 유래되었다고 전해진다. 주위가 약 5.8km에 이르며 주변에 낮은 봉이 이어져 있고 삼일포 금강문, 몽천 등이 있다.

③ 간성의 청간정

이 정자는 청간천 하구 언덕 위에 소재하며 1520년 이곳의 군수였던 최청이 주도하여 정자를 보수한 것을 이후 초대 대통령 이승만 박사가 현판을 썼다고 한다. 정면 3칸, 측면 2칸의 겹처마 팔작지붕이며 수십척 아래 흰 백사장이 아름답다. 이후 조성된 전망대는 분단의 실체, 실향민의 망향의 한을 달래주며 서쪽으로 금강산이 아련히 보이고 지금은 통일 염원의 의지가 어린 곳이다.

④ 양양의 낙산사

신라 문무왕 11년(671년)에 의상대사가 관음보살의 진신을 만나고자 연유한 결과 여의주와 수정염주를 받고 쌍죽이 있는 곳에 '나의 상을 모시라'는 영험을 얻고 그 자리에 지은 건물이 낙산사이며 법당은 원통보전이다. 이 후 신라 헌안왕 때 범일대사가 중건하였으며 조선 세조 때 크게 중수하였으나, 6 · 25전쟁으로 전소된 것을 1953년 재건, 오늘에 이르고 있다. 이곳에서 바라보는 동해 일출의 경관 및 주변경치는 가히 절경이며 가까이의 홍련암, 의상대 또한 절경지이다.

⑤ 강릉의 경포대

경포호반의 서쪽 언덕에 소재한 경포대는 고려 충숙왕 13년(1326)에 처음 지어진 것을 조선 중종 3년(1508)에 지금의 위치로 옮겨 다시 지어져 오늘에 이르고 있다. 경포호는 육수, 해수가 서로 상통하며 깨끗한 것이 마치 거울 같은데, 호수 동쪽의 노송들과 백조, 여기에 달이 어우러지면 참으로 비경을 연출한다. 예로부터 경포대의 달은 네 개라고 하여 아름다움을 빗대기도 한다.

⑥ 삼척의 죽서루

오십천 절벽 위에 소재한 죽서루는 관동8경의 제1루로서 고려 충렬왕 때 이승휴가 지었다고 하며 조선 태종 때의 부사 김효손이 중건하였다고 한다. 죽서루라는 이름의 유래는 옛날 누각 서쪽에 죽장사라는 사찰이 있었고 당시의 명기 죽선녀의 집이 누각 동편에 있었는데 여기에서 '죽'자를 따왔다고 하며 '서'자는 척주의 서편에 있다고 붙인 이름이다. 기암괴석, 오십천, 물고기, 노목, 갈매기 등이 어우러지면 가히 절경이며 관동8경 중 유일하게 바다를 면하지 않는 곳이며, 그래서 제1루라 하기도 한다.

⑦ 울진의 망양정

고려시대에 창건된 것을 조선 세종 때 이곳의 군수 채신보가 개축하였다. 숙종대왕이 현판의 어필을 내렸다 하며 고종 19년에 현 위치로 이전하였으며 1959년에 울진교육청이 주관하여 보수하였다.

이 정자에서 바라보면 일출, 월출의 풍경이 절경이고 동해가 한눈에 들어오며 갈매기, 고깃배와 어우러지는 경관 또한 일품이다. 주변에 망양정해수욕장은 강물과 바다물이 교차되는 천혜적 입지로 여름이면 피서객으로 인산인해를 이룬다.

⑧ **평해의 월송정**

조선 연산군 때 관찰사 박원종에 의해 창건되었으나 퇴락으로 사라지고 유적만 남았던 것을 1969년 전망대식의 현대 건물르 지어 오늘에 이르고 있다. 원래는 월송사 부근에 있던 것을 이곳으로 옮겼다고 하며 월송정이라고 하는 연유는 신라시대 때 네 사람의 화랑, 즉 영랑, 술랑, 남석, 안석의 네 사람이 이곳의 울창한 송림에서 달을 즐기며 호연지기를 키웠다는 데서 연유하였다. 이 일대의 경관은 참으로 훌륭하게 여겨지고 있다.

(5) 단양 8경

① **하선암**

단양에서 문경으로 향하는 중에 4km지점, 선유동을 따라 올라가면 단양 8경의 첫 지역인 3층으로 된 넓은 바위가 있어 예르부터 불암이라 하였는데 조선 9대 성종 때 임재광에 의해 선암이라고 불려지기 시작하였다.

② **중선암**

하선암에서 계곡을 따라 약 6km 올라가면 흰색의 바위가 층을 이루고 그 사이를 맑은 물이 흘러 장관을 이루며 쌍룡폭포가 꿈틀거리듯이 위용을 보인다. 조선 17대 효종 때 김수증에 의해 중선암이라 불려오고 있다.

③ 상선암

중선암에서 계곡을 따라 약 2km 올라가면 대사령 아래 있는 이곳이 상선암이다. 깊은 산속에 수만 장의 청단대석의 암벽이 병풍처럼 둘러쳐져 있고 폭포, 물소리, 새소리가 한데 어우러져 절경을 이루고 있다. 조선 14대 선조 때 권상하에 의해 상선암이라 불려오고 있다.

④ 사인암

단양에서 예천 쪽으로 약 4km 가다가 장백리에서 계곡을 따라 4km 가면 이곳에 도착할 수 있다. 사인암은 780m의 절덕산 줄기에 깎아지른 듯 한 암벽으로서 강변에 기암이 꽃처럼 둘러쳐져 장관을 이루고 있다. 고려 말 우탁이라는 이가 사인으로 재관할 때 항시 이곳에 와서 휴양한 데서 연유하여 조선조의 성종때 임재광에 의해 사인암이라고 명명되었다.

⑤ 구담봉

단양에서 약 8km 지점에 위치한 이곳은 남한강 줄기를 따라 그 형상이 마치 거북과도 같은 데서 연유하였다. 절벽과 푸른 강의 흐름, 주위 산의 봉우리들과 어우러져 선경을 연출하고 있다.

⑥ 도담 3봉

단양의 북쪽 12km 떨어진 한강의 상류 가운데 세 개의 기암으로 된 섬을 말한다. 기암괴석의 세 봉우리가 모두 남으로 비스듬히 기울어져 있다. 가운데 있는 봉이 가장 높고 좌우의 봉은 그보다 작다. 남쪽봉은 첩봉, 딸봉이라고도 하며 북봉은 처봉, 아들봉이라고도 하고 여러 가지 설화가 전해오고 있다. 조선 초의 공신 정도전이 이곳에 은거하여 자신의 호 삼봉을 따서 연유하였다고 전해지고 있다. 단양 8경 중 으뜸경이다.

⑦ 옥순봉

구담봉에서 강줄기를 따라 약 1km 가면 바른 쪽에 소재하고 있는 이곳은 높은 기봉들과 수봉들이 연이어져 산형의 기괴함과 기복과 굴곡의 자유분방함이 어우러져 기상천외한 경관을 자아내고 있다. 기괴한 흰 형색의 봉우리들이 우후죽순처럼 솟은 듯 하다고 하여 옥순봉이라고 불려오고 있다.

⑧ 석문

도담 3봉에서 강의 상류를 따라 약 500m 가면 강의 왼편 언덕 위에 높이 수백 미터의 되는 석주가 좌우로 있고 그 위에 석교가 걸려있는데 마치 무지개 형상을 하고 있으며 이곳을 석문이라 한다. 넓이가 15~20m나 되는 우람한 자원으로서 주변의 경관 또한 뛰어나서 관광객이 끊이지 않는 곳이다.

7. 관광지

1) 관광지의 개념

관광지라 함은 자연적 또는 문화적 관광자원을 갖추고 관광객을 위한 기본적인 편의시설을 설치하는 지역으로서 「관광진흥법」에 따라 지정된 곳을 말한다(관광진흥법 제2조 6호). 즉 관광지는 ① 자연적 또는 문화적 관광자원을 갖추고 있고, ② 관광객을 위한 기본적인 편의시설을 설치하는 지역이며, ③ 「관광진흥법」의 규정에 의하여 지정된 곳을 말하는 것이다. 그러므로 관광객이 이용하는 지역이라고 해서 무조건 관광지가 되는 것은 아니고, 「관광진흥법」에 따라 관광지로 지정받지 않으면 관광지라고 할 수 없다.

관광지는 시장 · 군수 · 구청장의 신청에 의하여 시 · 도지사가 지정한다. 다만, 특별자치도의 경우에는 특별자치도지사가 지정한다. 시 · 도지사가 관광지 등을 지정하는 경우에는 관광지 등의 개발의 필요성, 타당성, 그리고 관광개발 기본계획 및 권역별 관광개발계획에 적합한지 등을 종합적으로 검토하고, 사전에 문화체육관광부장관 및 관계 행정기관의 장과 협의하여야 한다.

우리나라 국민복지관광정책의 일환으로 국민의 건전관광을 유도하고 관광자원의 보존과 훼손방지를 위하여 2021년 1월 말 기준으로 전국에 지정된 관광지는 228개소이다. 이와 같이 지정된 관광지는 1981년부터 정부가 매년 계속사업으로 개발해 오고 있다.

2) 전국의 관광지 지정 현황

2021년 1월 말 기준으로 전국에 지정된 관광지는 총 228개소로 〈표 4-5〉와 같다.

〈표 4-5〉 전국 관광지 지정 현황

시 · 도	지정개소	관광지명
부산	5	기장도예촌, 용호씨사이드, 금련산 청소년수련원, 태종대, 해운대
인천	2	마니산, 서포리
대구	2	비슬산, 화원('19신규)
경기	14	대성, 산장, 수동, 장흥, 용문산, 신륵사, 한탄강, 공릉, 임진각, 내리, 백운계곡, 산정호수, 소요산, 궁평
강원	41	호반, 구곡폭포, 청평사, 간현, 옥계, 주문진, 연곡, 등명, 대관령 어흘리, 무릉계곡, 망상, 추암, 구문소, 속초해수욕장, 척산온천, 장호, 맹방, 삼척해수욕장, 초당, 팔봉산, 홍천온천, 어답산, 유현문화, 고씨동굴, 영월온천, 마차탄광문화촌, 미탄마하생태, 화암, 아우라지, 고석정, 직탕, 광덕계곡, 후곡약수터, 내설악 용대, 방동약수터, 오토테마파크, 송지호, 삼포 문암, 화진포, 오색, 지경
충북	22	세계무술공원, 충온온천, 능암온천, 충주호체험, 교리, 능강, 금월봉, 계산, 제천온천, 만남의광장, KBS촬영장, 속리산레저, 구병산, 장계, 송호, 레인보우 힐링, 수옥정, 괴강, 무극, 천동, 레인보우힐링, 온달
충남	25	천안종합휴양, 태조산, 곰나루, 마곡사 마곡온천, 공주문화, 대천해수욕장, 무창포해수욕장, 죽도, 신정호, 아산온천, 간월도, 삽교호, 왜목마을, 난지도, 구드레, 서동요역사, 금강하구둑, 춘장대해수욕장, 칠갑산도립온천, 남당, 예당, 덕산온천, 만리포해수욕장, 안면도
전북	21	석정온천, 금강호, 은파, 김제온천, 벽골제, 남원, 모항, 변산해수욕장, 위도, 모악산, 금마, 미륵사지, 왕궁보석테마, 웅포, 사선대, 오수의견, 방화동, 내장산리조트, 백제가요정읍사, 마이산회봉온천, 운일암반일암
전남	28	대구면도요지, 곡성 도림사, 지리산온천 나주호, 담양호, 회산연꽃방죽, 율포해수욕장, 한국차소리문화공원, 불갑사, 성기동, 마한문화, 영산호 쌀문화 테마공원, 영암바둑테마파크, 신지명사십리, 장성호, 홍길동테마파크, 정남진우산도, 녹진, 아리랑마을, 해신장보고, 회동, 사포, 땅끝, 우수영, 도곡온천, 운주사, 화순온천, 대광해수욕장
경북	32	경산온천, 고령부례, 문경온천, 문경상리, 오전약수, 다덕약수, 경천대, 문장대온천, 회상나루, 안동하회, 예안현, 고래불, 장사해수욕장, 선바위, 문수, 부석사, 영주순흥, 풍기온천, 치산, 포리, 예천삼강, 개척사, 울릉도, 백암온천, 성류굴, 의성탑산온천, 신화랑, 청도온천, 청도용암온천, 주왕산, 가산산성, 호미곶

시 · 도	지정개소	관광지명
경남	21	거가대교, 장목, 가조, 수승대, 당항포, 송정, 표충사, 실안, 금서, 전통한방휴양, 중산, 벽계, 오목내, 부곡온천, 마금산온천, 도남, 묵계, 농월정, 미숭산, 합천보조댐, 합천호
제주	15	제주남원, 돈내코, 수망, 미천굴, 토산, 표선, 곽지, 제주여성테마파크, 김녕해수욕장, 돌문화공원, 묘산봉, 봉개휴양림, 용머리, 함덕 해안, 협재 해안
합계 228개소		

자료 : 문화체육관광부, 2021년 1월 31일 기준

제 2 절 문화관광자원

1. 개념 및 종류

문화관광자원은 일상 속에서 관광현상을 구성하는 가장 중요한 요소 중의 하나이다. 관광현상을 눈에 보이는 현상과 보이지 않는 현상으로 구분한다고 할 때 문화적 관광자원은 두 가지를 모두 포함하는 속성을 가지고 있다.

문화관광자원은 관광객이 문화와 역사체험을 통해 지역을 이해하게 되는 중요한 수단이 되며, 특정지역이 가지고 있는 유·무형의 문화적 자원에 대한 체험을 통한 관광행위로서, 지역의 문화적 요소와 역사, 관광이 결합하여 나타난 관광활동의 하나라고 할 수 있다. 문화관광자원이 형성되기 위해서는 문화적 관광자원으로서 가치를 인정받아야 한다.

문화적 관광자원의 가치는 시대와 시간의 변화, 지역의 변화, 공간의 변화, 기술의 변화에 따라서 달라지며, 인종적 요소, 종교적 요소, 역사적 요소, 문화적 요소, 지리적 여건 등에 의하여 그 가치가 상이하게 나타나고 있다.

문화관광자원은 크게 문화재, 민속예술자원, 전통사찰, 박물관으로 나누어 볼 수 있다.

2. 문화재

1) 문화재의 의의

(1) 우리나라 문화재의 현황

문화재는 우리 민족의 유구한 자주적 문화정신과 지혜가 담겨 있는 역사적 소산이며, 우리의 전통문화를 소개할 수 있는 매력적인 관광자원이다.

학자별 견해에 따라 다소 상이한 정의가 있으나, 가장 포괄적으로 서술된 정의는 국제연합교육과학문화기구(UNESCO)가 1970년에 채택한 '문화재 불법 반출입 및 소유권 양도의 금지와 예방수단에 관한 국제협약'에 의한다. 이 협약에서 '문화재'라 함은 고고학·선사학·역사학·문학·예술 또는 과학적으로 중요하며 다음 범주에 속하는 것으로서, 국가가 종교적 또는 세속적인 근거에 따라 특별히 지정한 문화유산의 재산가치가 있는 것을 의미한다.

우리나라는 문화재보호를 위해 1962년에 「문화재보호법」을 제정하여 시행하고 있는데, 형행 「문화재보호법」(2010.2.4. 전문개정, 2016.2.3., 2017.11.28., 2018.6.12. 일부개정) 제2조 제1항에 따르면 문화재란 "인위적이거나 자연적으로 형성된 국가적·민족적 또는 세계적 유산으로서 역사적·예술적·학술적 또는 경관적 가치가 큰 ① 유형문화재, ② 무형문화재, ③ 기념물, ④ 민속문화재"를 말한다. 문화재의 분류는 〈표 4-6〉과 같다.

〈표 4-6〉 문화재의 분류

분 류	내 용
유형문화재	건조물·전적(典籍)·서적(書跡)·고문서·회화(繪畵)·조각·공예품 등 유형의 문화적 소산으로서 역사적·예술적 또는 학술적 가치가 큰 것과 이에 준하는 고고자료(考古資料)를 말함
무형문화재	여러 세대에 걸쳐 전승되어 온 무형의 문화적 유산 중 다음의 어느 하나에 해당하는 것을 말한다. 즉 ㉮ 전통적 공연·예술, ㉯ 공예, 미술 등에 관한 전통기술, ㉰ 한의약, 농경·어로 등에 관한 전통지식, ㉱ 구전 전통 및 표현, ㉲ 의식주 등 전통적 생활관습, ㉳ 민간신앙 등 사회적 의식(儀式), ㉴ 전통적 놀이·축제 및 기예·무예
기념물	• 절터, 옛무덤, 조개무덤, 성터, 궁터, 가마터, 유물포함층 등의 사적지(史蹟地)와 특별히 기념이 될 만한 시설물로서 역사적·학술적 가치가 큰 것 • 경치 좋은 곳으로서 예술적 가치가 크고 경관이 뛰어난 것 • 동물, 식물, 지형, 지질, 광물, 동굴, 생물학적 생성물 또는 특별한 자연현상으로서 역사적·경관적 또는 학술적 가치가 큰 것
민속문화재	의식주·생업·신앙·연중행사 등에 관한 풍속이나 관습에 사용되는 의복·기구·가옥 등으로서 국민생활의 변화를 이해하는 데 반드시 필요한 것을 말함

(2) 지정문화재

문화재 중 가치를 크게 지닌 것을 지정하여 '지정문화재'라 하는데, 「문화재보호법」 제2조 제2항에서는 지정문화재를 국가지정문화재, 시·도지정문화재, 문화재자료로 구분하여 규정하고 있다(개정 2014.1.28.).

〈표 4-7〉 문화재 유형분류

유형별 / 지정권자별	유형문화재		무형문화재	기념물			민속문화재
국가지정문화재	국보	보물	국가무형문화재	사적	명승	천연기념물	국가민속문화재
시 · 도지정문화재	지방유형 문화재		지방무형문화재	지방기념물			지방민속문화재
문화재자료	문화재자료						

국가지정문화재는 문화재청장이 문화재위원회의 심의를 거쳐 지정한 문화재를 말하고, 시 · 도 지정문화재는 특별시장 · 광역시장 · 특별자치시장 · 도지사 또는 특별자치도지사(이하 "시 · 도지사"라 한다)가 관할구역에 있는 문화재로서 국가지정문화재로 지정되지 않은 문화재 중 보존가치가 있다고 인정되는 것을 시 · 도지정문화재로 지정된 것을 말한다. 또한 문화재자료는 국가지정문화재 및 시 · 도지정문화재로 지정되지 아니한 문화재 중 향토문화보존상 필요하다고 인정되는 것을 시 · 도지사가 지정한 문화재를 말한다.

한편, 문화재청장은 문화재위원회의 심의를 거쳐 유형문화재 중 중요한 것을 보물로 지정할 수 있으며, 보물에 해당하는 문화재 중 인류문화의 관점에서 볼 때 그 가치가 크고 유례가 드문 것을 문화재위원회의 심의를 거쳐 국보로 지정할 수 있다(동법 제23조 제1항 · 제2항). 또 문화재청장은 무형문화재 중 중요한 것을 국가무형문화재로 지정할 수 있다(동법 제24조 〈개정 2015.3.27.〉).

문화재청장은 문화재위원회의 심의를 거쳐 기념물 중 중요한 것을 사적 · 명승 또는 천연기념물로 지정할 수 있으며, 민속문화재 중 중요한 것을 국가민속문화재로 지정할 수 있다(동법 제26조 〈개정 2015.3.27.〉).

시 · 도지정문화재는 국가지정문화재로 지정되지 않은 문화재 중에서 특별시장 · 광역시장 · 특별자치시장 · 도지사 또는 특별자치도사(이하 "시 · 도지사"라 한다)가 그 관할구역에 있는 문화재로서 국가지정문화재로 지정되지 아니한 문화재 중 보존가치가 있다고 인정되는 것읕 지정한 문화재이며, 문화재자료는 국가지정문화재 및 시 · 도지정문화재에서 제외된 것 중에서 향토문화 보존상 필요하다고 인정되는 것을 지정한 문화재이다.

〈표 4-8〉 지정문화재 현황

구분	서울	부산	대구	인천	광주	대전	울산	세종	경기	강원	충북	충남	전북	전남	경북	경남	제주	기타	계
국가지정문화재																			
국보	168	6	3	1	2	1	2	0	13	12	12	30	8	22	56	14	0	0	350
보물	731	54	81	29	17	11	9	3	180	85	96	134	106	195	370	184	8	0	2,293
사적	69	6	9	20	2	1	5	0	69	20	19	51	41	45	102	55	7	0	521
명승	3	2	0	1	1	0	1	0	4	26	10	3	11	26	17	13	9	0	127
천연기념물	11	7	2	14	2	1	3	1	20	45	23	18	33	61	71	45	49	64	470
국가무형 문화재	32	5	0	5	1	0	0	0	10	4	4	4	9	14	11	15	5	34	153
국가민속 문화재	41	2	6	0	3	2	2	1	24	11	21	24	14	38	96	12	9	0	306
소계	1,055	82	101	70	28	16	22	5	320	203	185	264	222	401	723	338	87	98	4,220
국가등록문화재																			
국가등록 문화재	235	22	13	9	22	22	6	2	89	46	31	74	89	115	64	68	26	0	933
시 · 도지정문화재																			
시 · 도 유형문화재	465	208	85	70	30	57	37	17	321	177	345	205	256	243	490	900	37	0	3,943
시 · 도 무형문화재	52	25	17	29	20	24	6	3	68	32	27	55	62	53	48	41	23	0	585
시 · 도 기념물	40	51	18	63	24	47	47	11	187	80	138	165	128	194	156	267	128	0	1,744
시 · 도 민속문화재	35	19	4	2	9	2	2	0	14	4	20	28	36	42	155	21	82	0	475
소계	592	303	124	164	83	130	92	31	590	293	530	453	482	532	849	1,229	270	0	6,747
문화재자료																			
문화재자료	77	115	52	26	30	63	34	14	188	149	93	314	158	247	592	689	10	0	2,851

자료 : 문화재청, 2021년 12월 31일 기준

주) 시도지정문화재는 고시 게재 등에 따라 달라질 수 있음

(3) 등록문화재

문화재청장은 문화재위원회의 심의를 거쳐 지정문화재가 아닌 유형문화재, 기념물 및 민속문화재 중에서 보존과 활용을 위한 조치가 특별히 필요한 것을 등록문화재로 등록할 수 있다(문화재보호법 제2조 제3항).

등록문화재의 등록기준은 지정문화재가 아닌 문화재 중 건설·제작·형성된 후 50년 이상이 지난 것으로서 다음 각 호의 어느 하나에 해당하는 것으로 한다. 다만, 다음 각 호의 어느 하나에 해당하는 것으로서 건설·제작·형성된 후 50년 이상이 지나지 아니한 것이라도 긴급한 보호조치가 필요한 것은 등록문화재로 등록할 수 있다(동법 시행규칙 제34조).

등록문화재 현황을 살표보면 2017년 12월 말 기준으로 총 724건이 등록돼 있다.

1. 역사, 문화, 예술, 사회, 경제, 종교, 생활 등 각 분야에서 기념이 되거나 상징적 가치가 있는 것
2. 지역의 역사·문학적 배경이 되고 있으며, 그 가치가 일반에 널리 알려진 것
3. 기술 발전 또는 예술적 사조 등 그 시대를 반영하거나 이해하는 데에 중요한 가치를 지니고 있는 것

〈표 4-9〉 등록문화재 현황

구분	서울	부산	대구	인천	광주	대전	울산	세종	경기	강원	충북	충남	전북	전남	경북	경남	제주	기타	합계
국가등록문화재																			
국가 등록문화재	235	22	13	9	22	22	6	2	89	46	31	74	89	115	64	68	26	0	933
시·도등록문화재																			
시·도 등록문화재	11	0	0	4	0	0	0	0	11	0	0	2	7	0	0	0	0	0	35

자료 : 문화재청, 2021년 1월 31일 기준

2) 문화재 연구

(1) 무형문화재

무형문화재(無形文化財)는 음악, 연극, 무용, 공예기술 등 무형의 문화적 소산

으로서 우리나라의 역사적 · 예술적 또는 학술적 가치가 큰 것을 말한다. 그 대상이 실체가 없기 때문에 정부는 이의 올바른 보존과 전승을 위해 인간문화재를 선정, 그 역할을 다하도록 지원하고 있다.

무형문화재의 주요 장르를 보면 연극은 인형극, 가면극, 산대놀이, 탈춤, 5광대, 별신굿놀이 등이 있는데, 주제는 무속적 주술로서 잡귀를 쫓거나 양반, 파계승의 풍자, 처첩간의 갈등, 서민생활의 참상, 내세에의 기원 등이 주류이다.

음악은 아악, 제례악, 민요, 창악, 농악, 범패, 산조, 가곡, 가사, 무가, 시조, 잡가 등이 있다. 무용은 궁중무, 민속무, 탈춤, 바라춤, 승무 등이 있고, 공예기술은 한국인의 세계 정상의 손기술을 유감없이 보여주는 도자, 석, 죽세, 금석, 염색, 악기, 건축, 목, 화각, 자수, 복식, 직물, 제지공예 등이 있다.

우리의 민속공예는 예술성, 실용성을 동시에 추구하는 특징이 있으며, 시대별로 삼국시대에는 금, 은세공, 옥석공예, 고려시대는 도자공예, 자개공예, 조선시대에는 도자, 목칠, 자개 공예 등이 탁월하였다. 지역적으로는 경상도는 갓공예, 전라도는 죽공예 등이 지역을 대표하는 공예기술이 되기도 하였다. 금속공예는 금, 은, 동, 철을 재료로 제련, 합금, 양각, 음각, 투각, 도금, 입사, 주조, 단조 등의 기법으로 처리되는데, 특히 우리의 금속공예는 선진문화국과의 비교에서도 단연 돋보이는 우수성을 실증해 주고 있다.

우리나라의 무형문화재는 긴 역사 속에 굳건한 뿌리를 가진 소산물로서 유형문화재와 함께 세계적으로도 높게 평가받고 있음을 아무도 부정할 수는 없을 것이다. 다만, 이를 현대감각에 맞게 각종 산업부문에서 잘만 개발하여 낸다면 또 한 번 큰 의미를 부여받게 될 수 있을 것으로 확신한다.

(2) 유형문화재

유형문화재란 건조물, 전적, 서적, 고문서, 회화, 조각, 공예품 등 유형의 문화적 소산으로서 역사적 · 예술적 또는 학술적 가치가 큰 것과 이에 준하는 고고자료를 말한다. 이러한 유형문화재 중 인류문화의 관점에서 그 가치가 특히 뛰어나고 희귀한 것을 국보 또는 보물로 지정한다.

국보는 보물급의 문화재 중 국가가 지정하여 법률로서 보호하는 유형문화재로서 지정대상은 역사적 · 예술적 · 학술적 가치가 커서 보물로 지정될 만한 것이다. 그 중에서도 제작연도가 오래되거나 그 시대를 대표하며, 제작상의 의장이나 기술이 뛰어나고, 형태, 품질, 용도가 특이하며, 역사적 인물과 관련이 깊은 모조건물, 석조물, 회화, 조각, 공예품, 고고자료, 전적, 서적, 고문서, 무구(武具) 등이다. 주요 국보는 남대문(제1호), 원각사지 10층 석탑(제2호), 북한산순수비(제3호)를 비롯하여 법주사 쌍사자석등, 화엄사 각황전 앞 석등, 봉정사

극락전, 석굴암 석굴, 훈민정음, 하회탈 및 병신탈, 징비록, 조선왕조실록, 완당세한도, 천마총 금관, 해인사 고려각판, 윤두서 상, 금강산 전도, 난중일기 등 300여점 이상이다.

보물은 역사적 · 예술적 · 학술적 가치가 큰 것으로서 국가가 법적으로 지정한 유형문화재이다. 지정대상은 목조건물, 석조건물, 전적, 서적, 고문서, 회화, 조각, 공예품, 고고자료, 무구 등이다. 같은 문화재인 국보와 보물의 차이점은 국보는 각 분류별로 보물의 가치가 있는 문화재 중에서 시대를 대표하거나 학술적 · 예술적 가치가 으뜸인 것을 지정한 것이며, 보물은 일반적인 보물지정 기준에 따른 문화재이기 때문에 같은 수준의 것들이 많으며, 지정 수는 국보보다 많다. 지정번호는 가치의 높낮이를 표시한 것이 아니라 지정순서를 말한다.

2012년 기준으로 1413점으로 동대문, 보신각종, 원각사비 등이다.

(3) 기념물

기념물은 역사적 · 예술적 · 학술적 · 관상적(觀賞的) 가치가 매우 높은 사적, 천연기념물, 명승 등으로 나누어진다.

사적은 절터 · 옛무덤 · 조개무덤 · 성터 · 궁터 · 가마터 · 유물포함층 등의 사적지와 특별히 기념이 될 만한 시설물로서 역사적 · 학술적 가치가 큰 것을 의미하고, 천연기념물은 동물(그 서식지 · 번식지 · 도래지를 포함), 식물(그 자생지를 포함) · 광물 · 동굴 · 지질 · 생물학적 생성물 및 자연현상으로서 역사적 · 경관적 또는 학술적 가치가 큰 것을 말한다.

마지막으로 명승은 경치가 좋은 곳으로 예술적 · 경관적 가치가 뛰어난 것을 말한다.

특별히 뛰어난 자연미를 지니고 있어 심미적 중요성이 있을 뿐만 아니라 그 형성과정에서 비롯된 고유성, 희귀성, 특수성 등을 가지고 있다.

3. 문화재의 세계유산 지정

1) 전통문화재의 세계유산등록

유네스코 산하 세계유산위원회(World Heritage Committee)는 1995년 제19차 세계유산총회에서 문화적 가치가 높은 국내 국보급 문화재 일부를 '세계유산'으로 등록함을 의결 · 공표하였다. 이는 국내의 가치 있는 문화유산을 세계유산에 등록시킴으로써 국제사회에서 경제성장국의 단면적인 인식에서 벗어나 수준 높은 문화국으로서 그 위상이 높아진다. 전통문화유산의 보존관련기술에 대한 국제적 지원과 아울러서 세계유산 지정으로 인한 국제적 관심에 따른 홍보 · 파급효과를 목적으로 한다. 등록의 이점은세계유산에 등록됨에 따라 수준 높은 문화국임을 세계적으로 공인을 받게 된다는 것이다. 그로 인해 문화재에 대한 재인식의 계기가 되어 지역의 개발과 문화재관리를 향상시킬 수 있으며 그리고 직 · 간접의 홍보로 인해 관광부문의 긍정적 기여도 예상된다.

등록된 유산의 보전과 관리는 세계유산목록에 등록된 유산의 보전상태를 지속적으로 모니터하고 그에 따른 조치를 취하기 위해 협약국이 매 5년마다 그 나라의 세계유산지역의 보전상태에 관하여 과학적인 보고를 하는 '정기 모니터링 보고'와 세계유산센터나 다른 기구들이 위험에 처한 유산의 상태에 관하여 보고하는 'reactive monitoring'이 있다.

국제협력 및 지원은 세계유산으로 지정되면 세계유산기금(World Heritage Fund)으로부터 유산보전을 위한 기술적 · 재정적 지원을 받을 수 있다.

세계유산협약 제5조 규정을 보면 다음과 같다.

① 협약에 가입한 국가들은 자국 영내의 문화유산 및 자연유산의 보호 및 정비활동을 위해 자국의 적합한 조건에 따라 다음과 같은 노력을 기울여야 한다.

② 문화 및 자연유산이 지역사회의 삶에 어떤 역할을 수행할 수 있도록 하고 이 유산의 보호를 종합적인 계획 속에 포함시키기 위한 목적을 갖는 일반적 정책을 채택한다.

③ 문화 및 자연유산의 보호, 보존 및 정비활동을 위한 기관이 설치되어 있지 않은 경우, 적절한 지원체제를 갖고 특히 임무수행에 필요한 수단을 갖는 기관을 하나 또는 둘 이상 자국의 영역 내에 설치한다.

④ 자국의 문화 또는 자연의 유산을 위협하는 위험에 대처하기 위한 과학적 · 기술적 연구를 한다.
⑤ 문화 및 자연유산의 인정, 보호, 보존, 정비활동 및 기능회복에 필요한 법적 · 과학적 · 기술적 · 재정적 조치를 강구한다.
⑥ 문화 및 자연유산의 보호, 보존 및 정비활용에 있어서 전국적 또는 지역적 연수기구의 설치 또는 확충을 촉진하고 이 분야에 대한 과학적 연구를 장려한다.

우리나라가 1988년에 가입한 '세계유산협약'은 1995년에 발효되었으며 2016년 현재 195개 정회원국이 가입하였다. 동협약은 세계 각국에 소재한 유산 중 현저한 보편적 가치를 가지는 문화 및 자연의 유산을 자연적 · 인위적 파괴와 손상으로부터 인류공동으로 보호하기 위하여 1972년 11월 16일 유네스코 제17차 총회에서 '세계문화 및 자연유산의 보호에 관한 협약'을 채택하게 되었으며, 이 협약에 의해 유산보호에 대한 국가 간 협력을 증진시키는 계기가 마련되었다.

〈표 4-10〉 세계유산 정의

구 분	내 용
문화유산	• 기념물: 기념물, 건축물, 기념조각 및 회화, 고고유물 및 구조물, 금석문, 혈거유적지 및 혼합유적지 가운데 역사, 예술, 학문적으로 탁월한 보편적 가치가 있는 유산 • 건조물군: 독립되었거나 또는 이어져 있는 구조물들로서 역사상, 미술상 탁월한 보편적 가치가 있는 유산 • 유적지: 인공의 소산 또는 인공과 자연의 결합의 소산 및 고고 유적을 포함한 구역에서 역사상, 관상상, 민족학상 또는 인류학상 탁월한 보편적 가치가 있는 유산
자연유산	• 무기적 또는 생물학적 생성물들로부터 이룩된 자연의 기념물로서 관상상 또는 과학상 탁월한 보편적 가치가 있는 것 • 지질학적 및 지문학(地文學)적 생성물과 함께 위협에 처해 있는 동물 및 생물의 종의 생식지 및 자생지로서 특히 일정구역에서 과학상, 보존상, 미관상 탁월한 보편적 가치가 있는 것 • 과학, 보존, 자연미의 시각에서 볼 때 탁월한 보편적 가치를 주는 정확히 드러난 자연지역이나 자연유적지
복합유산	문화유산과 자연유산의 특징을 동시에 충족하는 유산

출처 : 유네스코(http://www.unesco.or.kr).

2) 세계유산 등록 현황

등록된 세계유산은 그 자체가 세계적인 관광자원으로서 관광객의 주목적지가 될 수 있다.

세계유산 등재현황을 살펴보면 2019년 7월 말 현재 전 세계 167개국이 총 1,121건을 등재하고 있으며, 이 가운데 문화유산이 869건, 자연유산이 213건, 복합유산이 39건이다.

우리나라의 세계유산 등재현황을 살펴보면 2019년 말 현재 14건의 세계문화유산이 등재되었고, 21건의 인류무형문화유산을 등재하였으며, 16건의 기록유산을 등재하고 있다.

〈표 4-11〉 유네스코 등재 세계유산자원

구분	연도	유산자원
문화유산 (15)	1995	종묘, 해인사 장경판전, 불국사 · 석굴암
	1997	창덕궁, 수원산성
	2000	경주역사유적지구, 고창 · 화순 · 강화 고인돌 유적
	2009	조선왕릉 40기
	2010	하회마을, 양동마을
	2014	남한산성
	2015	백제역사유적지구
	2018	산사, 한국의 산지승원
	2019	한국의 서원
	2021	한국의 갯벌
무형문화 유산 (21)	2001	종묘제례와 종묘제례악
	2003	판소리
	2005	강릉단오제
	2009	강강술래, 남사당놀이, 영산재, 제주칠머리당 영등굿, 처용무
	2010	가곡, 대목장, 매사냥
	2011	줄타기, 택견, 한산모시짜기
	2012	아리랑
	2013	김장문화
	2014	농악
	2015	줄다리기

구분	연도	유산자원
	2016	제주해녀문화
	2018	씨름
	2020	연등회
기록유산 (16)	1997	훈민정음, 조선왕조실록
	2001	승정원일기, 직지심체요절
	2007	조선왕조의궤, 해인사 고려대장경판 및 제경판
	2009	동의보감
	2011	일성록, 5·18광주민주화운동기록물
	2013	난중일기, 새마을운동기록물
	2015	KBS이산가족찾기 생방송자료, 한국의 유교책판
	2017	조선왕실어보와 어책, 국채보상운동기록물, 조선통신사기록물
잠정목록	북한산성, 전남 강진도요지, 서남해안갯벌, 경남 울산대곡천 암각화군, 설악산 천연보호구역, 남해안 공룡화석지대, 중부내륙 산성군, 충남 아산 외암마을, 낙안읍성, 우포늪, 서원, 한양도성, 염전 등	

자료 : 유네스코 한국위원회(2021)

(1) 문화유산 개요

- 일본 : 호류지(法隆寺) 불교유적, 히메지죠(姬路城)('93)
- 중국 : 만리장성, 명청대궁전, 모가오동굴, 즈우코우덴 북경원인유적('87), 진시황능('87), 청대피서산장, 곡부현 공자사당 및 고택('94)
- 태국 : 수코타이 역사유적, 아유타야 역사유적('91)
- 미국 : 독립기념관('79), 자유여신상('84), 차코 문화국립공원('87)
- 그리스 : 아폴로 신전('86), 델피 고고유적, 아테네 아크로폴리스('87), 로데스 중세도시('88)
- 이탈리아 : 플로렌스 유적도시('82)

(2) 자연유산 개요

- 일본 : 屋久島, 白神山地('93)
- 중국 : 泰山('87), 黃山('90)
- 미국 : 옐로스톤('78), 그랜드캐니언 국립공원, 애버글레이드 국립공원('79), 레드우드 국립공원('80), 맘모스동굴 국립공원('81)

- 호주 : 大산호초群, 월랜드라 호수지역('81), 로드휴 섬지역('82)
- 인도 : 마나스 야생동물서식지, 키오라디오 국립공원('85), 히말라야 낸다데비봉('88)
- 인도네시아 : 코모도 화산섬지역, 자바의 우중클론 국립공원('91)
- 스리랑카 : 신하라자 산림보호지역('88)
- 탄자니아 : 킬리만자로 국립공원('87), 셀로스 야생동물 보호지역('82)
- 한국 : 제주도 한라산 화산지역(백록담, 거문오름 기생화산, 용암굴)

3) 한국의 세계유산

(1) 불국사와 석굴암(1995년)

세계문화유산 지정(1995년)과 한국의 사적(史蹟) 및 경승(景勝) 제1호로 지정되었다. 신라인이 불교의 천국인 불국(佛國)을 건설하겠다는 이상과 의지로 세운 절이 바로 불국사이다.

불국사의 창건에 대해서는 여러 가지 이야기가 많은데, '삼국유사'에는 경덕왕 10년(751년)에 김대성이 불국사를 창건했다는 기록이 실려 있고, '불국사고금창기'에는 법흥왕 15년(528년)에 지어져 문무왕 10년(670년)에 의상의 제자 표훈이 머물렀다는 기록이 보인다.

경내는 크게 세 영역으로 나누는데, 대웅전과 극락전 및 비로전이 각각 중심 건물이 된다. 각 영역은 영역에 이르기 위한 계단, 영역 입구인 문, 영역의 중심 건물, 영역을 둘러싼 회랑 등의 네 가지 기본요소로 이루어진다.

또 대웅전 앞마당에는 석등과 석가탑(석가여래(常住說法塔) 국보 제21호), 다보탑(다보여래(常住證明塔) 국보 제20호)이 있어 석가모니가 설법을 하면 다보여래가 증명을 한다는 구도이다.

특히 불국사 축대의 자연과 인공의 조화는 인공적인 특성에 자연스러움을 끼워 넣은 멋을 보여준다. 또한 석축 중간에 다리(연화 · 칠보교, 청운 · 백운교)를 내고, 하늘로 날아오를 듯 한 석축에 변화를 주었다. 극락전 안에는 금동아미타여래좌상(국보 제27호)이 결가부좌를 하고 있다. 이 불상은 국립 경주박물관에 있는 백률사의 약사여래상과 함께 신라시대 금동불상 중 가장 크고 훌륭한 것이다. 8세기 중엽의 작품이다.

석굴암은 1995년에 불국사와 함께 세계문화유산으로 등록되었다. 국보 중에서도 으뜸으로 꼽히는 문화재로서 석굴암은 통일신라의 문화와 과학의 힘, 종교적 열정의 결정체이다.

불국사 가까이에 있는 석굴암은 불국사와 함께 김대성에 의해 창건되었다고 전해지는데, 그는 전생의 부모를 위해 석불사 곧 석굴암을 창건하고 현생의 부모를 위해서는 불국사를 세웠다고 한다. 석굴암은 경덕왕 10년(751)에 착공하였으며 김대성이 죽은 뒤에는 나라에서 공사를 맡아 완성시켰다.

(2) 종묘와 종묘제례악(1995년)

창덕궁, 창경궁, 종묘는 동일 경내에 있으며, 종묘는 역대 조선임금의 신주를 모시는 사당이다. 매년 5월 첫째 일요일에 이곳에서 거행되는 종묘제례악은 무형문화재 제1호로서 조선왕가의 조상들에게 제를 올리는 의식이며 현재 세계문화유산으로 등록되어 있다.

종묘의 터는 중국 주(周)나라 이래 내려온 "왼쪽에 종묘(宗廟), 오른쪽에 사직(社稷), 앞에는 조정(朝庭), 뒤에는 시장(市場)을 둔다."는 원칙에 따라 그 터가 정해졌다. 즉 경복궁의 서쪽에는 사직단을 두고 동쪽에 종묘를 세웠다.

종묘제례악은 종묘에서 제사지낼 때 연주하는 음악이다. 여기 쓰이는 보태평(保太平)과 정대업(定大業)은 원래 세종이 연향(宴享)에 쓰도록 친히 지은 것을 세조 때 축약하여 세조 10년(1464년) 처음으로 종묘제례악으로 채택된 것이다. 종묘제례악은 역사적·예술적 가치도 매우 크려니와 한국 전통음악의 맥을 이어오는 유일한 고전으로 귀중한 문화유산이다.

(3) 합천 해인사 장경판전(1995년)

해인사(海印寺)는 세계의 문화유산(1995년)으로 지정된 팔만대장경이 보관된 국제적인 명찰이다. 해인사에 있는 팔만대장경(국보 제32호)은 고려 23대 고종 당시(1236~1251년)까지 16년간에 걸쳐 만들었는데, 글 자체가 마치 한 사람이 쓰고 새긴 것처럼 나타나고 있다.

불교의 모든 경전인 삼장(경장, 율장, 논장)의 통칭인 대장경에 포함된 법문이 8만 4천이므로 그 큰 수를 8만대장경이라고도 한다. 팔만대장경을 보관해 두는 장경각(국보 제52호)은 서고형식의 건물이다. 장경각은 태조 7년에 창건했으며 3차례의 중수를 거쳤다.

온도와 통풍, 방습이 자연적으로 조절되게 과학적으로 설계된 뛰어난 건물이다. 장경각은 임진왜란 때에도 병화를 모면했지만, 해인사의 수차례 크고 작은 화재에도 한 번도 화를 입지 않는 '삼재불입지처(三災不入之處)'의 성역으로 일컬어지고 있다. 또한 거미줄은 물론이고 새도 둥지를 틀지 않으며 그 위로 날지도 않는다고 전해 온다. 이곳에는 국보인 추사 친필의 '가야산 해인사중건상량문(伽倻山海印寺重建上梁文)'이 비장되어 있다.

(4) 수원화성(1997년)

1997년에 세계문화유산으로 등록되었다. 수원성은 동서양을 망라하여 고도로 발달된 과학적 특징을 고루 갖춘 근대초기 군사건축물의 뛰어난 모범이라 하여 세계문화유산위원회가 극찬하고 있다. 수원성은 조선 정조 18~20년(1794~1796)에 축성한 것으로 정조 대왕이 아버지 사도세자의 넋을 위로하고 양주 땅에 있던 부친의 유해를 옮겨오기 위하여 만든 성이다.

다산 정약용의 면밀한 설계를 기초로 벽돌과 석재를 적절히 혼합하여 사용하였으며, 지형적 여건을 잘 고려한 가장 근대적인 규모와 기능을 갖춘 화려한 모습을 보여준다.

또 화성만의 독특한 시설인 공심돈(空心墩)과 현안(懸眼) 등이 설치됨은 물론, 성곽시설의 기능이 가장 과학적이고 합리적이며 실용적인 구조로 되어 있는 동양성곽의 백미라 할 수 있으며, 18세기 실학사상의 결정체라고 할 수 있다.

48개의 시설물이 저마다의 고유한 아름다움을 지니고 있어 성곽 전체를 하나의 예술적 작품으로 보이게 하며, 화홍문(華虹門 : 사적 제3호)은 수문의 기능과 7간의 수문 위에 축조된 문루가 하나의 예술품으로 조화를 이루어 방화수류정(訪華隨柳亭 : 보물 제1709호)과 함께 한 폭의 그림을 연상케 한다.

(5) 창덕궁 비원(1997년)

1997년에 수원의 화성(수원성)과 동시에 세계문화유산으로 등록되었다. 후원(後苑)인 비원(祕苑)으로 더 유명한 창덕궁(昌德宮)은 조선 제3대 왕인 태종 때 지어진 이후 여러 차례의 재앙을 입으면서도 비교적 원형을 잘 보존하고 있는 조선시대 궁궐이다.

특히 창덕궁의 후원인 비원은 각양각색의 정자와 수만 그루의 수목과 화초가 심어져 있는 대단히 아름다운 정원으로, 내 · 외국인에게 인기 높은 최고의 관광명소로 각광받고 있으며, 가장 한국적인 자연의 모습을 간직한 정원이라는 극찬을 받고 있다.

오늘날 창덕궁에 남아 있는 주요 전각 및 건조물로는 인정전, 돈화문(敦化門),

선정전, 대조전, 낙선재(樂善齋) 등이다.

인정전(仁政殿)은 경복궁의 근정전(勤政殿)과 같이 임금의 즉위식, 문무백관의 공식적인 도열이 있었는데, 현재의 건물은 1831년에 재건된 것이다.

(6) 경주역사유적지구(2000년)

2000년 12월에 유네스코 세계문화유산으로 등록되었다. 경주역사유적지구에는 신라의 천년 고도인 경주의 역사와 문화를 담고 있는 조각, 탑, 사지, 궁궐지, 왕릉, 산성을 비롯해 신라시대의 여러 뛰어난 불교유적과 생활유적이 집중적으로 분포되어 있다.

경주시 전역에 흩어져 있는 신라시대의 역사유적들은 그 성격에 따라 5개 지구로 나뉘는데, 불교미술의 보고인 남산지구, 천년왕조의 궁궐터인 월성지구, 고분군 분포지역인 대능원지구, 신라 불교의 정수인 황룡사지구, 왕경 방어시설의 핵심인 산성지구로 나뉜다. 경주역사유적지구는 이들 5개 지구를 통틀어 일컫고 경주역사유적지구라는 이름으로 등재된 지정문화재의 수는 52개다.

(7) 고창, 화순, 강화의 고인돌유적(2000년)

고인돌은 선사시대 돌무덤의 일종으로 영어로는 돌멘(Dolmen)이라고 한다. 고인돌은 거석기념물의 하나이며 피라미드, 오벨리스크, 스톤헨지 등이 모두 거석문화의 산물이다. 동북아시아 지역은 세계적 거석문화 유적이 가장 밀집된 곳으로 그 중 우리나라가 그 중심지역이다. 우리나라 고인돌은 선사시대 거석기념물로 무덤의 일종이며, 한 지역에 수백 기 이상의 고인돌이 집중 분포하고 있고, 형식의 다양성과 밀집도 면에서 세계적으로 유례를 찾기 어렵다. 고인돌의 종류는 탁자식, 개석식 등이 있는데, 우리나라에는 세 가지 종류의 고인돌이 모두 있는 것은 물론 크기도 매우 다양하다.

고인돌은 전국적으로는 약 30,000여기 정도가 남아 있는데 고창, 화순, 강화 세 지역에 나뉘어 분포하고 있다.

고인돌은 선사시대 문화상을 파악할 수 있고 나아가 사회구조, 정치체계는 물론 동 시대 사람들의 정신세계를 엿볼 수 있다는 점에서 선사시대 연구의 중요한 자료가 되는 보존가치가 높은 유적이다. 고인돌 유적은 2000년 12월 세계문화유산으로 등재되었다.

(8) 제주 화산섬과 용암동굴(2007년)

2007년 6월 UNESCO의 세계자연유산으로 등재되었다. 세계적 규모의 천연동굴과 멸종위기종의 서식지가 분포하는 제주 화산섬과 용암동굴(Jeju Volcanic Island and Lava Tubes)은 거문오름용암동굴계, 성산일출봉 응회구, 한라산의 총 세 구역으로 구성되어 있다. 지질학적 특성과 발전과정 등 지구의 역사를 잘 보여주는 문화유산이다.

한라산은 해발 1,950m로 한반도에서는 백두산에 이어 두 번째로 높으며 남한에서는 첫 번째로 높고 웅장한 산이다. 약 120만 년 전 바다 한 가운데서 땅이 솟아올라 생성되기 시작했다.

한라산은 화산에 의한 지형적 특성을 지녀 크고 작은 분화구, 오름이 수없이 많이 이어지는 고사목과 구릉, 철쭉군락, 기암, 동굴, 계곡 등이 빼어난 경치를 이루고 있다.

한라산은 1970년 3월 국립공원으로 지정되었으며 산 높이에 따라 수직으로 난대, 온대, 한대성 등 3기후대 동·식물이 서식하여 산 전체가 세계적으로 드문 각종 동·식물의 보고를 이루고 있다.

(9) 조선 왕릉(2009년)

조선 왕릉은 519년 동안 지속된 한 왕조의 왕과 왕비의 무덤이 완벽하게 보존되어 있는 유적지이다. 조선 왕조의 임금과 왕비가 잠들어 있는 왕릉은 42기이고 옛 고려의 도읍지인 개성에 있는 2기는 북쪽에 있어 등록되지 못해 40기가 2009년 세계문화유산으로 등록되었다.

왕릉은 뛰어난 자연경관 속에 자리 잡고 있으며 고유의 풍수이론에 따라 보통 앞으로는 물이 있고 뒤로는 언덕에 의해 보호되는 배산임수(背山臨水)의 터이며, 주변은 산들로 둘러싸인 이상적인 자리를 선택해 마련되었다. 왕릉에는 의례를 위한 장소와 출입문도 있다. 봉분뿐만 아니라 T자형의 목조 제실, 비각, 왕실 주방, 수호군(守護軍)의 집, 홍살문, 무덤지기인 보인(保人)의 집을 포함한 필수적인 부속 건물이 있다. 왕릉 주변은 다양한 인물과 동물을 조각한 석물로 장식되어 있는데, 이웃 나라에서 볼 수 없는 차별화 된 요소들로 이루어져 있다. 특히 문무석인의 조형이나 병풍석과 난간석은 조선왕조 조형예술에서 달성한 독특한 경지를 잘 보여준다.

(10) 한국의 역사마을 : 하회와 양동(2010년)

경상북도 안동시 풍천면 하회리와 경상북도 경주시 강동면 양동리에 있는 민속마을로 2010년 유네스코 세계문화유산으로 등재되었다. 풍산 유씨의 씨족마을인 안동 하회마을(중요민속자료 제122호)과 경주 손씨와 여강 이씨의 토성마을인 경주 양동마을(중요민속자료 제189호)의 두 민속마을로 이루어져 우리나라의 전통 생활양식이 그대로 전승되고 있으며, 엄격한 유교 문화를 가장 잘 보여주고 있다.

안동 하회마을은 민속적 전통과 건축물을 잘 보존한 씨족마을로 류성룡 등 많은 역사적 인물들을 배출하였고, 임진왜란의 피해를 입지 않아 전래의 유습이 잘 보존되어 있다.

경주 양동마을은 한국 최대 규모의 대표적 조선시대 동성취락이자 유서 깊은 양반마을이다. 마을에는 종가와 양반들의 기거했던 목조 가옥, 정자와 정사, 서원과 사당, 옛 평민들이 살던 흙집과 초가집 등이 있다.

(11) 남한산성(2014년)

광주산맥 주맥에 쌓은 남한산성은 오늘날 광주시 남한산성면 산성리에 속한다. 서울의 중심부에서 동남쪽으로 25km 떨어진 곳에 위치해 있으며, 지형적으로 평균 고도 해발 480m 이상의 험준한 산세를 이용하여 방어력을 극대화한 곳이다.

북한산성과 더불어 서울을 남북으로 지키는 산성 중의 하나로, 신라 문무왕 때 쌓은 주장성의 옛터를 활용하여 1624년에 축성하였다.

남한산성은 "백제 온조왕 13년에 산성을 쌓고 남한산성이라 부른 것이 처음"이라고 고려사와 세종실록에 기록되어 있다. 그 후 신라 문무왕, 조선 선조와 광해군 재위 시 여러 차례 개축했고 후금의 위협이 본격적으로 고조되자 대대적으로 개수한 것이 오늘날의 남한산성이다.

남한산성은 석축으로 약 8km 둘레를 쌓고 자연석을 써 큰 돌을 아래로 작은 돌을 위로 쌓았다. 동서남북에 각각 4개의 문과 문루, 8개의 암문(暗門)을 내었으며, 동서남북 4곳에 장대가 있었다. 성 안에는 수어청을 두고 관아와 창고, 행궁을 건립했다. 외적의 침입으로 인한 피난 시에 거처할 행궁은 73칸, 하궐 154칸으로 모두 227칸을 이때 지었다. 80개의 우물, 45개의 샘을 만들고 광주읍의

치소도 산성 안으로 옮겼다. 내부가 15만 9,859평이나 되기 때문에 왕조의 피난처와 지방 행정중심지 역할을 동시에 수행했다.

남한산성은 1963년 사적 제57호로 지정되었으며 2014년에는 유네스코에 의해 세계문화유산으로 지정되었다.

(12) 백제역사유적지구(2015년)

백제의 옛 수도였던 3개 도시(공주, 부여, 익산)에 남아있는 백제와 관련된 8곳의 역사 유적을 가리킨다. 이 지역의 유적들은 한국과 중국 및 일본의 고대 왕국들 간의 상호 교류를 통하여 이룩된 백제 왕국의 고유한 문화, 종교, 예술미를 보여준다. 2015년 한국의 12번째 세계유산(문화)으로 등재되었다. 지정된 면적은 135ha이며, 주변의 완충지역(buffer zone) 면적은 304ha이다. 지정된 면적은 웅진(공주의 옛 이름) 도읍 시기의 공주역사유적지구, 사비(부여의 옛 이름) 도읍 시기의 부여역사유적지구와 익산역사유적지구의 3개 지구로 구분된다.

4) 세계의 문화유산

세계유산은 그 자체가 세계적인 관광자원으로서 관광객의 주목적지가 될 수 있다. 다른 나라에서 세계문화유산으로 지정받은 몇 가지를 사례를 국가별로 살펴보면 다음과 같다.

(1) 자금성

자금성(紫禁城)은 베이징의 중심에 있는 명과 청 왕조의 궁궐이다. 자금성의 규모는 궁궐로는 세계 최대의 규모이다. 현재는 황실이 사라져서 중국어권에서는 주로 고궁으로 불리고 있으며, 1925년 10월 고궁 박물원으로 용도가 변경되어 일반에게 공개되고 있다. 동서로 760m, 남북으로 960m, 72만m^2의 넓이에 높이 11m, 사방 4km의 담과 800채의 건물과 일명 9999개의 방이 배치되어 있다.

1961년 전국중점문물보호단위로 지정되었고, 1987년 "명 · 청 시대의 궁궐"이라는 이름으로 유네스코의 세계유산으로 지정되었다.

(2) 만리장성

달에서도 관측되는 유일한 구조물이며 인류 최대의 토목공사라고 불리는 이 거대한 유적은 중국 역대왕조들이 북방민족의 침입을 막기 위해서 세운 방어용 성벽이다. 지도상 연장 길이 2,700km이며, 중간에 갈라져 나온 지선들까지 합치면 총길이가 약 5,000~6000km에 이른다. 동쪽 산하이관(山海關)에서 서쪽 자위관(嘉峪關)까지 동서로 길게 뻗어 있다.

보통 만리장성의 기원을 진나라 시황제 때로 잡지만, 그보다 훨씬 전인 춘추시대(BC 770~BC 443)부터 북쪽 변방에 부분적으로 성벽이 건축되었다. 통일 왕국인 진나라가 들어서면서 북쪽의 흉노를 견제하기 위해 이들 성벽을 연결하고 증축한 것이다. 당시의 만리장성은 동쪽 랴오양(遼陽)에서 서쪽 간쑤성(甘肅省) 민현(岷縣)까지로 지금보다 훨씬 북쪽에 있었다.

북방민족인 만주족이 세운 청(淸) 왕조에서는 군사적 가치가 없어 방치되어 있다가, 중화인민공화국 때 관광목적으로 보수되어 지금에 이르고 있다. 1987년 세계문화유산으로 등재되었다.

(3) 히메지성

히메지성(姬路城)은 17세기 초 일본 성곽 건축을 대표하는, 현존하는 가장 훌륭한 예이다. 바쿠후시대(幕府時代) 초기에 만들어진 고도의 방어체계와 정교한 보호장치를 갖춘 총 83개의 건물을 포함하고 있다. 히메지성은 기능적인 면과 심미적인 매력을 잘 조화시킨, 목조 건축물의 걸작이다. 회벽칠된 백색 토벽으로 통일되어 있는 우아한 외관을 갖추고 있으며, 건물과 여러 겹의 지붕 사이의 섬세한 관계가 돋보이는 성곽이다. 1993년 세계문화유산으로 지정되었다.

(4) 타지마할

무굴 제국 황제 샤 자한(1592~1666년)이 황후 뭄타즈 마할을 추모하기 위해 세웠다. 타지마할은 인도와 페르시아의 최고 장인들이 무려 22년이라는 세월에 걸쳐 만들어낸 조합물이다.

이 영묘의 웅장한 아름다움은 정문 출입로와 샤르바그 사이에서 가장 잘 드러난다. 샤르바그란 네 구획으로 나누어진 정원으로 가로수 길과 꽃밭, 물길 등으로 채워져 있으며, 페르시아인들이 생각한 낙원을 구현한 공간이다.

타지마할은 1983년 유네스코(UNESCO) 세계문화유산으로 지정되었다. 등재 당시 '무슬림 예술의 보석'이라는 찬사를 받았다. 또한 2007년 스위스 소재의 '신 7대 불가사의 재단(New7Wonders)'은 세계 7대 불가사의로 타지마할을 콜로세움, 만리장성 등과 함께 선정하기도 했다.

(5) 앙코르와트

앙코르 유적은 동남아시아에서 가장 중요한 고고학 유적 가운데 하나이다. 9세기부터 15세기까지 크메르 제국의 수도로서 훌륭한 유물을 지니고 있다. 앙코르에서 발달한 크메르 예술은 동남아시아의 많은 지역에 큰 영향을 미쳤을 뿐만 아니라 독특한 발달 과정에서 근본적인 역할을 했다. 대체로 인도 대륙의 양식에서 발달한 크메르 건축양식은 고유의 특징을 가지고 발달함으로써 다른 건축양식과 확실히 구분되었다. 어떤 점에서는 독립적으로 발달했지만, 이웃한 전통문화로부터 습득한 특징도 있었다. 그 결과 동양예술과 건축학에서 새로운 예술적 지평을 열었다.

(6) 포탈라궁

포탈라궁은 해발 3,700미터로 티베트 자치구의 라싸에 위치하고 있다. 1642년 제5대 달라이라마에 의해 왕국이 건설된 후, 그 본거지로서 티베트의 중심지 라싸의 언덕 위에 10여 년에 걸쳐서 건설된 궁전이다. 포탈라궁(布达拉宫)은 산을 배경으로 하여 건립된 궁전으로 산봉(山峰)의 정상부에 위치하고 있으며, 티베트 건축의 특색을 잘 보여주고 있다. 주루(主楼)의 높이는 117.2m, 동서 폭 360m, 남북 140m로 외관상 13층이나 실제로는 9층으로 이루어져 있으며, 아래쪽의 4층은 암석을 절개하여 건축한 축대로 되어 있다.

궁전은 약 1만여 칸(间)으로 나무와 석재만을 이용한 구조로 총면적은 13만㎡에 이르며, 궁전의 외부는 대형 화강석을 이용하였다. 1994년에 세계문화유산으로 등록되었다.

(7) 몽 생 미셸

프랑스 북부 브레타뉴와 노르망디의 경계에 자리한 섬이다. 708년에 대천사성 미카엘이 출현했다고 전해지며, 아브랑쉬의 사교(司教) 성 오베르가 여기에 기도당을 건립했다. 이윽고 섬은 순례지로서 발전, 노르만의 침략에 대비해서 성새가 된다. 그 후 966년에 노르망디 공(公) 리처드 1세(Richard I)가 베네딕트회 수도원을 창건. 성당은 1022년에 기공, 1135년에 완성되었다.

현재 수도원으로 쓰이고 있지만, 14세기에는 방어용 벽과 탑을 쌓아 요새화하였으며 15세기에는 성당에 플랑부아양 양식의 내진(內陣)을 만들었으나 16세기 이후에는 점차 쇠퇴하였다. 1791년 혁명군이 감옥으로 사용하였고 1863년에는 폐쇄되었으나 현재는 다시 수도생활이 행해진다. 1979년 유네스코(UNESCO : 국제연합교육과학문화기구)는 몽 생 미셸과 만이란 이름으로 세계문화유산으로 지정하였다.

4. 사찰

1) 사찰의 의의

불교의 절이란 승려들이 불상과 불탑을 모시고 살면서 불도를 닦고 교리를 배우고 가르치는 곳을 말한다. 때로는 가람, 사찰, 정사라 부르기도 하고, 순우리말로는 절이라고 한다.

불교는 372년에 한반도에 유입된 이후 한민족의 정신적 지주로서 오랜 역할을 하여 왔고 이에 따른 우리의 문화재 또한 그의 영향을 많이 받았다. 사찰은 산천이 수려한 지역에 입지하여 왔는데 좌(동)－청룡, 우(서)－백호, 남－주작, 북－현무가 그것이다. 사찰은 절을 많이 하는 곳이라 하여 절이라고도 하는데 중심은 역시 대웅전이다. 대웅이란 '위대한 영웅'이란 뜻이며 석가모니불을 모신 곳이고 극락전(무량수전)－아미타불, 약사전(보광전)－약사여래불, 비로전(대적광전)－비로자나불을 모신 곳을 의미한다.

주요 명찰을 열거하면 서울－조계사 · 도선사, 수원－용주사, 강화－전등사, 양평－용문사, 여주－신륵사, 춘성－상원사, 인제－백담사, 평창－월정사, 양양－낙산사, 속초－신흥사, 보은－법주사, 단양－구인사, 논산－관촉사, 부여－고란사, 공주－갑사 · 동학사, 천안－각원사, 예산－수덕사, 김제－금산사, 구례－화엄사, 해남－대흥사, 경주－불국사, 김천－직지사, 울주－석남사, 밀양－표충사, 부산－범어사 등이다.

2) 한국의 대표사찰

(1) 양산 통도사(梁山 通度寺, Tongdosa Temple)

석가의 진신 사리를 모시고 있는 곳으로 불보사찰의 명예를 얻고 있는 삼보(三寶) 사찰 중의 하나이다. 다른 삼보사찰로는 승보사찰 송광사, 법보사찰 해인사가 있다.

통도사 경내에는 대원군이 쓴 현판이 걸린 일주문, 보물 제144호인 부처가 없는 대웅전, 부처의 진신 사리를 모신 금강계단을 비롯해 50여 채의 건물들이 계곡을 낀 넓은 터에 꽉 들어차 있다.

통도사(通度寺)라 함은 첫째로 통도사가 위치한 이 산의 모습이 부처님이 설법하시던 인도의 영취산(靈鷲山)의 모습과 통하므로 '통도사'라 이름했고, 둘째, 승려가 되려는 사람은 모두 이 계단을 통한다는 의미에서 통도라 했고, 셋째로는 모든 진리를 회통하여 일체 중생을 제도한다는 의미에서 통도라 이름붙였다고 한다.

대웅전 바로 뒤에 있는 금강계단은 금 가운데 최강이므로 금강(金剛)이라 이름했으며, 또 날반경에는 어느 것이든 금강을 능히 깨뜨릴 물건이 없지만 금강은 일체의 모든 번뇌 망상을 모두 깨뜨릴 수 있다고 했다. 이러한 지혜는 계(戒),

정(定), 혜(慧) 3가지 배움으로써 성취될 수 있다는 것이다.

이 밖에 자경암은 신라 진평왕 때 자장율사가 창건한 암자라 전해진다. 이 암자에서 정성들여 불공을 드리면 암자 뒤 바위 구멍에 산다는 1400년 된 금개구리가 보인다고 한다. 전설에 따르면 이 개구리는 푸른 몸에 입이 금색으로, 자장율사가 신통력을 기르던 것으로서 절대로 산문 밖에는 나가지 않으며 펄펄 끓는 물속에서도 뛰어 다니고 벌로 변하기도 하여 그 변화를 측정할 수 없었다고 한다.

통도사로 들어가는 관문격인 일주문은 대원군의 필적인 '영취산통도사(靈鷲山通度寺)'라는 글씨가 돋보이며, 대웅전 뒤에 있는 연못인 '구룡신지(九龍神池)'는 이에 대한 전설이 있다.

전설에 따르면 자장율사가 처음 절터를 찾기 위해 나무로 새를 깎아 날려보내자 한겨울인데도 연꽃 한 송이를 물고 날아왔다고 한다. 이에 그 곳을 찾아가 보니 연못에 연꽃 세 송이가 피어 있었는데 그 중 두송이만 남고 한 송이는 자장율사의 새가 따 가지고 온 것임을 알게 되었고, 통도사는 바로 이 연못을 메워 버리고 그 자리에 세운 절이라고 한다.

(2) 해인사(海印寺)

경남 합천에 소재하고 있다. 화엄경의 해인삼매를 인용하여 명명한 법보종찰로서 신라 애장왕 3년(802년) 순응과 이정 두 대사가 창건하였다. 918년 왕건에 의해 고려의 국찰로서 해동 제1의 도장이 되기도 하였다. 조선의 9대 성종대왕 때는 대대적인 증축을 하였고 임란 때도 피해가 없었다. 그러나 현재의 90여 동의 가람들은 19대 숙종 이후 몇 차례의 화재로 소실된 것을 조선말에 중건한 것이다.

이 절에는 국보 중의 국보인 제32호 팔만대장경판과 제52호인 대장경판고가 있어서 유명하며 이 절을 법보사찰이라고 하는 것도 이에 연유한다.

그 외 희랑대사의 목상, 향로, 학사대, 홍제암, 원당암, 희랑대, 마애불, 석탑, 석등 등 많은 문화재가 소재하고 있으며 많은 설화가 전해오고 있다.

(3) 송광사(松廣寺)

전남 승주 소재의 이 사찰은 조계산의 숲 속에 숨은 듯 들어차 있는 거대한 사찰로서 고려조에 16국사를 배출한 승보사찰로서 유명하다. 신라 말에 혜림대사가 작은 암자를 짓고 길상사라고 부르던 것을 시작으로 고려 때 보조국사 지눌이 수도와 선도의 도장으로 삼은 뒤부터 송광사로 거찰이 되었다. 예전에는 80여 동의 가람이 연이어 있어 우중에도 비를 맞지 않고 경내를 다닐 정도였다고 하며 현재는 50여 동의 가람이 즐비하게 위치하고 있다. 대웅전을 비롯하여 국보 제42호 목조3존불, 국보 제43호 고려 고종 제서, 국보 제56호 국사전(16국사의 영정 보관), 하사당, 약사전, 영산전 등 문화재가 즐비하며 천연기념물 제36호, 제44호인 이팝나무, 제88호인 곱향나무 등 자연경관 또한 빼어나서 도립공원의 중심지로서의 위치를 차지하고 있다.

16國師를 살펴보면, 보조국사 지눌(1158~1210)을 시작으로 진각국사, 청진국사, 진명국사, 원오국사, 원감국사, 자정국사, 자각국사, 감당국사, 혜감국사, 자원국사, 홍진국사 등이다.

(4) 범어사(梵魚寺)

부산시 금정구 청룡동 소재의 5대 사찰의 하나로서 산지1탑형 사찰이다. 신라 30대 문무왕 때 의상대사에 의해 창건되었고 원효, 서산대사 등 고승이 수도하였다. 사찰명의 유래는 예전에 이산의 꼭대기에 50여 척의 큰 거암이 있어 그 거암의 가운데에 샘이 있었으며 샘의 물빛은 금빛이었고 샘 안에 고기범어가 살고 있었다고 한다. 그 이후 이 산을 금정산(金井山), 또한 절을 지어범어사(梵魚寺)라고 하였다.

지금도 이산의 정상에는 금정이 남아 있어 관광객의 관심을 끌고 있다. 사찰의 주요 자원을 보면, 등나무(천연기념물 제176호), 석탑(보물 제250호), 대웅전(보물 제434호), 석등, 미륵불상 등이 있다.

(5) 화엄사(華嚴寺)

전남 구례 소재의 지리산국립공원의 중심지로서 5대 사찰의 하나이다. 화엄도량으로서 신라 진흥왕 때 인도의 승려 연기대사에 의해 창건되었고 선덕여왕 때 자장대사가 중창하였다. 문무왕 때는 의상대사에 의해 화엄십찰로 중수되고 신라 말에는 도선국사가 다시 개축하였다.

임진왜란 때 전소된 것을 인조 때 벽암에 의해 재건되었다. 주 건물은 각황전으로서 비로자나불을 모시고 있다. 특히 각황전은 일체의 보수 없이 원형대로 보존상태가 양호하여 당시의 건축물로서 큰 의미를 부여받고 있다. 경내에는 많은 국보, 보물이 소장되어 있으며 금정암, 봉천암 등의 부속암자를 거느린 관광자원이다.

제 3 절 사회관광자원

1. 개념 및 종류

종전의 관광자원이 주로 자연적 · 문화적 관광대상으로서 추구해 온 반면에 관광의 질적 발전에 발맞추어 사회적인 의미로 그 개념이 정립되고 있다. 더불어 관광자원의 생산, 소비가 관광현장에서 점차적으로 이루어짐에 따라 관광 본래의 의미를 더욱 풍족하게 하는 계기가 되고 있다. 이는 종전의 보는 관광에서 여러 요소가 병행하는, 즉 '참여하는 관광', '動的 관광 지향', 새로운 관광시대의 'New Tourism'의 개념과 맥락을 같이하여 소비자의 요구는 더욱 양적 · 질적으로 늘어날 전망이다.

사회적 관광자원은 관광지의 사회적인 분위기, 즉 국민성, 인성, 예절, 민족성, 생활양식, 풍속, 전통, 문화, 사회구성원의 사고방식 등을 뜻하며 관광객을 유인할 수 있는 강한 흡입력을 가지고 있다.

관광은 이동이 기본인 특성을 가지고 있고 이동에 따라 발생되는 타지방, 타국의 사람과의 자연스러운 만남의 연속 자체가 사회적 관광자원의 가장 중요한 요소라고 할 수 있다. 또한 그 속에서 여러 가지로 표출되는 풍속, 오랜 세월 그 지역만의 독특한 생활관습, 인정, 민족성, 국민성, 복식, 예법, 예절, 예도, 향토음식, 고유 스포츠, 교통, 취락과 도시 등 의 · 식 · 주에서 표현되는 다양한 요소들과 관광객을 따뜻하게 맞아들이는 관광지 주민의 친절도와 외부인에 대한 열린 마음, 나름대로의 개성 있는 독특한 전통문화의 계승, 독특한 민족적 이미지, 생태환경 보존, 다양한 사회적 위락시설, 개성 있는 관광 상품과 음식, 쇼핑 그리고 무엇보다도 정치적인 안정 등이 모두 사회적 관광자원의 범주에 속한다고 할 수 있다.

사회적 관광자원은 점차적으로 늘어가는 관광객의 욕구가 어떠한 관광대상을 보는 것에서 관광지의 사회문화를 이해 · 교류하는 방향으로 변화함에 따른 자연발생적 현상으로 할 수 있다.

2. 풍속

우리의 풍속은 긴 역사 속에서 독특한 생활양식을 통해 오랫동안 민중의 생활 속에서 내려온 유·무형의 산물이다. 풍속 자체가 점점 희귀화되어 가는 시점에서 더욱 민족적 강한 애착심과 전승 본능으로 국가, 국민 모두가 적극적으로 보존, 보호, 전승해 갈 의무가 더욱 커지고 있다는 데 대해 아무도 부인할 사람은 없을 것이다.

그 중에서도 가장 큰 풍속적 개념으로서 영향을 미친 네 가지 명절을 꼽는다면 설, 정월대보름, 단오, 추석이 이에 속한다고 할 수 있다. 오늘날 단오와 정월대보름의 행사는 더욱 축소되어 점차 잊혀져가는 듯 하여 뜻있는 이들에게 안타까움을 준다.

이러한 민족적 명절은 국민의 전통적 순기능을 고취시키는 데 큰 효과를 갖게 함이 분명하며, 한편으로는 이를 관광의 자원 측면에서 관광상품과 연계하여 개발·활용되도록 한다면 이로 인해 얻게 되는 내외적 수입도 대단할 것으로 생각된다.

이러한 명절의 풍속은 21세기를 맞이한 지금도 합리성과 시대성에 맞는 부분이 매우 많으므로 이의 적극적인 참여와 현대감각에 맞도록 적절히 유지·존속시켜 나가려는 노력은 그 무엇보다 소중하다고 생각된다.

1) 설

설은 신정, 설날, 신일이라고도 하며 새해를 시작하는 첫날로서 주위와 자신을 깨끗이 하고 제례의식을 갖추며 다양한 풍속과 놀이로서 함께 하는 명절이다.

구체적 풍속을 보면, 설빔, 차례, 세배, 덕담, 성묘, 세찬, 세주, 복조리, 세화, 소발, 야광귀, 널뛰기, 윷놀이, 연날리기 등의 놀이, 풍속 등이 있다.

오랜 세월동안 우리 민족의 전통 속에 면면이 이어져 내려온 세수, 연수라 부르기도 한 설의 유래는 농사를 생업의 근본으로 중요시했던 한민족의 풍우제에서 비롯되었을 것이라는 게 일반적인 견해이다.

설의 어원에 대해 살펴보면, 한 해가 시작되는 첫 날에 몸과 마음을 깨끗하게 유지하라는 뜻인 '신일'에서 설이라는 말이 생겨났다는 것은 육당 최남선의 주장이고 나이 즉 해갈음을 뜻하는 '살'에서 설이란 명칭이 유래했다는 학설도 있다.

2) 정월대보름

새해에 처음 맞이하는 음력의 만월이 정월대보름으로서 이때에는 아녀자도 부분적으로 외출이 허용되었고 주요 놀이로는 놋다리밟기, 석전, 씨름, 횃불놀이, 줄다리기, 차전놀이, 달마중, 지신밟기, 다리밟기, 더위팔기, 귀밝이술(耳鳴酒) 마시기, 약식, 오곡밥 등의 다양한 풍속이 있다. 구체적으로 살펴보면, 음력 정월보름날을 한자로는 '上元'이라고 한다. 상원이란 中元(중원 · 음력 7월 15일 백중날)과 下元(하원 · 음력 10월 15일)에 대칭되는 말로서 이것들은 모두 교도적인 명칭이나, 이 날은 우리 세시풍속에서는 가장 중요한 날로 설날만큼 비중이 크다. 우리나라의 세시풍속에서는 보름달이 가지는 뜻이 아주 강하였다. 정월대보름이 우선 그렇고 다음의 큰 명절이라고 할 수 있는 추석도 보름날이다.

한편, 보름날에는 절식으로서 약밥, 오곡밥, 묵은 나물과 복쌈, 부럼, 귀밝이술을 먹으며 다리밟기, 나무 시집보내기, 백가반 먹기, 나무 아홉짐하기, 곡식안내기 등을 행한다. 또한 이날 행하여지는 농점으로서는 달집태우기, 사발점, 그림자점, 달불이, 집불이, 소밥주기, 닭울음점 등이 있으며, 제의와 놀이로서는 지신밟기, 별신굿, 안택고사, 용궁맞이, 쥐불놀이, 관원놀음, 들놀음과 오광대 탈놀음 등이 있다.

3) 단오

단오는 음력 5월 5일을 일컫는 날로서 천중절이라고도 부르는데, 이때가 절기 중 양기가 가장 왕성한 계절로서 더위가 서서히 시작된다. 단오풍속으로서는 단오선, 그네, 씨름, 창포로 머리감기, 부적, 익모초, 쑥 뜯어말리기, 대추나무 시집보내기 등이 있다.

예로부터 단오행사가 유명하게 벌어졌던 곳으로 특히 강릉은 무형문화재 제13호로 지정되어 강릉단오제가 보호 · 전승되고 있으며, 이의 관광자원으로서 소재적인 재료로의 개발가능성은 무한하다고 할 수 있다.

4) 추석

추석은 음력 8월 15일로서 한가위, 가배일이라고도 하며, 외국의 경우도 대체로 추수감사제(Thanksgiving day)로서 즐기는 경절로서의 공통성을 갖고 있다. 우리의 경우는 신라 유리왕 때부터 이 명절이 시작되어 내려왔다고 하며, 주요 풍속으로는 벌초, 차례, 강강술래, 반보기 등의 풍속이 있다. 기후조건이 좋고 수확의 기쁨 속에 민족적인 화합과 즐거움과 더러움을 같이하며 조상을 찾아보는 민족의 대명절로서 지금도 귀성의 민족적 이동을 이룰 정도로 큰 풍속으로 전해지고 있다.

추석날의 차례는 어느 특정인을 추모하는 기제사와는 달리 직계조상을 한 자리에 모시므로 신위는 사진으로 하지 않고 지방으로 하는 것이 보통이다.

3. 향토음식

1) 향토음식의 개념

우리나라는 긴 역사 속에 지리적인 특성, 기후적인 특성 등으로 전국적으로 특색 있고 풍성한 음식을 향유하여 왔으며 이는 오늘날 국제화의 지구촌시대에 훌륭한 관광자원으로서 호평을 받고 있으며 내외국인에게 애용되고 있는 것이 사실이다. 이에 대한 국민적 관심과 현대적 · 국제적 감각에 맞도록 전승, 개발해 간다면 더욱 그 가치가 빛날 것으로 생각된다.

입국관광객은 물론이고 내국인에게도 양식보다는 한식이 더욱 선호되고 있으며 공통적으로 불고기, 김치, 두부, 신선로 등의 음식은 단연 지명도가 높은 음식이다.

여행의 4요소 가운데 먹거리는 의미하는 바가 크다고 할 수 있으며 해당지역에서만 맛볼 수 있는 양질의 메뉴가 된다면 관광의 질적 수준을 더욱 높여줄 수 있는 효과를 거둘 수 있을 것이다. 또한 해당지역의 입장에서는 수익을 높여줄 수 있는 등의 여러 효과를 거둘 수 있다. 이는 오랜 우리의 역사 속에 전해져 온 특성을 갖고 있으므로 이의 특성화, 지역적 차별화는 더욱 철저히 지켜져야 할 것이다.

2) 시도별 향토음식

(1) 서울·경기 지방

조선조 오백년의 수도였던 서울은 조선시대풍의 요리가 주종으로서 궁중음식의 영향을 받아 고급스럽고 화려한 특징이 있다. 신선로, 육개장 등이 대표적이며 밭농사, 논농사가 발달한 경기도는 서해안과 접해 있어 소재가 다양한 음식의 특징이 있다. 그러나 서울보다 소박하고 양념도 수수하다. 그러나 고려의 수도였던 개성의 음식은 매우 화려하다. 냉이국, 개성 무찜, 조랭이 떡국, 비늘김치, 닭젓국, 개성주악, 장떡, 개성편수 등이 대표적이다.

(2) 강원도

강원도는 한류와 난류가 엇갈리는 동해와 면하고 있고 태백산맥을 잇는 산과 골짜기, 분지가 어울려 있는 곳이다. 따라서 산골마다 각각 생산물이 다르고 해안지방에서 나는 산물이 또 다르다. 감자, 옥수수, 메밀, 도토리가 많이 나서 이것들을 주식의 재료로 삼았는데 이 식품들이 평상시에는 주식이면서 또 향토별미로서 사랑을 받는 음식이 되었다. 산악지방에는 육류를 쓰지 않는 음식이 많으며 해안지방에서는 멸치나 조개를 넣어 음식의 맛을 낸다. 이 지역도 다른 지방과 마찬가지로 특산물을 이용해서 만드는데 고유한 음식으로는 감자부침, 총떡, 무송편, 메밀막국수, 오징어순대, 오징어불고기, 감자송편, 북어식혜, 부각, 삼숙이탕, 생선회 등이 있다.

(3) 충청도

충청도 음식은 꾸밈이 없고 소박하며 곡식의 생산이 많아 죽, 국수, 수제비 같은 음식이 흔하다. 늙은 호박으로 죽을 쑤거나 범벅을 만드는 것이 다른 지방과 견주어 특이하다. 또 국물을 내는 데는 고기보다 해산물을 많이 쓴다.

충청도에서는 농업이 성해서 쌀, 보리, 고구마와 같은 곡식과, 무, 배추 따위의 채소 그리고 목화와 모시가 많이 생산된다. 또 서해와 접해 있는 해안지방은 좋은 어장을 갖추고 있다. 청원군에서는 과수재배가 활발하고 특히 성환의 배와 참외가 유명하다.

껍질의 생김새 때문에 개구리참외라고도 부르는 성환 참외는 맛이 아주 뛰어나지만 요즈음에는 거의 보기가 힘들다. 충청도의 대표적인 음식으로는 청국장, 호박찌개, 호박지찌개, 호박범벅, 녹두죽, 청포묵, 열무짠지, 오이지, 쇠머리떡, 팥죽, 굴냉국, 아욱국, 무엿, 수정과, 호박꿀단지 등이 있다.

(4) 전라도

전라도의 여러 특산물 가운데 가장 관심을 끄는 것은 약산의 흑염소이다. 전라남도 완산군 약산에서 나는 갖가지 약초 가운데에 삼지구엽초를 먹고 자란 이곳 흑염소들은 다른 지방의 것보다 효험이 좋아 값이 곱절이나 더 나간다.

전라도는 곡식과 해산물과 산채가 두루 풍부하다. 음식을 만들 때에는 넉넉한 재료들을 가지고 정성을 많이 들여 음식이 매우 호사스럽다. 조선왕조 왕가인 전주 이씨의 본관이 되는 전주를 비롯하여 전라도의 여러 곳에서 부유한 토반들이 대를 이어 좋은 음식을 전수하고 있으므로 어느 지방도 따를 수 없는 풍류와 맛의 고장이라 하겠다.

전라도에서는 가짓수가 많고 사치스러운 음식이 많은데 전주비빔밥, 콩나물국밥, 전라도 김치, 두루치기, 광주의 애저, 머위나물, 꼬막회, 나주 집장, 유자정과, 광주백당, 홍어어시욱, 부각 등이 있다.

(5) 경상도

경상도 지방은 특산물 가운데 하나인 영양의 고추가 관심거리이다. 이곳은 옛날부터 고추재배가 성했던 곳으로 고추의 껍질이 두꺼워 가루가 많이 나고 매우면서도 단맛이 있어 높은 값을 받는다. 경상도는 동해와 남해에 접해 있어 해산물이 풍부하고 곡식도 골고루 생산된다. 음식의 간은 맵고 짠 편이며 물고기를 고기라고 할 만큼 생선을 제일로 쳐서 해산물을 넣은 음식도 매우 많다. 곡물음식 가운데에서는 국수를 즐기며 범벅이나 풀떼죽은 별로 즐기지 않는다. 경상도에서는 해산물이 풍부하므로 해산물을 많이 쓰는 것이 특징이다. 대표적인 음식으로는 진주비빔밥, 마산 미더덕찜과 아구찜, 안동식혜와 건진국수, 골곰짠지, 동래의 파전, 콩가루 배추국, 추어탕, 대구탕 등이 있다.

(6) 제주도

제주도의 특산물 가운데에서 가장 유명한 것은 감귤이다. 감귤은 삼국시대부터 재배하였고 전복과 함께 임금께 올리는 진상품이었다.

제주도 음식은 채소와 해초가 주된 재료이다. 음식을 많이 하거나 양념을 많이 넣거나 한 번에 여러 가지 재료를 섞어서 만드는 음식은 별로 없다. 재료가 가지고 있는 자연의 맛을 그대로 내려고 하는 것이 이곳 음식의 특징이다. 제주도에서만 나는 자리돔, 옥돔이 있고 전복과 꿩이 많으며 한라산에서는 표고버섯과 산채가 난다. 대표적인 음식으로는 전복죽, 옥돔죽, 빙떡, 돼지고기 육개장, 고사리국, 자리물회, 톨냉국 등이 있다.

(7) 황해도

황해도는 북부지방의 곡창지대로 연백평야와 재령평야에서의 쌀 생산이 풍부하고 잡곡도 많이 난다. 육류는 닭고기를 많이 쓰고 김치를 담글 때에는 독특한 향을 가진 고수와 분디라는 채소를 쓴다. 음식은 구수하고 소박한 편이며 겉모양을 내는 일도 별로 없고 큼직하고 푸짐하게 만들어 먹는다.

황해도에서 나는 과일로는 사과, 배, 밤들을 꼽을 수 있는데, 사과는 특히 황주의 것이 유명하다. 황해도에서는 음식에 특별한 기교를 부리지 않으며 대표적 음식으로는 청포묵, 되비지탕, 행적, 남매죽, 냉콩국, 돼지족조림, 김치밥, 김치말이, 고수김치 등이 있다.

(8) 평안도

평안도의 특산물 가운데 하나인 밤은 성천, 강동, 양덕에서 재배하여 평양 약밥으로 파는데 품질이 좋다.

평안도는 산세가 험하지만 서해안에 면하고 있어 해산물이 풍부하고 곡식과 산채도 많이 난다. 평안도 사람들의 성품은 대륙적이고 진취적이어서 음식도 큼직하게 먹음직스럽고 푸짐하게 마련한다. 추운 지방이어서 기름진 육류음식을 즐겨 먹으며 메밀로 만든 냉면과 만두국 같이 가루로 만든 음식도 많다. 음식의 생김새보다는 소담스럽게 많이 담는 것을 즐긴다.

이곳의 음식의 간은 싱거운 편인데 대표적인 것들로는 평양냉면, 어복쟁반, 온반, 녹두지짐, 내표중탕, 굴만도, 노티(놋치), 되비지, 순대 등이 있다.

(9) 함경도

함경도와 닿아 있는 동해안은 리만한류와 동해난류가 교류하는 세계 3대 어장의 하나로 여러 생선들이 두루 잡힌다.

함경도는 험악한 산간지대로 논농사보다는 밭농사가 발달하여 잡곡의 생산이 많으며 한류와 난류가 교차하는 동해의 어장을 끼고 있어 여러 가지 생선들이 많이 난다.

이곳 음식의 간은 짜지 않고 담백하나 마늘, 고추 같은 양념을 강하게 쓴다. 함경북도로 올라갈수록 간은 세지 않고 담백하며 음식의 모양도 큼직하고 시원스럽다. 장식도 단순하며 기교를 부리거나 사치스러운 음식은 별로 없다. 대표적인 것으로 가릿국, 회냉면, 가자미식혜, 동태순대, 감자국수, 콩부침, 닭비빔밥, 잡곡밥, 갓김치 등이 있다.

3) 지역별 향토음식의 분포

① 서울 : 전골, 설렁탕, 곰탕, 신선로, 탕평채, 삼계탕, 육개장, 해장국, 청국장찌개, 갈비구이

② 부산 : 동래파전, 전복죽, 장어구이, 산성막걸리, 광어회, 암소갈비, 완당, 재첩국

③ 대구 : 따로국밥, 추어탕, 육개장

④ 수원 : 찹쌀떡, 소갈비구이

⑤ 강화도 : 감자떡, 시래기된장국

⑥ 여주 : 머루주, 다래주

⑦ 용인 : 전골, 동동주

⑧ 포천 : 더덕구이, 도토리묵

⑨ 속초 : 오징어 순대

⑩ 춘천 : 막국수, 닭갈비, 쏘가리탕

⑪ 청주 : 가락국수

⑫ 대전 : 설렁탕

⑬ 공주 : 장국밥, 매운탕

⑭ 서산 : 어리굴젓

⑮ 전주 : 비빔밥
⑯ 무주 : 매실주, 뱀탕
⑰ 고흥 : 진석화젓
⑱ 순창 : 고추장
⑲ 안동 : 두루치기, 식혜, 헛제삿밥, 건진국수, 찜닭
⑳ 경주 : 법주, 유과, 황남빵, 콩나물국밥, 닭개장
㉑ 영덕 : 회덮밥, 게다리구이, 게찜
㉒ 상주 : 지짐
㉓ 진주 : 비빔밥
㉔ 마산 : 아구찜, 미더덕찜
㉕ 진영 : 단감
㉖ 하동 : 화개녹차, 재첩
㉗ 밀양 : 대추
㉘ 충무 : 김밥
㉙ 울릉도 : 호박엿
㉚ 제주도 : 전복죽, 꿩요리, 자리회, 칼치회, 해물뚝배기, 빙떡 등

4. 문화관광축제

문화체육관광부장관은 다양한 지역관광자원을 개발·육성하기 위하여 우수한 지역축제를 문화관광축제로 지정하고 지원할 수 있다(관광진흥법 제48조의2 제3항).

문화관광축제는 각 지방자치단체와 문화체육관광부가 외래 관광객 유치확대 및 지역관광 활성화를 위해 전국 지역축제 중에서 관광상품성이 큰 축제를 대상으로 해마다 지속적으로 확대지원육성하고 있는 축제이다. 매년 전문가들로 구성된 선정위원회에서 관광상품성을 기준으로 대표적인 축제를 선정하게 된다.

전통문화와 독특한 주제를 배경으로 한 지역축제 중에서 관광상품이 큰 축제를 선정하여 문화체육관광부에서 집중육성하고 재정적인 지원을 하고 있으며, 외래관광객 유치 증진 및 지역경제 활성화에 기본방향을 두고 있다.

1) 이천 도자기축제(利川陶磁器祝祭, Ichon Ceramics Festival)

매년 9월 말경에 도예촌을 중심으로 개최된다. 인근에 있는 해강 도자기박물관과 무색무취의 단순천인 이천온천에 가서 하루를 즐길 수도 있다.

전통 가마불 지피기, 도자기 제작 시연 등 도자기와 관련된 다양한 볼거리를 제공하는 이 문화제는 경기도 이천의 지역특산물인 도자기·쌀·온천을 소개하기 위해 마련된 향토문화제이다. 이 문화제는 이천온천장의 야외 행사장과 해강 도자기미술관, 도예촌 일원의 9개 가마 등지를 중심으로 펼쳐지는데, 행사기간 동안 전통 도공기원제, 전통 가마불 지피기, 이천 거북놀이 시연 등의 전통 민속 행사와 현대 무용단 퍼포먼스, 설봉음악제, 이천도예가 작품전 등의 현대적 축하행사가 조화롭게 어우러진다.

이 밖에도 도자기제작 시연, 경축 퍼레이드, 이천 설봉아가씨 선발대회, 야외영화제, 설봉미술제, 수석전시회, 설봉음악제 등 다채로운 행사가 펼쳐진다.

2) 강릉단오제(江陵端午祭, Kangnung Tano Festival)

강릉단오제는 음력 5월 1일에 올려지는 영신제에서 막이 오른다. 음력 5월로 접어들어 닷새 동안 진행되는 강릉단오제는 실제로 음력 3월 20일에 신에게 바칠 술을 빚는 데서부터 시작된다. 이 신맞이 제사는 국사 여서낭당에서 올려지는데, 이곳에 모신 대관령 국사 서낭을 잔치가 벌어질 남대천가로 옮겨 모시는 절차이다.

국사 여서낭당에서 제사를 마친 영신행렬은 농악대, 제관, 무당을 앞세우고 꿧대와 신들린 나무를 받들고 남대천으로 가서 신들린 나무를 백사장에 꽂는다. 이로써 신이 함께 했음을 알린다.

영신제에 뒤이어 등불행진이 벌어지며, 단오지가 끝나는 음력 5월 6일까지 관노 가면놀이, 그네뛰기, 농악, 씨름, 활쏘기 등의 민속놀이와 단오굿, 시조·민요 부르기, 다양한 체육행사 등이 화려하게 펼쳐진다.

단오제를 마감하는 5월 6일에는 큰 서낭당의 뒤뜰에서 소제가 있다. 이때에는 단오제를 위해 만든 모든 것을 불태우며 그동안 여서낭당에 모셨던 국사서낭을 대관령 국사 서낭당으로 다시 모셔간다. 이 봉송이 끝나면 근 50일간의 강릉단오제가 끝을 맺게 된다.

강릉단오제의 예술부분에서 가장 두드러지는 대목은 단오굿과 관노 가면놀이다. 특히 관노 가면놀이는 조선시대에 이곳 관아에서 벼슬아치들의 시중을 들며 온갖 궂은일을 도맡아 했던 노비들의 탈놀이로, 대사가 한 마디도 없는 무언극으로서 눈길을 끈다.

이 놀이에는 양반과 소무각시(또는 소마당)와 장자마리(또는 보 쓴 놈) 둘과 시시딱딱이(또는 상좌 광대) 둘이 등장한다. 모두 네 마당으로 이루어져 있으며, 소무각시를 둘러싸고 양반과 시시딱딱이가 사랑싸움을 벌이다가 양반이 이긴다는 내용을 담고 있다.

관노 가면놀이와 함께 강릉단오제에서 주목되는 것은 무당들에 의해 이루어지는 단오굿이다. 단오굿은 강릉단오제의 핵심을 이루고 있는데, 특히 단오제가 본격적으로 시작되는 음력 5월 1일부터 5월 5일까지는 무당굿이 한창이다.

3) 진해군항제(鎭海軍港祭, Chinhae Gunhang Festival)

벚꽃이 피는 4월 초에 맞춰 해마다 군항제가 열린다. 진해에서 벚꽃이 가장 아름답게 피는 곳은 탑산으로 불리는 제왕산 공원과 해군 통제부 일원이다. 그리고 장복산 터널에서 여좌동까지의 4.2km 남짓한 국도변에는 30~40년생 벚나무 3천여 그루가 죽 늘어서 있어 이곳을 방문하는 사람들에게 깊은 인상을 심어 준다.

개화 예정일은 4월 1일~8일경이며, 절정기는 4월 5일~8일경이다. 진해시 전역에 분포한 7만여 그루의 20~70년생 벚나무가 개화를 시작하면 온 시내가 벚꽃 터널을 이루고 벚꽃이 뿜어내는 향기와 남해안의 아기자기한 섬들로 이루어진 풍경은 진해를 더할 나위 없는 봄의 천국으로 만든다. 그리고 매년 4월에 개최하는 군항제 기간에 해군사관학교를 개방하므로 이 일대의 벚꽃을 마음껏 즐길 수 있다.

진해의 벚꽃은 1905년 일본이 한국 침략 당시 진해에 해군사령부를 설치하고 벚꽃을 심은 것이 시초였다. 진해 벚꽃관광의 중심이 되는 벚꽃장은 충무공 이순신장군의 동상에서 해군통제부까지를 일컫는데, 특히 탑산이라 불리는 제왕산 공원의 벚꽃동산과 해군통제부 내의 벚꽃길이 압권이다.

이 충무공 추모제를 시작으로 개최되는 군항제는 1만여 개의 오색등에 불이 밝혀지는 전야제와 경축식, 시가행진, 문화와 체육행사 등 50여 종의 다채로운 행사로 꾸며진다.

해군 군악대의 연주에 맞춰 의장대의 시범이 있고 민속농악, 강강수월래, 사물놀이, 축등행렬 등이 진해의 밤거리를 수놓게 되는 진해군항제는 평소에 쉽게 접하기 힘든 다양한 볼거리로 관광객들을 흥분의 도가니로 인도한다.

4) 한산대첩제

통영 한산대첩제는 임진왜란 때의 한산대첩을 기리기 위한 기념제로 매년 10월에 행해지고 있다. 한산대첩제는 통영시 일대의 한산대첩유적지에서 펼쳐지는데, 보통 10월 15일을 전후로 5일 동안 계속된다.

이 향토문화축제가 시작되는 첫 날에는 전야제가 진행되는데, 오후 4시 통영 여객선 부두에서 이순신 장군과 군졸들의 넋을 기리는 오귀새남굿이 한산대첩제의 시작을 알리며 분위기를 고조시킨다.

오귀새남굿으로 넋을 건진 일행들을 충렬사까지 길을 인도하고(길놀이행사) 고유제를 올린다. 이때 시민들과 집사, 악사 등이 30매듭을 묶은 광목 두 줄을 길게 늘어뜨리며 시가를 누빈다.

한산대첩제를 널리 알리는 고유제는 오후 6시부터 1시간 동안 진행되며, 이후에 축등행렬, 불꽃놀이, 해군군악의 밤 등의 행사가 여객선 부두와 시내 곳곳에서 행해진다.

5) 남원 춘향제(南原 春香祭, Namwon Chunhyang Festival)

음력 4월 8일부터 3일~4일 동안 남원 광한루에서는 30여 가지 행사가 열린다. 전국 각지에서 이를 참관하기 위해 매년 20여만 명의 관광객이 몰려들어 큰 성황을 이룬다.

남원 춘향제는 춘향의 높은 정절을 기리고 그 얼을 계승·발전시키기 위해 매년 음력 4월 8일에 열리는 남원의 전통민속제전이다.

이 문화제는 1931년 춘향의 사당인 춘향사를 짓고, 그 해부터 이도령과 춘향이 처음 만났다는 5월 단오를 기해 매년 행사를 열어 왔으나, 이때가 농번기라서 춘향의 생일인 4월 8일에 개최하고 있다.

춘향제의 축하행사는 춘향묘 참배, 춘향제사, 전야제와 등불행렬, 무용·기악 · 창악 등 국악인의 밤, 가장행렬, 농악, 씨름, 그네뛰기, 시조 경연대회, 전국 남녀궁도대회, 전국 국악명창경연대회, 춘향선발대회 등 30여 종목에 이른다.

남원역에서 남쪽으로 10분쯤 걸어오면 시내 한복판에 있는 남원의 상징인 광한루가 있는데, 명정승 황희가 유배되어 지은 누각이며, 춘향전으로 더 유명해졌다. 지난 80년대에 들어 정화된 광한루는 은하수를 상징한 연못을 향하여 남쪽에 있다. 연못에는 완월정이라는 정자가 세워져 있으며 여기서 각종 행사가 실시된다.

오작교는 연못 주위에 놓은 돌다리를 말한다. 광한루 옆에는 춘향의 영정이 모셔진 춘향사가 있으며, 초가집으로 지어진 월매의 집에서는 동동주 등을 팔고 있고, 그 맞은편에는 춘향이와 이도령을 만나게 해 준 그네가 매달려 있다.

광한루(보물 제281호)라는 이름은 세종 26년 전라 관찰사 정인지가 남원 순시길에 광통루에 올라 "광한청허부가 바로 이곳이 아니더냐"라고 감탄하여 광한루라 고쳐 불렀다고 한다. 세조 7년 새로 부임한 장의국은 광한루 앞에 호수를 만들고 오작교를 만들었으며, 송강 정철은 삼신산을 상징하는 섬을 구축하여 천체와 우주를 상징하는 각종 설비를 조성했다. 그러나 정유재란 때 왜군에 의해 완전 소실되어 선조 40년 작은 규모의 누각을 세웠으나, 얼마 후 퇴락하여 무너지고 옛 모습을 잃게 되었다.

남원에서는 이곳 광한루를 무대로 한 '춘향전'의 작가를 채주익이라 믿고 있다. 채주익은 문과에 급제하였으나 풍류를 즐겨 기방출입이 잦았는데, 그 때마다 기생들에게 '춘향전'의 가사를 지어 들려주었다고 한다.

광한루의 본관 동쪽에는 '만고열녀 춘향사'라는 현판이 걸린 춘향사당이 있는데, 입구에는 '님 향한 일편단심(一片丹心)'을 줄여 단심이라고 쓴 단심문(丹心門)이 있다.

춘향의 영정을 모신 춘향사와 오작교의 잉어떼를 보고 월매집의 동동주 한잔 마시고 그네를 타면 이도령과 춘향이가 된 기분이 든다.

6) 광주 비엔날레(Kwangju Biennale)

매 짝수연도 가을에 주로 개최된다. 세계적인 관심 속에 개막된 1995년도 제1회 광주 비엔날레에는 '경계를 넘어'라는 주제로 세계 80여 국가에서 약 600여명의 작가가 참여하여 현대미술의 다양한 흐름을 보여 주었다.

관람인원도 연간 약 100만 명에 달하는 비엔날레는 사상과 인종을 초월, 세계 각 지역의 작가들이 폭넓게 참여함으로써 국제적인 예술축제로 발전되고 있다.

비엔날레 전시관 중 하나인 광주시립박물관에는 남도의 전통화, 한국의 대표작뿐만 아니라 피카소, 칸딘스키 등 세계적인 작가들의 작품이 소장되어 있다.

7) 김치축제(Kimchi Festival)

대표적인 한국 음식인 김치를 테마로 하는 광주 김치축제가 해마다 10월경에 광주에서 열린다. 개막식행사와 퍼레이드를 시작으로 본격적인 축제가 시작되는데, 가장 손꼽히는 행사로는 김치왕 선발대회를 들 수 있다.

전시행사로는 김치역사의 발자취가 시대별 · 항목별로 전시되며, 다양한 김치요리와 옹기들이 역사별 · 모형별 · 지방별로 구분되어 사진 및 실물로 선보이게 된다.

또한 전국 8도를 15개 지역으로 나누어 김치지도와 함께 팔도 명물 김치가 소개되고, 수천 년 동안 전해 내려오는 사찰 김치와 각종 음식도 전시된다. 특히 이 축제에는 외국 관광객과 국내 거주 외국인을 위하여 '김치 칼리지'를 개설해서 김치축제와 대학 그리고 김치생산업체를 연계, 김치 만드는 방법을 쉽게 배울 수 있도록 했다.

아울러 행사 현장에서 배운 방법으로 김치를 직접 담근 후 준비된 용기에 담아 가져갈 수 있도록 하고 있다.

8) 진도 영등제(珍島影燈祭, Chindo Youngdung Festival)

진도는 각종 민속풍물들의 원형이 가장 잘 보존된 곳으로 유명하다. 한 폭의 산수화를 연상시키듯 아름다운 자연경관을 갖춘 진도에서는 매년 음력 3월초, 회동리와 바다 건너 모도리 사이 2.8km 바닷물이 30m 정도의 폭으로 갈라지면서 신비의 바닷길이 열린다.

이름하여 한국판 모세의 기적이라 할 수 있다. 이때가 되면 온 섬은 축제의 열기로 휩싸이고, 전국은 물론 해외에서도 관광객이 몰려와 발 디딜 틈이 없어진다. 구약성서에 기록된 홍해의 기적처럼 바다가 양편으로 갈라져 그 사이로 하나의 길을 이루는 이 기이한 현상은 그래서 '신비의 바닷길'로 불린다. 해지기

한 시간 전부터 시작되며, 길이 생기면 건너편의 모도를 걸어서 다녀와도 좋고, 바위나 바닥에 널린 해산물 등을 잡을 수도 있다. 이 바다 열림 현상은 평소 수심 5~6m에 이르는 회동 해안과 모도 사이의 바다에서 길이 2.8km, 폭30m의 일정한 반월형의 길이 드러나는 것을 말한다.

진도 회동 해안이 이렇듯 유명세를 타기 시작한 것은 지난 1975년 주한 프랑스 대사 피에르 랑드씨가 이곳에서 현장을 목격하고 귀국한 후 감격의 장면들을 신문 등에 기고하면서 전 세계에 알려지게 되었다. 국립천문대를 비롯한 관계 학자들에 의하면 진도 회동 해안의 이 같은 현상은 진도 특유의 지형적인 요인과 해와 달의 인력이 가장 강할 때 일어나는 해수 간만의 차이에서 비롯되는 현상이라고 한다. 매년 진도에서는 이에 맞춰 전통 향토문화축전행사를 벌이고 있는데, 진도 영등축제가 바로 그것이다.

9) 화천 산천어축제

북한강 상류 화천군의 청정 환경을 산천어와 연결하여 매년 열리는 축제이다. 2000년에 처음 시작한 '낭천 얼음축제'를 2005년도에 새로운 테마와 이름으로 시작하였다.

주요 프로그램은 산천어얼음낚시대회, 창작썰매 콘테스트, 얼음축구대회, 빙상경기대회, 겨울철 레포츠 체험행사로 진행된다. 각종 낚시대회와 더불어 눈썰매타기, 얼음썰매 타기, 눈던지기 경기, 인간투포환경기, 빙판 인간새총, 빙판골프, 빙판골넣기, 인간컬링, 눈사람만들기대회, 사진 콘테스트 등이 다채롭게 펼쳐진다. 무에서 유를 창조한 대표적인 지역관광 이벤트이다. 매년 1월 중에 개최되는데, 매년 100만 명 이상이 찾아온다.

10) 금산 인삼축제

금산 인삼의 역사는 약 1,500여 년 전, 금산의 진악산 관음굴에서 정성껏 어머님의 병환 쾌유를 빌던 강씨 성을 가진 선비에게 꿈에 산신령이 나타나, "관음봉 암벽에 빨간 열매 3개 달린 풀이 있으니 그 뿌리를 달여 드리라"는 계시를 받고, 그 풀을 찾아서 약으로 쓰고 씨앗을 개안마을에서 재배하기 시작한 것이 금산인삼의 유래라고 한다.

금산 인삼축제(Kumsan Ginseng Festival, 金山人蔘祝祭)는 다음해의 풍년과 전 인류의 영약으로 인삼이 널리 활용되기를 기원하는 전통문화행사이다. 이 행사로 건강과 젊음 그리고 아름다움을 지켜 주는 신비의 영약인 인삼, 인삼의 참맛과 효능은 물론이고 한국 전통문화의 정취를 맛볼 수 있다. 개삼제, 산신제 등의 전통의식과 민속행사, 각종 공연행사와 관광객 참여행사 등 예로부터 이어져 내려온 인삼의 고장인 금산의 넉넉한 인심을 만날 수 있다.

11) 보령머드축제(www.mudifestival.or.kr)

보령에서 생산되는 머드를 주제로 하는 관광객 체험형 이벤트로, 1998년 7월 처음으로 축제를 개최되었다. 136km에 이르는 기다란 해안선을 따라 형성된 고운 진흙을 활용해 본격적인 상품화에 들어가 대천해수욕장에 머드팩 하우스를 설치하고 매년 해수욕장 개장과 함께 이 축제를 개최하고 있다. 축제기간에는 갯벌관련 각종 프로그램인 마라톤, 커플슬라이드, 머드마사지, 극기체험 등이 다양하게 펼쳐진다.

12) 안동 국제탈춤 페스티벌

탈하면 안동이라고 불릴 정도로 안동 탈은 그 오랜 역사만큼 유명하다. 우리네 신명과 애환을 펼쳐왔던 탈춤을 안동에서 국제적인 축제로 발전시켰다. 축제기간 동안 세계 탈전시회, 탈춤 워크숍, 판소리 한마당 등 다채로운 행사가 펼쳐진다.

13) 청도 소싸움축제

청도 소싸움축제는 전국 최대 규모의 소싸움 경기를 중심으로 열리는 행사로 오랜 역사와 전통을 인정받아 문화체육관광부가 선정하는 '99문화관광축제로 지정되었으며, 2001년에 상설 투우장이 완공되었다.

14) 부산 국제영화제(BIFF)

부산 국제영화제는 한국 영화산업의 메카 중 한 곳인 부산에서 매년 가을에 지방자치단체와 기업체의 후원으로 열리는 우리나라 최초의 국제영화제로 1996년 1회를 시작으로 아시아를 중심으로 한 세계 영화의 새로운 장을 펼친 국제적인 영화축제로서 세계 유명배우 및 감독들이 참가하여 관람객들과 영화에 대한 진지한 토론의 장이 되기도 하며, 아시아 영화를 재조명하며 새로운 비전을 제시하는 세계적인 영상문화축제이다. 수준 높은 작품의 확보 및 다양한 프로그램, 관객과 영화인의 높은 참여와 관심, 안정적인 조직 및 원활한 운영, 항구도시가 갖는 높은 관광자원의 가치 및 지역사회의 폭넓은 지원 등이 장점이다. 이러한 장점으로 인해 부산국제영화제는 우리나라 최초의 세계적인 수준의 국제영화제로서의 위상을 굳히고 있으며 한국영화를 세계에 알리는 데에도 크게 기여하고 있다.

15) 무주 반딧불축제

반딧불이 날으는 시기인 5월 중순부터 7월까지 밤 9시부터 10시 사이에 덕유산을 배경으로 밤하늘에는 별과 반딧불이 벌이는 환상적인 불꽃놀이가 시작된다.

이처럼 반딧불이 한국에서 가장 많이 서식하는 것은 공해가 없는데다가 반딧불의 유충이 먹는 다슬기가 무주 남대천에 많이 서식하고 있으며 이 주변의 습도가 알맞기 때문이다. 그래서 청량리에서 소천리 사이 3km 남대천 일대는 '반딧불과 다슬기 서식지' 천연기념물 제322호로 지정되어 보호받고 있다.

〈표 4-12〉 문화관광축제 현황

지역	등급	축제명	기간	장소	주요프로그램
서울 (1)	유망	한성백제 문화제	10.6~10.9	올림픽공원, 석촌동그분군 등	한성백제체험마을, 역사문화거리 행렬, 한성백제 혼불채화식 등
부산 (2)	유망	동래읍성 역사축제	10.7~10.9	동래문화회관, 읍성광장, 온천장 일원	동래부사행차길놀이, 동래성전투 실경뮤지컬, 동래세가닥줄다리기 등
	유망	광안리 어방축제	4.22~4.24	광안리 해수욕장 일원	그물끌기 한마당, 어방민속마을, 경상좌수사행렬 등
대구 (1)	유망	대구약령시 한방문화축제	5.4~5.8	대구 중구 약령시 일원	고유제, 2016 정성탕 나누기, 한약 방체험, 스템프 골목투어 등
인천 (1)	유망	인천펜타포트 음악축제	8.12~8.14	달빛축제공원, 인천내 원도심, 지역 라이브클럽 등	펜타포트 스테이지, 드림스테이 지, 플레이그라운드, 푸드존, 텐트 캠핑존 등
광주 (1)	최우수	추억의 7080 충장축제	9.29~10.3	국립아시아문화전당, 충장로, 금남로 등	추억의 테마거리, 추억의 고고장, 충장미래공작소, 거리퍼레이드 등
대전 (1)	유망	대전효문화 뿌리축제	9.23~9.25	「효!월드」 뿌리공원 및 원도심 일원	문중 퍼레이드, 전국 청소년 동아 리 경진대회, 해외민속공연, 수상 창극 등
울산 (1)	유망	울산 옹기축제	5.5~5.8	외고산 옹기마을 일원	스토리액터, 민속놀이, 이글루 만들기, 미꾸라지 잡기, 옹기 웰빙 소품 전시 등
경기 (4)	최우수	이천 쌀문화축제	10.19~10.23	이천시 설봉공원	농심풍년큰잔치, 거북놀이, 마당극 이천쌀 스토리, 설봉미술대회 등
	대표	자라섬 재즈페스티벌	10.1~10.3	자라섬 및 가평읍내 일원	재즈 아일랜드, 파티스테이지, 미드나잇 재즈카페, 웰컴포스트 등

지역	등급	축제명	기간	장소	주요프로그램
	유망	여주 오곡나루축제	10.28~10.30	여주 신륵사 관광지 일원	옛날나루터 정취재연 동물농장, 마당극, 마차타고 고구마 캐기, 동물경주장 등
	유망	안성남사당 바우덕이축제	9.29~10.3	안성맞춤랜드, 안성시 일원	안성바우덕이 남사당공연, 지역별 전통전승연회, 어름살이체험 등
강원 (5)	대표	얼음나라 화천산천어 축제	1.9~1.31	화천군 화천읍 및 3개면 일원	얼음낚시, 맨손잡기, 산천어 밤낚시, 눈썰매, 봅슬레이, 얼곰이성, 점등식 등
	우수	평창효석문화제	9.2~9.11	평창군 봉평면 효석문화마을 일원	음악교실, 소설 속 인물체험, 영화 상영, 메밀꽃 포토존, 빛 분수 등
	유망	춘천국제 마임축제	5.26~5.29	KT&G상상마당 춘천, 중앙로, 수변공원	거리광대극, 제천공무, 다미르쇼, 몸짓그룹 몸꾼, 마임페스티벌 등
	유망	원주다이내믹 댄싱카니발	9.6~9.11	따두공연장, 젊음의 광장, 원일로 등	댄스 경연, 마임, 버스팅, 뮤지컬, 농악대축전, 그림자극, 관현악 및 한국무용 공연 등
	유망	괴산고추축제	9.1~9.4	괴산군청 앞 광장	세계고추 전시회, 괴산고추품평 회, 고추판매장터, 전야제, 임꺽정 주막운영 등
충남 (4)	우수	강경젓갈축제	10.12~10.16	젓갈공원, 젓갈시장, 젓갈전시관, 옥녀봉 일원	마당극, 젓갈페레이드, 젓갈김치 담그기, 젓갈 페이스페인팅 및 네일아트, 강경 발효체험 등
	우수	부여 서동연꽃축제	7.8~7.17	부여서동공원 일원	개막주제공연, 서동요 전국 창작 동요 부르기대회, 서동선화 나이트 퍼레이드 등
	유망	서산해미읍성 역사체험축제	10.7~10.9	충남 서산시 해미읍성 일원	고유제, 태종대왕 행렬 및 강무 재현, 보부상 체험, 패랭이 제작 체험, 서산볏가릿대농악, 지점놀이 등

지역	등급	축제명	기간	장소	주요프로그램
	유망	한산모시문화제	6.3~6.6	서천군 한산면 모시문화원 일원	패션쇼, 저산팔읍 길쌈놀이, 모시 경매, 한산 모시짜기 전국경연대회 등
전북 (5)	대표	김제 지평선축제	9.29~10.3	전북 김제시 일원	김제 벽골제 야행, 가족대항 초가 집 만들기, 풍년기원 입석 줄다리기, 쌍룡놀이 등
	최우수	무주 반딧불축제	8.27~9.4	무주군 일원	반딧불체험 등 환경 곤충체험행 사, 문화예술 놀이행사, 민속체험 등
	우수	순창 장류축제	10.13~10.16	순창전통고추장 민속마을	순창 5대명창 추모공연, 순창전통장류 상설체험장, 메주먹은 장어잡기 등
	유망	완주 와일드푸드 축제	9.23~9.25	고산 자연휴양림 일원	상상마칭밴드 퍼레이드, 와일드쿠킹쇼, 맨손으로 물고기잡기, 리틀 와푸족 체험 등
	유망	고창모양성제	10.5~10.9	모양성(고창읍성) 및 시가지 일원	개막 출정 퍼레이드, 답성놀이 재 현, 수문장 교대식, 전통타악 퍼포먼스, 거리공연, 전국모양성 사진대회 등
전남 (7)	최우수	진도신비의 바닷길축제	4.7~4.10	진도군 고군면 회동리 일원	신비의 바닷길 체험, 새벽 바닷길 횃불 퍼레이드, 뽕할머니 소망띠 잇기, 영등상 놀이, 진돗개 체험 등
	최우수	강진청자축제	7.30~8.7	강진군 청자촌	청자야 반갑다, 한·중 도자기 교류전, 대한민국 청자 공모전, 고려청자 머그컵 낚시 체험, 청자축제 캐릭터 만들기 등
	우수	담양대나무 축제	5.3~5.8	죽녹원 (죽녹원 한옥체험장), 관방제림 일원	죽물시장 가는 길, 가마솥 대통밥 체험, 죽신제, 건강竹竹걷기 대 회, 대나무 활쏘기, 담양 별빛여행 등

지역	등급	축제명	기간	장소	주요프로그램
	최우수	정남진장흥 축제	7.29~8.4	탐진강 및 편백숲 우드랜드 일원	살수대첩 거리퍼레이드, 지상 최대의 물싸움, 익스트림 출발 드림 팀, 우든보트 등
	유망	목포항구축제 (구, 해양문화축제)	7.29~8.2	목포항, 삼학도 일원	풍어 길놀이 "목포는 항구다", 사랑의 다리, 추억의 목포항 파시 거리, 목포항 치맥페스티벌 등
	유망	보성다향제 녹차대축제	5.4~5.8	전남 보성군 한국차문화공원 및 보성차밭 일원	다신제, 전국학생차예절경연, 티아트페스티벌, 차 만들기, 찻잎 따기, 녹차시음, 녹차음식만들기 등
	유망	영암 왕인문화축제	4.7~4.10	왕인박사유적지, 상대포역사공원, 도기박물관 등	얼쑤 난장한마당, 구림의 밤, 낭주골 어울마당, 왕인 트릭아트 역사여행 등
경북 (5)	최우수	문경전통 찻사발축제	4.30~5.8	문경새재 오픈세트장	사기장일 들려주는 찻사발 이야기, 찻사발빚기, 찻사발그림그리기, 망댕이가마 불지피기 등
	우수	봉화은어축제	7.30~8.6	봉화읍 체육공원, 내성천	은어반두잡이, 은어맨손잡이, 은어구이체험, 물장난, 은어종이배 경주, 수박서리 및 삼굿구이 체험 등
	유망	포항국제 불빛축제	7.28~7.31	영일대해수욕장, 형산강체육공원 일대	개막 불빛쇼, Daily 뮤직불꽃쇼, 국제불꽃쇼, 포항프린지한마당, 불빛버스킹페스티발 등
	우수	영덕대게축제	3.31~4.3	영덕군 강구항 일원	영덕대게 마당극, 어린이 뮤지컬, 영덕대게 달리기, 황금영덕대게 낚시, 영덕대세 나이트쇼, 영덕대게 포차 등

지역	등급	축제명	기간	장소	주요프로그램
	유망	고령대가야 체험축제	4.7~4.10	대가야 역사테마관광지, 대가야읍 일원	퍼레이드 '대가야의 진군', 대가야 활만들기체험, 대가야금동관제작 체험, 대가야목공예체험, 대가야 유물발굴체험 등
경남 (4)	최우수	산청 한방약초축제	9.30~10.10	동의보감촌, 정광들 일원	산청혜민서 무료진료, 동의보감 전시, 약초생태 전시, 한방기체험장, 어린이 한방체험, 한방약초테마공원 등
	우수	통영 한산대첩축제	8.11~8.15	병선마당 및 통제영, 이순신공원 등 통영시 일원	이순신장군 행렬 재현, 거북선 출정식, 이순신장군 전통무예시연, 통제영 수책 건너기
	유망	마산가고파 국화축제	10.28~11.7	다산항 제1부두 일원	합포만 멀티미디어 불꽃쇼, 국향 콘서트, 고성오광대, 국화가요제, 국화 꽃그림 그리기 대회, 국화주 시음 등
	유망	함양산삼축제	7.29~8.2	함양군 함양읍 상림공원 일원	황금 산삼을 찾아라, 함양 산삼 캐기 체험, 심마니 역사문화 체험장, 함양 산삼 경매 이벤트 등
제주 (1)	우수	제주들불축제	3.3~3.6	제주시 일원(주행사장 : 애월읍 봉성리 새별오름 일대)	붐업! 희망충전 문화예술 한마당, 샘! 샘! 샘! 콘서트, 들불 희망기원제, 집줄 놓기 경연, 희망 "달집" 만들기 경연대회 등

제 4 절 산업관광자원

1. 개념 및 종류

산업관광은 1차, 2차, 3차 산업의 현장을 대상으로 관광을 하는 행위이고 이때 대상이 되는 농업, 임업, 수산업, 공업, 상업 등 각종 산업시설을 산업적 관광자원이라 한다.

내국인에게는 자국의 산업수준에 대한 감동과 자신의 지식확대, 교양 및 자기확대의 욕구를 충족시키고 자부심을 갖도록 하며, 외국인 관광객에게는 경제적, 기술적 교류를 시도하려는 목적에서 세계 각국에서 적극적으로 유치하고 있다.

또한 산업관광은 기술과 지식습득을 주 내용으로 하는 건전관광이며, 계절, 성별 차이를 두지 않는 관광이므로 성수기와 비수기가 없는 탈 계절 관광상품이다. 또한 부가가치가 다른 부분보다 월등히 높기 때문에 세계 각국은 산업관광자원을 개발하여 적극적으로 홍보하고 있다.

이러한 관광자원을 하나의 산업적 측면으로 활용하기 시작한 것은 1952년 프랑스와 독일에 의해 비롯되었다. 이것이 덴마크, 네덜란드, 미국, 캐나다, 일본 등의 선진국 등에서 널리 발전되었는데 이들 나라들의 관광농업은 농촌공원, 농촌박물관, 과수공원, 농원호텔, 화훼센터, 국민휴가촌 등으로 다양하게 발전했다.

산업적 관광자원의 개발목적은 한 나라의 공업발전상은 물론 각종 농, 축, 어업 등의 산업수준(Industrial Standard)을 외래관광방문객들에게 현장소개와 경험을 시킴으로써 그 공장의 생산공정과 생산제품 및 기술정보를 평가할 수 있게 하고, 이에 감명을 받아 자신의 고양 및 자아확대의 욕구를 충족시킴으로써 제외국과의 교역 및 기술교류에 직접 · 간접적으로 기여케 하는 효과를 노리는 데 그 목적을 두고 있다.

따라서 이 같은 산업관광(Industrial Tourism)은 선진국에서는 물론 개발도상국가에 있어서도 적극 장려되는 관광산업의 새로운 분야로서 각광을 받는 관광자원으로 등장하고 있다. 세계 각국은 그 나라의 공장과 제1차 산업시설의 수용태세를 정비하여 나날이 발전하는 근대화의 과정과 비약하는 공업수준을 관광시킴으로써 지난날의 이미지를 쇄신시켜 국제사회에 있어서도 확고한 지위를 구축, 향상시키는 데 큰 선전효과를 노리고 있는 것이다. 때문에 오늘날의 산업관광은 '지식, 교육관광' 또는 '방문국 인식관광'으로 널리 환영받고 있는데, 이는 세계적 추세인 동시에 국제무역(International Trade)과 국제경제협력(International Economic Cooperation)을 직접·간접으로 증진시키는 강력한 자극제가 되고 있다.

우리나라의 경우는 잠재력을 가진 관광자원이 풍부한 편이므로 이를 개발하여 상품화하면 산업성을 창출할 수 있을 것이다. 특히 EXPO와 같은 세계박람회 개최는 관광객을 유치하는데 가장 큰 국제적 관광대상이 되는 산업관광의 좋은 사례였다.

산업적 관광자원의 종류에는 공업자원, 산업자원, 농업자원, 산업기반시설 등이 있다. 즉 공업자원으로서는 공장시설, 기술, 생산공정, 생산품 등이 있고, 상업자원으로 서는 쇼핑센터, 백화점, 재래시장, 박람회, 견본시가설시장 등이 있고, 농업자원으로서는 농장, 목장, 어장, 파시 등이 있으며, 산업기반시설로서는 공항, 항만, 댐, 운하, 부두, 고속도로 등이 있고, 관광자원의 이벤트도 포함될 수 있으므로 그 종류는 매우 다종다양하다.

〈표 4-13〉 산업관광자원 유형

자원유형	내 용
농림수산관광자원 (1차산업)	• 농업관광자원 : 농장, 곡장, 농원, 과수원, 주말 농장 • 임업관광자원 : 자영휴양림, 수목원 • 수산관광자원 : 관광어촌, 갯벌 체험관광 등
공업관광자원 (2차산업)	• 제조업의 기계설비, 제조공정, 공장부설 연구소, 후생복지시설 • 공업단지, 옥포조선소, 포항종합제철, 대덕연구단지
상업관광자원 (3차산업)	• 재래시장 : 상설시장, 정기시상, 소매상가 • 백화점, 쇼핑센터 • 면세점, 보세판매점 • 박람회, 전시회

자료 : 안종수(2016). 관광자원론. 백산출판사. p.197.

2. 농림수산자원

농업, 임업, 수산자원 등을 말하며 생태관광과 연계하여 많은 잠재성을 인정받으며 활성화되고 있는 분야이다.

농림수산관광자원은 최근 녹색관광과 친환경 관광이 중요하게 여겨지게 여겨지는 사회적 흐름과 맞추어 자연과 멀어져가는 도시민들이 농어촌 체험을 통해 우리 농수산물의 소중함을 깨닫고 그곳의 자연학습과 체험을 통해 상호이해를 촉진하며 농어촌의 소득증대, 지역경제 활성화, 농어촌과 도시의 상호교류 추진, 농어촌지역의 삶의 질 향상, 환경보존 등의 효과를 기대할 수 있다.

1) 광릉 산림박물관

광릉 산림박물관은 경기도 포천시 소흘면 광릉수목원로(직동리) 국립수목원 내에 있는 산림박물관이다. 산림과 임업에 관한 자료의 수집과 보존, 전시, 산림에 대한 홍보와 현장 교육을 목적으로 1987년 4월 5일에 개관하였으며, 박물관 총면적은 4,268㎡로 총 2개 층으로 구성되며, 1층은 1개의 상설 전시실과 연구실 그리고 특별전시실이, 2층은 4개의 상설전시실과 시청각실이 위치한다.

이 중 전시실은 주제별로 5개의 전시실로 나뉘며, 각 주제에 따라 박물관에 소장된 산림관련 유물 8,000종 11,000여 점 중 1,600여 점이 전시되어 있다. 자연학습과 함께 삼림욕을 만끽할 수 있는 곳으로서, 희귀한 나무들이 빽빽이 들어 차 있다. 이 박물관은 잣나무와 낙엽송을 사용한 목재 건물로 꾸며져 나무의 결과 향기를 맡으며 내부시설을 구경할 수 있다.

2) 삼양목장

삼양목장은 대관령 횡계리 강원도 평창군 대관령면 횡계 2리 산 1-107번지에 위치하며 해발 850m에서 1,470m 높이의 약 1,980만㎡ 초지에 조성된 목장이다.

여의도 면적의 약 7.5배에 달하며, 동양에서 가장 큰 목장이다. ㈜삼양축산이 운영하는 곳으로 원래는 개인의 출입이 금지되었던 곳이지만 2001년 기업 홍보 차원에서 개방하기 시작하였다. 드넓은 초원과 목가적인 분위기를 갖추고 있어 새로운 관광지로 떠올랐으며 빼어난 경관을 배경으로 여러 영화와 드라마가 촬영하기도 하였다.

목장의 정상인 황병산은 동쪽으로 강릉 경포대, 주문진, 연곡천, 청학동, 소금강 계곡을 볼 수 있고 서쪽으로는 목장 전경이 한눈에 펼쳐 보인다.

3) 하전 갯벌 체험마을

전라북도 고창군 심원면 하전리에 있는 체험마을로 해양수산부가 지정한 아름다운 어촌 100개소로 선정된 독특한 갯벌의 아름다움을 자랑하며 광활한 갯벌에서 수확하는 바지락 생산량은 연간 10,000여톤에 이르며 전국 최고의 규모이다. 2003년 해양수산부 어촌체험마을 조성사업지로 선정되었으며 2004년 5월 갯벌 생태 체험 학습 관광객의 편의를 위해 갯벌체험안내센터를 신축하여 현재 운영 중에 있다. 10km의 해안선과 함께 12㎢에 이르는 광활한 갯벌과 함께 갯벌체험안내센터, 관광객들을 위한 넓은 주차장, 갯벌 체험 후 씻을 수 있는 세족장 등으로 구성되어 있다. 마을 경제활동의 주축을 이루는 하전 어촌계는 어촌계원 169명으로 구성되어 있고 어촌체험마을 조성사업의 주체로서 적극적으로 마을을 이끌어 나가고 있다.

체험마을에서는 갯벌 택시 타기, 바지락 캐기, 갯벌 스포츠, 망둥어 잡기 등 다양한 체험을 즐길 수 있고 이중 갯벌 택시는 경운기를 개량하여 질퍽한 갯벌 위에서 달릴 수 있도록 만든 택시로 여행객들에게 좋은 추억을 만들어 주고 있다. 갯벌 스포츠로는 갯벌 축구, 갯벌 씨름, 축구공 릴레이, 갯벌 줄다리기 등을 특히 많이 즐기고 있으며 주요 특산물로는 바지락, 풍천장어, 김, 대하, 굴, 해풍 복분자 등이 있다.

4) 함평 자연생태공원

전라남도 함평에 생태체험 학습공간으로 만들어진 공원이다. 이 공원은 오감 만족의 체험관광 수요에 능동적으로 대처하기 위하여 난 보존 육성사업과 함께 나비 · 곤충 · 우리꽃 등이 어우러진 친환경 자연생태공원이다. 나비 · 곤충표본 전시관 등 전시관 5종과 12종의 관람시설, 청소년야영장 및 각종 편의시설을 조성하고 봄에는 대한민국 난 대전, 가을에는 대한민국 국향대전 행사가 열린다.

또 함평군에서는 매년 5월 나비축제를 개최해 연간 100만 명의 관광객이 방문하고 있는데 나비축제 기간에는 나비엑스포입장권이 있으면 자연생태공원 입장이 무료이니 두 곳을 연계하여 둘러보면 좋다.

3. 공업자원

산업적 관광자원은 주로 공장시설과 공업단지를 의미한다. 현대산업국가에 있어 주요 관광자원 가운데 하나이며, 이 같은 시설 가운데는 공장기계설비, 경영조직, 운영관리상태, 제조공정, 공장부설기술연구소, 경영이념, 사원교육, 후생시설 등의 모든 것이 포함된다.

공장시설을 견학, 시찰하는 산업관광은 방문국의 산업수준을 이해시키는 관광으로 국제무역, 국제경제협력을 직접, 간접으로 증진, 확대시키는 중요한 전기를 마련할 뿐만 아니라 국위선양에도 크게 이바지하게 된다.

공업관광은 주로 기술 선진국에서 많이 실시하고 있으며 우리나라의 경우는 포항종합제철, 현대자동차, 삼성전자공장 등이다.

1) 포스코(POSCO)

포항제철은 1968년 4월 1일 출범한 이후 짧은 역사에도 불구하고 조업, 생산, 경영 등 전반에 걸쳐 세계 철강업계의 상위권으로 성장했다.

이 공장에서는 폭 1m, 두께 10cm 안팎의 두꺼운 철판들이 길이 1km가 넘는

얇은 철판으로 만들어지는 과정을 자세히 관찰할 수 있다. 제철소 견학의 백미이다.

1973년 7월 조강연산 103만 톤 규모의 포항 1기를 준공한 이후 포항제철은 1992년 10월 광양 4기 준공까지 지속적으로 설비를 확장, 창립 4반세기만에 조강산 2080만 톤 규모를 갖춘 세계 2위의 철강기업으로 발돋움하여 세계의 철강업계와 어깨를 나란히 하고 있다.

포항제철은 창립 이래 제철소 건설 및 설비확장을 위해 정부로부터 출자 받은 2737억원을 투자하여 지난 20여 년간 뛰어난 경영실적을 올리면서 총 자산규모 11조 5858억원의 대형 기업으로 성장하였다. 이 같은 포항제철의 자산규모는 포항제철소 1기 준공연도인 1973년의 1373억원에서 연평균 24.8%의 신장률을 기록하면서 무려 84배나 증가한 셈이다.

또한 포항제철은 포항 및 광양의 광양제철소 건설에 따른 막대한 소요자금의 조달에도 불구하고 자기자본비율이 43.6%로 국내 최고수준을 자랑하고 있다. 특히 광양제철소는 1993년 총 1215만 톤의 조강을 생산, 단위 제철소별 조강생산 실적순위에서 세계 1위를 차지했으며, 이 같은 포항제철의 급속한 성장과 더불어 한국은 일본, 구소련, 중국, 미국, 독일에 이은 6대 철강대국으로 부상했다.

개별방문객은 매주 월요일 오전 9시 30분까지 포항제철홍보센터에 도착하여 신분증만 제시하면 된다. 단체방문객은 일주일 전 전화나 팩스, 우편 등으로 통보해야 한다. 단체견학은 평일과 토요일 오전에만 가능하다.

2) 울산현대자동차 · 현대중공업

울산은 1966년에 특정 공업지역으로 지정되었으며 정유공장, 자동차공장, 조선공장 등과 석유화학제품 공장들이 들어서 우리나라 대표적인 공업도시로 발전하였다.

현대자동차는 1967년 12월에 설립되어 생산량 중 3분의 2를 캐나다, 영국, 쿠웨이트, 칠레, 홍콩 등지에 수출하고 있으며 최신 시설을 설비하여 세계적인 자동차 메이커로 성장하였다.

현대중공업은 1972년 3월에 착공하여 총부지 270만평에 종업원 약 3만 명이 넘는다. 각 공장에서 조립된 블럭을 배의 크기에 따라 4개월에서 5개월가량 조립 · 용접하여 도크 끝에 있는 수문을 열면 물이 가득 차 배가 물에 뜬 다음 예인선으로 끌어내 의장 안벽에 정박한 후 내부시설을 한다. 도크에 가득찬 물을 퍼내기 위해서는 고압 양수기로 10시간 정도 걸린다고 한다. 그 중 제3도크는 길이가 660m, 너비 92m, 깊이가 13.2m로서 백만 톤급 배를 만들 수 있다.

도크 위에 거대한 구름다리 모양의 크레인이 있는데, 현대중공업의 상징이다.

4. 상업자원

시장이나 상업시설, 상업중심지는 본연의 가능이외에도 관광객에게 다양한 볼거리를 제공하는 장소로 변모하고 있다.

과거처럼 쇼핑이 관광의 부수적 행위가 아니라 숙박, 식사, 여행 등 기본적 요소와 동등한 위치에 이르렀다는 점에서 관광객을 대상으로 하는 쇼핑은 재평가되고 있다.

과거에는 관광을 아름답고 아국적안 관광자원을 감상하고 편안히 휴식을 취하는 것으로 한정했으나 근래에는 기념이 될 수 있고 품질이 좋은 상품을 살 수 있는 기회를 가지고자 한다. 이처럼 문화, 역사, 자연관광자원 외에 쇼핑자원이 추가됨으로 관광객의 욕구를 충족시키고 더욱 만족스러운 관광을 보장할 수 있다. 이런 과정을 더욱 촉진시키기 위해 상품의 견본을 전시 판매하는 박람회, 전시회 같은 행사들이 개최되기도 하고 화려한 백화점이나 면세점에서 고급스러운 분위기와 대대적 할인 행사로 관광객을 유혹하기도 하며 전통시장은 특유의 서민문화와 역사가 결합된 분위기로 관광객에게 어필하고 있다. 관광산업을 국가기간산업으로 육성하고 있는 많은 나라들은 특히 홍콩, 싱가포르, 태국 등지는 과거와 같은 관광지로 명성을 얻는 것이 아니라 값싸고 품질 좋은 상품을 판매하는 쇼핑관광지로의 이미지가 더 높아지고 있다. 이제 쇼핑은 외화획득을 통한 국제수지의 개선과 지역경제의 활성화, 지역주민의 소득 및 고용증대, 세수확보 등의 차원에서 큰 역할을 하고 있다.

1) 전통시장

(1) 성남 모란장(牡丹場, Sungnam Moran Market Place)

모란장은 1970년 초부터 시작된 서울의 도시 재개발로 사람들이 성남시로 이주하며 수진교와 대원천 길가에 장이 형성되기 시작하여 1974년에 본격적으로 개장되었다고 한다. 서울에 인접한 관계로 서울에서 가족단위로 나들이 삼아 이곳을 찾는 이들이 많은데, 어른들에게는 고향의 정취를 느끼게 하지만, 이 같은 이색풍물을 접해 보지 못한 자라나는 자녀들에게는 커다란 산교육의 장으로 활용되고 있다.

매 4일과 9일(4, 9, 14, 19, 24, 29일)이면 어김없이 장이 서는 모란장에는 전국에서 생산되는 온갖 물건이 다 모여드는 초대형 만물상이다.

잡곡과 의류, 과일, 야채를 비롯해 생선, 약초, 잡화류, 화훼, 음식, 애견, 고추, 마늘류, 닭, 오리를 포함한 가축류에 이르기까지 온갖 품목들이 선보이고 있다.

특히 모란장에서 절대로 빼놓을 수 없는 풍경 중의 하나는 가축전인데, 소전이나 닭, 오리도 볼 만하지만, 한쪽 귀퉁이를 차지하고 있는 이색풍경이 있다.

개들이 꽃단장을 하고 새 주인을 기다리고 있는 모양새인데, 어떤 놈은 꼬리를 치며 아양을 떨고, 어떤 놈은 촉촉한 눈망울로 동정표를 사기도 한다. 세월이 흐름에 따라 수진동의 장터가 비좁아져 1990년 성남동 대원천 하류 지역인 지금의 장터로 이전하였다. 2015년 현재 면적은 1만 1,000여m^2, 노점 950여 개 점포로 구성되어 있다. 상설모란시장도 있고, 5일장이 서는 곳은 평일에 주차장으로 활용되고 있다.

(2) 약령시장(藥令市場, Herb Medicine Market)

대구 중구 남성동에 위치한 대구 약령시는 조선시대부터 전국적으로 이름난 국내 제일의 약재시장이었다. 대체로 1650년대에 개시되었으리라는 것이 전문가들의 견해이며, 그 후 구한말과 일제시대를 거치는 동안 제도의 변경과 다소 기복이 있었지만, 대체로 봄과 가을에 열흘 정도 열렸었다.

대구 약령시의 전성기 때에는 국내는 물론 일본, 중국에까지 널리 알려져 그곳에서 상인들이 약재를 사러 오곤 했다. 그러던 약령시가 서양의학에 밀려 지금은 쇠퇴하여 30~40여개의 한의원과 다수의 한약방이 있는 약전골목으로 칭하며 옛 잔영을 간직하고 있다. 근래 들어 한약에 대한 일반인에 대한 관심이 높아지면서 약전골목은 차츰 옛 명성회복해가고 있으며, 최근에는 약령시회관이 건립되어 새롭게 활기를 띠고 있다.

약령시회관은 3층 건물로, 1층에는 한약재 도매시장이, 2층에는 약령시전시관, 3층에는 전통문화공간이 각각 꾸며져 있다. 특히 한약제시장은 매월 1일부터 5일에 한 번씩 서며 전국의 한약제가 모두 이곳으로 들어온다.

2) 현대시장

(1) 남대문시장(南大門市場, Namdeamun Market)

국내에서 가장 오랜 역사와 최대 규모를 갖춘 재래시장으로 국내외 관광객은 누구나 한 번쯤 꼭 찾게 되는 서울의 쇼핑명소이다. 발판을 두드리는 희한한 장단(속칭 다다구리)이 남대문시장을 들러 간 외국인들의 입을 통해 퍼져 나가면서 남대문시장은 한국관광의 명소가 되었다.

조선시대 태종조에 지금의 남창동에 대동미, 포전의 출납을 맡던 선혜청이 들어서면서 시장의 형태가 생기게 되었는데, 이를 '남문안장, 신창안장'이라 불렀다.

그러다가 일제 때에는 중앙물산시장으로, 해방 후엔 군용물자 중심의 자유 시장으로 이어오다가 6·25전쟁 후 '남대문시장 주식회사'가 정식으로 설립되면서 남대문시장은 본격적인 종합시장으로서의 면모를 갖추게 되었다. 남대문시장이 지금과 같은 모습을 갖추게 된 것은 1968년 남대문시장의 대화재를 맞게 되면서부터이다. 이를 계기로 남대문시장은 현재와 같은 A, B, C, D, E동의 현대식 상가를 갖추게 됐는데, 약 3만여 평의 대지에 1만여 점포가 빽빽이 들어서 있다.

남대문시장의 하루 내왕 인구는 약 40만 명, 명절 때는 약 60만 명을 육박하고 거래물량의 80%가 도매거래인 남대문시장의 하루 총 거래액은 1백억 원을 초과한다. 아동의류로부터 남·여 의류를 비롯한 섬유제품, 가전제품, 주방용품, 민예품, 토산품 및 일용잡화에 이르기까지 취급하는 품목도 다양하다.

남대문시장은 일반 시장과는 달리 낮보다 오히려 밤의 거래가 더 활발하다. 자정이 되면 가게 주인들은 물건을 받아 손님 맞을 준비를 하고, 새벽 2시가 가까워지면 퇴계로 길가에는 지방과 서울의 소매상인들로 발 디딜 틈 없이 번잡해진다.

(2) 동대문시장

서울특별시 종로구 예지동에 위치하고 쇼핑 명소로 유명한 동대문시장은 패션의 최첨단 기지로서 역할을 하고 있으며 우리나라를 방문하는 외국인 관광객들이 꼭 들르는 관광명소이기도 하다.

1905년에 개설되었다고 하나 18세기 후반에 이미 큰 규모의 시장이 존재했다고 전해진다. 1905년에 김종한 등이 광장주식회사를 설립하고 동대문시장을 등록함으로서 최초의 근대식 시장으로 출범하였다. 광장시장을 시작으로 창신동 문구거리까지 약 1.3km에 걸쳐 청계천로 좌우로 형성된 시장 전체를 동대문시장이라 부르는데 건물 약 30여 동에 3만여 개의 점포가 있다. 평화시장, 동대문종합시장, 신평화시장 등이 전통적인 도매 상권을 형성하고 있고 동대문운동장을 허물고 지은 아트플라자, 디자이너클럽, 우노꼬레 등은 현대적인 상권을 형성한 곳으로 이른 저녁부터 새벽까지 전국 각지에서 올라온 도·소매 의류 상인들로 붐빈다.

밀리오레, 두타, AMPM 등의 대형 쇼핑몰은 외국인들의 야간 투어 코스로도 이름난 곳이다. 특히 중국관광객들에게 압도적인 사랑을 받고 있다.

(3) 부산 자갈치시장(Chagalchi Market)

매년 10월 중순에 열리는데, 이 축제는 부산시민 모두가 참여하는 큰 행사이다. 이때 가면 횟값이 매우 싸다. 약 일주일간 펼쳐지는 잔치에는 주요 행사로 '용왕제', '한국의 빛잔치', '환경캠페인', '생선무게 알아맞추기', '매운탕 끓이기대회', '불꽃놀이', '풍어제' 등이 재미있게 펼쳐진다.

자갈치시장이 본격적으로 형성된 것은 6·25를 전후해서부터이다. 전국 각지에서 몰려든 피난민들이 생계를 꾸려가기 위해 이곳에 좌판을 놓고 행상 노점을 시작한 것이 계기가 되어 시장이 생겨났는데, 당시 상인의 대부분이 전쟁미망인이었던 까닭에 억척스러울 수밖에 없었던 자갈치 아지매의 기질이 지금도 이어진다. 항상 살아가는 활기가 넘실대는 자갈치시장. 이곳에서 장사하는 아낙들에게는 '자갈치 아지매'라는 고유명사가 붙여져 있다. 이들 자갈치 아지매들과 손님들이 흥정하는 모습을 바라보는 것만으로도 삶의 활력을 가슴에 전해 주는 자갈치시장은 그래서 항구도시 부산을 대표하는 곳이다.

자갈치시장 내 회센터에는 아나고회가 유명하다. 배에서 잡은 고기를 내려놓는 인부 외에 거의가 여자인 자갈치시장은 억척스런 경상도 아지매들의 활기찬 목소리와 파닥거리는 고기들의 물튀기는 소리로 늘 시끌시끌하다.

부둣가의 노점에서는 순대나 국수 따위의 간단한 식사를 할 수 있고 횟집들은 부둣가의 크게 지은 건물 안에 들어가 있다. 자갈치시장의 부두에서는 해상택시라고 할 수 있는 통통배를 탈 수 있다. 교통체증이 심한 부산에서는 편리한 교통수단이 되기도 한다. 주변의 초량동에는 초량 외국인상가지역이 조성되어 있어 러시아 상인과 일본인들이 자주 찾고 있다.

3) 백화점 및 면세점

(1) 백화점

백화점은 여러 종류의 상품, 부문별 조직에 의한 합리적 경영, 집중적 대경영 등의 특징을 가지고 있다. 부문별 조직에 의한 매입·판매·관리를 함으로써 다양한 상품의 판매 업무를 과학적·합리적으로 처리하며 각 부문에 상품관리자를 두고 어느 정도의 자주성과 판매책임을 지우고는 있으나 전체가 하나의 기업에 소속되어 경영되고 있다.

백화점은 대도시, 교통·통신·광고, 주식회사 제도·은행자본, 대량생산 체제의 발달 등으로 대량판매 기구로서 발달되었다. 세계 최초의 백화점은 1852년 파리에 개설된 봉마르세(Bon Marché)이다.

우리나라의 백화점은 1934년 화신백화점이다.1970년대 이후 경제 성장에 따라 소득과 생활수준이 향상되면서 백화점도 대중화·보편화되었고 서울을 비롯한 전국 각지에 백화점들이 생겨났다. 현대의 백화점은 상품 매장뿐만 아니라 주차장 시설 · 오락 · 휴식 · 식사 · 어린이 놀이터 등 온가족이 쇼핑도 하고 즐길 수 있게 다양한 시설들을 갖추며, 고객 중심의 경영 방식으로 전환하여 고객의 유지 관리에 힘쓰는 등 새로운 방식의 경영 개발에 힘쓰고 있다. 신세계, 롯데, 갤러리아, 현대 백화점등이 우리나라의 대표적 백화점들이다.

(2) 면세점

면세점은 여행자에게 부과되는 세금을 면제하여 판매하는 소매점을 말한다. 주로 공항 또는 항만, 도시 내 번화가에 있다. 또한 국제선의 항공기 내에서 이루어지는 면세품 판매도 면세점과 같은 역할을 한다. 우리나라에서 면세판매가 처음으로 이루어진 것은 1962년이며, 주한미군을 위해 특정 지역을 선정하여 면세로 물건을 판매하도록 한 것이 시초라고 할 수 있다. 이후 1964 한남면세점, 1976년 공항 면세점, 1980년 롯데. 동화 면세점이 개점되면서 면세점의 대중화가 이루어지기 시작하였고 특히 1989년 해외여행 완전 자유화가 이루어지면서 면세점의 내국인 이용 또한 급격히 증가하였다.

우리나라의 면세점은 그동안 일본인 관광객이 대다수였으나 최근 중국인 관광객의 폭발적인 증가에 힘입어 중국인 관광객의 비중이 갈수록 커지고 있고 면세점 사업이 황금알을 낳는 거위로 인식되면서 기업마다 면세점 사업진출을 위해 경쟁이 매우 치열하다. 우리나라의 대표적인 면세점으로는 롯데, 신라, 현대, 신세계 면세점 등이 있다.

4) 상업 중심지

(1) 인사동

외국인에게 널리 알려진 골동품과 고미술품이 풍부한 옛 문화의 거리다. 인사동 고미술품 거리의 역사는 80여년에 이른다. 현재 인사동에서 고미술품을 거래하는 점포는 70군데이다. 거래되는 고미술품은 옛 그림이나 도자기, 목기, 금속품이 대부분이며 통일신라시대의 토기에서부터 조선시대 백자에 이르기까지 골고루 갖추고 있다.

고미술상은 또 각각 고가구, 미술품, 소품류를 전문으로 하는 곳으로 나뉘는데, 특별하게 어느 가게의 물건이 좋고 고가품이라는 기준은 없다. 가격은 1만 원짜리 소품부터 수억 원대를 호가하는 귀중품까지 다양하다.

인사동을 이야기하면서 장안평을 빼놓을 수 없다. 인사동 고미술거리와 함께 골동품상의 2대 메카로 자리 잡은 장안평 고미술상가는 '전통박물관'이란 말이 절로 나오는 곳이다. 상가 앞에는 석상, 여물통, 맷돌, 절구들이 즐비하게 서 있고, 가게 안에는 돈궤, 쌀뒤주, 반닫이, 문짝 등이 고색창연한 모습으로 진열되어 있다.

신라의 토기, 고려의 청자, 조선시대의 청자 · 백자도 있다. 또 각종 고서적, 서찰, 민화 등 고서류를 비롯하여 떡살, 다리미, 등잔, 촛대 등의 생활용품과 비녀, 반지, 노리개 등의 장신구에 이르기까지 '옛 것'들이 겹겹이 쌓여 있다. 인사동 일대가 도자기 등 고가품의 고미술품을 주로 파는 데 비해 장안평에서는 고가구와 생활용품을 주로 팔고 있다. 골동품 값은 천차만별이나 생각보다 그리 비싸지는 않다.

(2) 명동

서울의 전통적인 번화가이자 패션을 만들어내는 중심 상업지역이다. 명동상가에는 여성의류를 주종으로 하여 남녀 구두, 의류 등 모든 유행성 상품가게가 있으며, 중국대사관, 신세계, 미도파, 롯데 등 대형 백화점과 조선호텔, 롯데호텔 등 특급호텔도 근거리에 있어 명실상부한 서울의 중심지역이다.

명동의 또 하나의 명소는 번화한 명동거리의 높은 언덕 위에 솟아 있는 명동성당이다. 천주교 서울대교구주교 성당이며, 한국 천주교의 본산이다. 박해와 탄압 속에서 수많은 순교자를 냈던 한국 천주교는 1882년 한미수교를 계기로 신교의 자유가 이루어졌으며, 1892년 문 아우구스티노 대주교에 의해 명동성당의 공사가 착수되어 1898년 5월에 축성됐다.

우리나라에서 가장 규모가 크고 장엄한 명동성당은 프랑스인 코스트신부가 설계 · 감독하였으며 우리나라 최초의 네오 · 그딕식 건축이다. 사적 제258호로 지정된 주교관은 조르지 가스터 설계, 면적 약 454평, 종탑의 높이 45m인데, 지난 1982년 말 시작된 보수공사를 거쳐 90년 동안의 풍화현상으로 낡은 부분들을 복구, 지붕갈이와 음향문제를 해결했다.

(3) 이태원

이곳에 가면 쇼핑하러 나온 외국인을 많이 만날 수 있을 뿐만 아니라, 간판도 외국말로 된 간판이 대부분이라 얼핏 외국에 와 있다는 느낌을 받게 된다. 이태원(It'aewon)상가는 용산구 이태원동과 한남동에 걸쳐 있다. 즉 홀리데이 이태원 호텔에서 시작하여 이태원 사거리까지 이어지는 1.5km가 넘는 도로변과 골목에 형성되어 있다.

원래 이태원은 미8군을 상대로 장사를 시작했는데, 점차 외국 관광객들에게 알려지면서 현재의 규모로 발전하였다. 상가는 약 2,000여 개인데 대개는 의류와 가죽제품, 골동품을 주로 취급하고 뒷골목엔 유명 브랜드의 시계에서부터 골프채 등에 이르기까지 각종 상품이 진열되어 있다.

이태원 의류시장의 특색으로 꼽히는 것은 맞춤 양복점이다. 그 중에서도 '유에스 킴테일러(US Kim Tailor)'는 미국의 레이건 전 대통령, 브라운 국방장관 등 유명한 외국인사가 옷을 맞춤으로써 더욱 유명해진 곳이다.

이태원은 국제관광지답게 세계 각국의 음식 맛을 블 수 있다. 정통 인도음식으로 유명한 해밀턴 호텔 내의 '아쇼카', 파키스탄 음식점 '모굴', 태국음식 전문점 '유엔 빌리지' 등이 있다.

(4) 압구정동 로데오거리

강남의 삼성로에서 도산대로를 따라 갤러리아백화점, 현대백화점 쪽으로 가다보면 규모가 크고 잘 꾸며진 웨딩드레스 가게들이 있다. 이곳에는 전문 디자이너의 웨딩드레스뿐만 아니라 수입된 웨딩드레스도 많이 나와 있다. 과감하고 앞서가는 디자인이 많다는 것도 특징이다.

우리나라 최첨단 패션거리로서 마치 외국의 번화한 거리에 온 느낌으로 최신 디자인과 젊은 감각을 맛볼 수 있다. 하루가 다르게 변화하는 새로운 패션의 물결, 그 물결을 가장 빠르게 느껴볼 수 있는 곳이 일명 로데오거리라고 불린다. 이곳에는 고급 의류매장, 유명 수입브랜드의 액세서리 등을 취급하는 패션상점, 그리고 카페들이 들어서 있다.

5) 전시컨벤션시설

국제회의 참가자가 지출하는 직접 소비액은 일반 관광객보다 3배정도 높고 관련 산업에 미치는 생산 유발 효과가 높기 때문에 컨벤션 사업은 전 세계적으로 고부가가치 사업으로 간주되고 있다. 우리나라에서는 1990년대부터 컨벤션산업에 대한 국가 차원의 관심과 정책적 노력을 기울였고 2000년 아시아, 유럽정상회의(ASEM), 2003년의 월드컵축구대회와 부산 아시아경기대회, 2010년의 G20 정상회의 등을 개최하면서 컨벤션센터가 활발하게 운영되고 있다.

주요 국제회의시설(컨벤션센터)은 다음과 같다.

〈표 4-14〉 주요 컨벤션센터 현황(2017년 12월 말 현재)

시설명	건립년도 (확장년도)	회의시설 (총면적 m²)	전시시설 (총면적 m²)	주소	건립주체(운영주체)
코엑스 (COEX)	1988 (2000)	11,568	36,007	서울 강남구 영동대로 513	한국무역협회 (코엑스)
벡스코 (BEXCO)	1998 (2001)	8,883	46,380	부산 해운대구 APEC로 55	벡스코(벡스코)
한국 국제전시장 (KINTEX)	2005 (2011)	15,762	108,566	경기 고양시 일산서구 한류월드로 408	경기도, 고양시, KOTRA(KINTEX)
대구전시 컨벤션센터 (EXCO)	2001 (2011)	5,073	22,159	대구 북구 엑스코로 10	대구광역시 (엑스코)

시설명	건립년도 (확장년도)	회의시설 (총면적 m²)	전시시설 (총면적 m²)	주소	건립주체(운영주체)
제주국제 컨벤션센터 (ICC JEJU)	2003	9,142	2,395	제주특별자치도 서귀포시 중문관광로 224	제주특별자치도 (제주국제컨벤션센터)
김대중 컨벤션센터 (KDJ Center)	2005 (2013)	7,066	12,027	광주 서구 상무누리로 30	광주광역시 (김대중 컨벤션센터)
창원전시 컨벤션센터 (CECO)	2005	3,744	9,375	경남 창원시 의창구 원이대로 362	경상남도, 창원시(코엑스)
대전컨벤션 센터(DCC)	2008	4,862	2,520	대전 유성구 엑스포로 107	대전광역시 (대전컨벤션센터)
송도컨벤시아 (Songdo ConvensiA)	2008	4,020	8,416	인천 연수구 센트럴로 123	인천광역시 (인천관광공사)

제 5 절 위락관광자원

1. 개념 및 종류

생활에 경제적 여유가 생기고 도시화가 활발하게 진행되는 과정에서 관광 레크리에이션 시설로서 즐거움의 대상이 되는 것을 의미한다.

위락은 실내 또는 실외에서 갖가지 스포츠적 흥미를 유도하면서 다양하게 개발되고 있다.

카지노 · 볼링 · 윈드서핑 · 윈드드라이빙 · 요트타기 · 하이킹 등 그 종류가 수없이 많고 다양하다.

위락활동의 의의는 개인적으로는 자기의 재발견, 자기의 개발, 자기의 창조에 도움을 주고 사회적으로는 문화의 발전이나 교양적 효과, 연대감의 형성이나 사회적 활동을 원활히 하는 데 도움을 준다.

시설의 종류는 보호시설인 관리시설 · 방호시설이 있고 이용시설로서 교통 · 운수시설, 숙박시설, 위생시설, 교화시설, 운동시설 등이 있다.

관광 레크리에이션 지구개발의 지정이나 채택의 요건은 자연조건, 도시와의 연결, 지역주민의 호응, 지역의 과소화를 방지하는 지구의 정비가 있어야 효과적이다.

2. 위락관광자원의 종류와 특징

1) 사냥

사냥은 사용하는 도구에 따라 총기 사냥, 그물사냥, 함정 사냥 등 세 가지가 있는데 종류별로 각기 제한이 있다. 이와 같이 사냥도구를 가지고 사냥을 하는 데는 사냥의 면허가 있어야 한다.

또 사냥면허에도 여러 가지가 있어서 함정이나 그물로 하는 사냥의 경우와 총으로 하는 경우의 면허가 다르고 공기총 면허와 엽총 면허가 또 다르다. 사냥을 하는 데는 사냥시기가 법으로 정해져 있고 사냥의 구역이나 사냥의 대상물로 정해져 있기 때문에 지정된 조건들을 잘 지켜야 한다.

2) 낚시

낚시의 목적으로는 그것을 생활의 수단으로 하는 경우와 취미, 즉 레저나 스포츠로 즐기는 경우 등이 있다. 강태공은 낚시꾼의 대명사인데 그는 강가에서 낚시를 하면서 자연에서 호연지기를 길렀다.

낚시는 민물낚시와 바다낚시가 있는데 우리나라의 경우 바다낚시가 널리 보급되어가는 추세이다. 오늘날 낚시는 스포츠, 레저로서 인기를 모아 우리나라의 낚시 인구는 500만 명을 헤아리고 있다. 낚시가 레저화 · 스포츠화 되자 가지가지 훌륭하고 멋진 도구들이 많이 생겨났다.

우선 낚싯대, 릴, 낚싯줄, 낚싯바늘, 찌봉 등외에도 자질구레한 소도구들과 더불어 대상 어종과 낚시터에 따라 정선되어야 하는 미끼 등이 필요하다. 낚시도구로는 낚싯대, 낚싯줄, 낚시 바늘봉, 릴대, 미끼 등이 잘 갖추어져야 한다. 낚시는 훌륭한 취미이자 스포츠로서 맑은 공기를 마시며 자연을 배우고 순박한 인심과의 만남을 통하여 그 존재 의의가 더해진다.

3) 수영

수영은 인간 존재 당시부터 있었던 것으로 생활, 교통, 전쟁의 중요한 수단이었다. 고대 스파르타에서는 특히 청소년의 체력증진을 위해 수영이 채택되었으며 르네상스 시대에 이르러서는 여름의 가장 즐거운 스포츠가 되었다.

수영에는 평영, 배영, 접영, 등의 종류가 있고 수영경기에는 경영, 다이빙, 수구, 싱크로나이즈드 스위밍의 경기가 있다. 또 경영에는 자유형, 평영, 배영, 접영, 개인 혼영, 혼계영이 있다.

수영은 이제 스포츠 종목만으로도 각광을 받을 뿐만 아니라 특히 피서 철이면 많은 인파가 강, 호수, 바다, 인공수영장 등으로 모여 수영을 즐기고 있다. 뿐만 아니라 수영장은 이제 실내, 야외가 있으며 실내수영장은 날씨에 영향을 받지 않고 항상 즐길 수 있는 이점을 가지고 있다. 실내 수영장에서는 남녀노소를 가리지 않고 모여 각자의 건강을 유지하고 위락을 즐긴다.

4) 캠핑

캠핑의 의의는 동지끼리 협동생활을 한다는 것으로 야외에 나가서 자연 속에서 서로의 인격을 접촉하는 것이다. 소박한 협동생활을 함으로써 우호적인 인간관계를 맺고 또 등산, 수영, 낚시, 오리엔티어링 등의 야외 활동을 통해 살아있는 교육을 하는 것이다.

이것은 크게 나누면 조직적인 캠핑과 개인적, 가정적인 캠핑이 있다. 캠핑에 교육의 의의를 부여하고 일정한 프로그램 아래 집단생활을 실시하게 된 것은 19세기 후반부터이다.

캠핑에는 캠핑이 학교생활의 일부가 되는 학교캠핑, 시 · 군에서 사회교육 프로그램으로 실시하는 교육캠핑, 종교적인 행사와 종교캠핑, 여러 개의 단체들이 실시하는 단체캠핑이 있다.

등산의 목적으로 텐트를 치는 등산캠핑은 약간 성질이 다르지만 이것도 캠핑 활동의 하나라 할 수 있다.

5) 골프

골프는 원래 영국의 스코트랜드의 목동들이 치고 노는 놀이에서 비롯되어 세계 각지로 보급되었다. 이제 골프는 전 세계 사람들이 하나의 스포츠로서 즐기게 되었다.

1958년에는 세계 골프연맹(W.A.G.C)이 조직되어 유럽, 미국, 아시아에서 아마추어 골프의 세계적인 경기가 열리기 시작했다. 한국에는 1900년에 원산세관에서 영국인들에 의해 (6홀 사용) 처음 선을 보였고, 1920년에 조선호텔에서는 판촉의 수단으로 골프가 시설되었다. 그 후 미국인 댄트에 의해 서울의 효창공원에 골프장이 시설된 것이 본격적인 발전의 계기가 되었다.

경기방법은 미리 정해진 홀수의 코스를 종합하여 그 숫자가 적은 사람이 이기는 경기방식이다. 경기 기술면에서의 주의 점은 골프는 클럽을 쥔 때부터 시작된다는 것이다. 이것은 골프의 기본이며 똑바른 발의 스탠스에서 정확한 스윙(올려치거나 내려치는 것)이 나온다.

골프경기는 보통 심판원을 쓰지 않고 경기자 자신의 양심으로 의문을 해결해 나가는데 이것으로도 신사의 놀이라 할 수 있다. 우리나라에서는 골프를 사치스러운 경기라 하였으나, 이제는 대중 레저 스포츠로 일반화되고 있으며 한국골프협회(K.G.A)가 그 본산이다. 이의 목적은 골프장의 합리적, 효율적 운영과 외국 골프 관광객유치, 그리고 골프회원 간의 친목도모에 있다.

골프장의 대부분은 수도권이 집중되어 있다. 또한 그 수효도 일본의 1,300, 영국의 1,600, 미국의 13,000여 곳에 비하면 너무 부족하여, 대중화 및 골프관광객 유치를 위해서는 새로운 중저가 시설의 골프장 개발이 요구된다.

특히 골프의 대중화에 따라 골프인구는 급증하고 있으나 시설이 그 수요를 충족시키지 못하고 있다. 이를 위해서는 골프장의 소유가 대부분 대기업 및 재벌의 소유이나, 가급적 운영을 융통성 있게 해 나가야 한다. 레저, 위락, 관광의 조건에서는 앞으로도 전망이 밝은 것이 골프이다. 사용부지면에서 규격된 대형의 것도 좋으나 소규모의 한국형 골프장을 신설하는 것도 좋으리라 본다. 그리하여 골프가 국민 누구나 쉽게 즐길 수 있는 국민 대중의 생활 스포츠로서 일익을 담당해야 한다.

6) 스키

스키는 노르웨이에서 시작되어 근대 스키로 발전하였다. 근대 스키는 관심을 모아 유럽 여러 나라에 전해졌는데, 특히 오스트리아에서 그 기초를 마련하였다. 경사진 눈 위를 달리는 근대 스포츠로 발전하여 지금은 겨울 스포츠의 왕자의 자리를 차지하고 있다.

스키는 옛날에는 겨울 사냥과 산야의 조사에 요긴한 장비의 하나로 쓰였고 북부 유럽의 눈의 나라에서는 전쟁 때 빼 놓을 수 없는 무기의 하나였다. 우리나라에서도 예로부터 눈썰매와 비슷한 것을 사용했다는 기록이 있으며, 일찍부터 겨울에 눈이 많이 오는 지역에서는 교통, 운반수단으로 스키가 이용되었다.

근대 스키는 유럽에서 받아들였으며 우리나라 최초의 경기는 1930년 북한의 원산에서 있었던 스키선수권대회이다. 스키장의 입지조건은 첫째 기상적 조건이다. 즉 적설량이 보통 1m 이상이고 바람이 초당 15m 이하이며 일조시간이 길어야 좋다. 다음은 지형적 조건으로써 경사도가 상급이 20~31° 이어야 하고 길이는 400m는 되어야 하며 폭은 30~60m가 적당하다.

스키장의 분류와 이용형태를 보면 대규모 스키장은 리프트 10대 이상이고 소규모는 리프트 4대 이상이다. 이용형태는 당일 이용형, 주말 이용형, 체재 이용형 등이 있다.

겨울이 아닌 계절에 목장, 밭, 논 등을 생산적으로 이용할 수 있고, 관광 레크리에이션 이용으로 하이킹 지역, 야영장, 골프장, 테니스장, 야외활동장 등이 고려될 수 있으나 요즘은 눈을 인공적으로 만드는 제설기와 인공설의 등장으로 4계절 내내 스키를 즐길 수 있다. 우리나라에는 용평스키장을 비롯하여 진부령, 천마산, 용인, 무주 등에 스키장이 있다.

7) 마리나

마리나는 연안이나 바다의 잔잔하고 깨끗한 물에서 행해지는 요트, 모터 보드 등의 수상, 해안 레크리에이션을 즐기는 데 필요한 각종 서비스를 제공하는 시설이다.

뱃놀이, 요트놀이에 있어서 바다의 상태는 파도가 뱃놀이에 알맞은 1m 정도의 파도높이가 한계로 되어 있다. 조류는 소형 요트의 경우, 1노트시로 영향을 받고 기계선은 6~8노트시가 적절하다. 수온은 25℃ 정도가 좋으며 기상적 조건에서 가장 중요한 것은 바람이다. 물이 있는 쪽은 항구 부근에 암초 등의 장애물이 없고, 안전하고 활동할 수 있어야 하고 육지 쪽은 지형변화가 많아서 요트놀이, 뱃놀이를 즐길 수 있는 경승지라면 가장 이상적이다.

마리나 시설의 대부분은 대도시 입지형이며 자동차로 2시간 정도 소요되는 곳으로 간선도로까지의 거리가 짧고 쉽게 접근할 수 있는 곳이 유리하다.

또한 대형선의 출입이 적고 낚시, 수상스키, 스킨다이빙, 수영, 뱃놀이 등을 즐길 수 있는 곳이 유리하다. 따라서 미국은 플로리다주, 멕시코만, 캘리포니아, 하와이 등에 잘 발달되어 있고, 일본은 간도지방에 마리나 시설이 되어 있으나 우리나라는 경남 충무의 도남관광단지에 시설도어 있다.

8) 종합휴양업

종합휴양업으로서의 레크리에이션 시설은 스키장, 골프장, 야영장, 마리나 시설 등 각 목적에 맞는 시설만을 운영하는 것이 아니라 여러 시설을 합친 종합휴양업으로 되는 것을 말한다.

종합휴양업으로 인기 있는 지역은 제주도의 대유 수렵장, 용평스키장, 용인스키장, 마석 천마산의 스키장, 용인민속촌, 경주 도투락 랜드, 과천의 서울랜드, 충남 금산의 서대산, 속초시의 남태평양 레저타운 등이다.

또한 관광객이용시설업은 관광호텔이외의 시설로서 관광객을 위하여 오락, 음식 또는 휴양 등에 적합한 구조와 시설을 갖추어 관광객에게 편의를 제공하는 사업이다. 관광산업의 입장에서 보면 유원지, 나이트클럽, 카지노 등의 오락시설과 스키장, 스케이트장, 골프장, 볼링장 등과 같은 근대적 스포츠시설이 모두 이에 포함된다. 이밖에 해수욕장, 유선장, 수영장, 캠핑장, 낚시터, 수렵장 등이 여기에 속한다.

9) 테마파크

테마파크란 민속, 자연, 과학기술 등 다양한 분야에서 일정한 주제의 쇼와 이벤트로 공간연출을 하는 대규모 레저시설이라 할 수 있다. 테마파크에서 주로 사용되는 주제는 반복되는 일상생활의 지루함에서 벗어나고자 하는 현대인의 심리를 이용한 비일상적이고 비현실적인 내용을 주로 하고 있으나, 그 적용대상에 따라 소재의 범위는 거의 무한하다.

테마파크는 완전히 인공적인 관광자원으로서 자연적 관광자원이나 문화적 관광자원이 부족한 국가나 지역에서 관광객을 유치할 수 있는 훌륭한 관광자원이 될 수 있다. 테마파크는 기존 유원지에 테마를 준 공원으로 시설을 근간으로 하는 하드웨어부분과 주제를 살리는 여러 가지 소프트웨어의 개발이 주제와 연관성을 가지고 결합되어야 한다. 테마파크는 「관광진흥법」상으로는 유원시설업에 가깝다고 할 수 있는데, 유원시설업이란 유기기구와 유기시설을 갖추어 이를 관광객에게 이용하게 하는 업을 말한다.

테마파크는 유원시설보다 넓은 의미로 사용되고 있다. 기존 유원시설들이 비슷비슷한 시설로 관광객을 유인했다면, 테마파크는 자신들만의 독특한 테마로 여러 가지 하드웨어와 소프트웨어의 통일성을 갖추고 관광객들이 일상의 무료함으로부터 탈피할 수 있는 기회를 제공하고 있다. 국제위락공원과 매력물위원회(IAATA)에서는 하나의 총체적인 아이디어 또는 캐릭터 등에 통합되었거나 하나의 중심지역에서 다양한 테마로 구성될 수 있는 것으로 정의하고 있다.

최초의 현대적 테마파크는 1955년 미국에서 개장한 디즈니랜드와 1971년 월트 디즈니월드 종래 단순한 형태의 공원을 혁신적인 레저시설로 바꾸어 놓았고 사업성 높은 관광자원으로 부상하면서 도쿄 디즈니랜드, 유로 디즈니랜드 등도 연이어 개장하였다. 국내의 경우는 1909년 창경궁이 동물원과 식물원으로 시작한 것을 테마파크의 기원으로 삼을 수 있다. 현재 대표적인 테마파크로 에버랜드, 롯데월드, 서울랜드, 한국민속촌 등이 있고 그 중 1989년에 개장한 롯데월드는 세계최초의 실내 주제공원으로 4계절 전천후 관람이 가능한 테마파크 역사상 일대 전환기를 제공했다.

테마파크는 크게 공간적, 주제별로 분류가 가능한데, 본서에서는 주제별로 분류하도록 하였다. 테마파크는 독특한 주제에 따라 꿈 · 오락 · 동화 · 신화 등과 같은 상상의 세계, 교통 · 통신 · 우주 · 바이오 등과 같은 미래과학, 동물 · 식물 · 바다 생물과 같은 친환경, 건축 · 풍속 · 구조물 · 민속과 같은 문화, 마지막으로 교육과 예술로 구분할 수 있다.

(1) 에버랜드

최초의 가족공원인 에버랜드는 1976년 경기도 용인에 개장된 국내 최대의 인공 관광단지로서 세계 10대 유원지의 하나이다. 지금은 전 단지를 「21세기 체재형 복합 리조트단지」로 도약시키고자 「에버랜드」로 이름을 바꾸고 '365일 축제의 나라'로 새롭게 단장했다.

에버랜드는 각종 놀이시설이 있는 테마파크 '페스티벌 월드', 자동차로 스피드를 만끽할 수 있는 모터파크 '스피드 웨이', 겨울에도 수영을 할 수 있는 사계절 물의 나라 워터파크 '캐리비안베이' 등 3개 지역으로 나뉜다. 이 외에 호암미술관과 눈썰매장이 있다. 에버랜드의 중심 이벤트는 「계절별 꽃축제」이다.

4월~5월초의 행사인 튤립축제는 네덜란드의 이국적인 풍물과 함께 펼쳐지는 화려한 150만 송이의 튤립향연이 볼거리이다. 5월 중순~6월 말에는 장미축제가 열린다. 미로원, 빅토리아원, 사랑의 정원조각원 등으로 구성된 테마 장미원의 2백만 송이 장미와 함께 다채로운 프로그램이 준비되어 있다. 그 뒤 한여름 밤에는 백합축제가 열리는데 140여 종의 백합꽃 100만 송이가 뿜어내는 진한 향기 속에서 갖가지 음악행사가 열린다.

(2) 서울랜드

서울랜드는 경기도 과천시에 위치하며, 30만평의 넓은 공원에 세계각지의 건축양식의 건물이 있는 월드프라자와 전통 민속을 집대성해 놓은 삼천리 동산이 주목거리이다. 위락기구가 40여종이며 계절별 이벤트가 유명한데, 이를 보면 호반의 용벚꽃축제, LOVE LOVE 페스타, 별빛축제, 국화페스티벌, 추억거리축제, 눈빛축제, 눈썰매장 등이 유명하다.

(3) 롯데월드

단일 건물로는 국내 최대의 시설과 규모를 자랑하며 교통이 편리하고 계절과 날씨에 구애받지 않는다는 큰 장점을 가지고 있는 이곳은 실내 테마파크, 신비의 호수공원, 백화점, 호텔, 면세점, 쇼핑홀, 스포츠시설, 민속박물관이 한자리에 모여 있는 하나의 작은 도시이다. '작은 지구마을'을 주제로 하여 첨단의 탑승시설과 관람시설, 다양한 공연 프로그램과 휴식시설을 갖추고 기네스북에서 공인한 세계 최대의 실내 테마파크인 어드벤처는 '마법의 태양'을 중심으로 모로코/아라비아 거리, 프랑스/네덜란드 거리, 독일/영국 거리, 이탈리아/스페인 거리로 구성되어 있는 이국적인 정취를 느끼게 한다.

인공호수인 석촌호수에 위치하고 있으며, 어드벤처와 연결된 다양한 레저시설들이 마법의 성을 중심으로 펼쳐져 있는 국내 최초의 호수공원이다. 500석 규모의 호반무대를 비롯해 다채로운 퍼레이드 및 공연이 곳곳에서 펼쳐지는 곳이다. 우리 선조의 슬기와 전통문화를 한눈에 볼 수 있는 역사문화의 산 교육장인 민속박물관은 역사전시관(선사시대, 삼국시대, 통일신라, 고려시대의 유물전시), 모형촌(조선시대 우리 조상들의 생활모습과 경복궁과 궁중의례 장면, 서민들의 세시풍속 등을 실물의 1/8로 축소재현), 놀이마당(민속상설 공연장, 전통혼례), 저자거리(조선시대 장터의 풍경이 재현)로 구성되어 있다. 총 4,000여 평 규모에 최대인원 5,000여명을 수용할 수 있는 수영장은 자연채광의 야외분위기와 넓게 트인 공간에 유수풀, 폭포물, 계곡풀, 유아풀, 장수시설로 3,000여 개의 개인 라커와 사우나시설, 카페테리아 등이 함께 위치하고 있다.

아이스링크는 어드벤처의 중앙에서 한눈에 내려다보이는 시설물로 자연광 아래 사계절 스케이팅을 온 가족이 함께 즐길 수 있는 전천후 실내스케이트장이다.

10) 카지노

카지노는 작은 집이라는 의미의 이탈리아어 카자(casa)가 어원이고, 르네상스 시대 귀족들이 소유하였던 사교 · 오락용(댄스 · 당구 · 도박 등)의 별관을 뜻하였다. 역사적으로는 18～19세기에 국가의 재원을 충당하기 위해 유럽 각지에서 개설되기 시작하였고 미국에서도 서부개척기 이래 겜블링이 활발했으나 카지노라고 하게 될 만큼 시설을 선보인 것은 19세기 중엽쿠터 남북전쟁 때까지 미시시피강(江)에 있는 200여 척의 호화판 도박선이었다. 미국에서 카지노 개설을 허용하고 있는 주는 네바다주 · 뉴저지주 · 노스다코타주이며, 네바다주의 라스베이거스 · 리노가 가장 유명하며 20여 개의 대규모 카지노가 있다. 유럽에서는 지중해에 면한 남프랑스의 칸 · 니스, 1861년에 개설된 몬테카를로(모나코 왕국)의 카지노가 유명하다. 아시아에는 일본 · 홍콩 · 마카오 등이 알려져 있다. 현재 카지노는 전 세계적으로 110개국에 2000여개 업체가 운영되고 있으며, 우리나라의 카지노는 1967년 인천광역시 올림포스호텔의 카지노 개장을 시작으로 1968년에는 서울특별시 워커힐호텔 카지노가 개장하였다. 2017년 12월 말 기준으로 국내 카지노 사업체는 총 17개가 영업 중이며, 이중 외국인전용 카지노는 16개, 내국인 대상 카지노는 1개다. 국내 유일의 내국인 출입가능 카지노인 강원랜드는 강원도 정선에 위치하고 있으며, 외국인전용 카지노 중 8개가 제주도에 몰려 있다. 그 외 서울에 3개, 부산에 2개, 인천 · 강원 · 대구에 각각 1개씩 위치하고 있다.

일반적으로 카지노에서 이루어지는 도박으로는 룰렛 · 슬롯머신 · 블랙잭 등이 있다. 이전의 카지노는 사행산업으로 인식되었으나, 현재는 카지노에 많은 가족 고객이 찾아들면서 오락문화 및 여가산업으로 자리잡고 있다. 특히 카지노산업은 외화획득 및 외화유출방지, 지역경제 활성화, 재원확보 등 고부가가치산업으로 고용창출과 외화가득률이 타 산업에 비해 매우 높다.

CHAPTER 05

관광개발

CHAPTER 05

관광개발

제 1 절 관광개발의 개요

1. 관광개발의 개념

관광개발이란 일반적으로 관광자원의 특성에 따라서 관광상의 편의를 증진하고, 관광객의 유치와 관광소비의 증대를 도모함을 목적으로 하는 개발사업이라 할 수 있다. 따라서 개발사업은

① 관광상의 편의를 도모하기 위한 제반시설의 정비
② 관광사업의 진흥을 위한 각종 제도의 정비
③ 관광객의 레저생활을 충실하게 하기 위한 행사의 개발을 그 주요 사업내용으로 한다.

관광개발은 직접적으로는 관광사업의 진흥을 목적으로 하고 있고, 관광사업의 구체적인 모든 진흥시책을 관광개발이라 생각할 수 있다. 그러나 대부분의 경우 관광개발은 시설개발을 중심으로 행해지는 관계로 관광상의 편의증진을 도모하는 제반시설의 개발과 정비라는 협의의 개념이 일반적으로 통용되고 있다.

이와 같이 관광개발은 관광사업을 적극적으로 진흥시키는 것을 목표로 하고 있지만, 관광사업을 진흥시키는 배경에는 관광사업에 기대되는 여러 가지 플러스 효과가 있기 때문이라는 것은 더 말할 필요가 없는 것이다. 일반적으로 관광사업은 경제적 효과와 경제외적 효과를 합목적적으로 촉진할 것을 목표로 하여 진행된다. 그리고 사업효과는 관광의 주체자인 국민의 여가활동의 측면과 개발주체자가 받는 이익의 측면에서 파악된다. 그래서 관광개발은 크게 나누어 다음

의 세 가지 입장에서 추진되고 있다고 하겠다.

① 국민의 건전한 레크리에이션의 촉진
② 지역개발의 촉진
③ 기업활동의 확대(이윤확대의 기회)

여기서 관광개발을 촉진하는 주체는 국가, 지방공공단체, 민간기업의 3자인데, 개발주체가 누구이냐에 따라서 개발목적에 차이가 있을 수 있다.

국가적 차원에서 본 관광개발에는 국민의 건전한 레크리에이션을 촉진한다는 것 외에도 뛰어난 자연경관이나 역사적 문화재의 보호와 활용, 그리고 관광수요에 대응한 관광레크리에이션 공간의 적정배치와 그 확보 등 자원보호나 국토의 효과적 이용이라는 입장에서도 적극적인 의의를 가진다. 또한 관광개발에 따른 지역개발의 촉진도 국책상 중시되어야 함은 물론이고, 관광개발은 경제 · 문화 · 사회 · 교육 · 후생 등 국가정책의 차원에 있어서도 종합적인 견지에서 진흥되는 것이 바람직하다.

지역개발의 관점에서 본 관광개발은 관광사업의 지역경제효과 가운데서 경제적 효과와 경제외적 효과에 기대하고, 지역사회의 발전과 지역주민의 복지향상을 도모하는 데 그 의의를 찾을 수 있다고 하겠다.

2. 관광개발과 지역개발

1) 관광개발의 지역경제효과

관광개발의 현상에 비추어 그 개발의 목적을 세 가지로 크게 나누어 보았다. 그러나 개발의 주체나 목적이 어떻게 다르든 간에 관광개발이 어떤 형태로든 국토의 일정한 지역에 전개되는 한에서는, 어떠한 관광개발이든 해당 지역사회에 영향을 미치게 마련인 것이다.

관광개발이 지역개발로서 주목을 끌게 된 점은 주로 관광투자효과와 관광소비효과로 구성되는 지역경제효과에 눈을 돌리게 된 데서부터이다. 관광투자효과는 개발사업에 대한 투자효과이기 때문에 그 효과는 이럴 경우에 단기적이며 불연속적이다. 이에 비해 관광소비효과는 관광기업의 가동에 따른 관광소비의 파급효과이기 때문에 그 효과는 연속적이며 장기적 효과가 기대된다. 따라서 지역개발을 목적으로 한 관광개발에서 기대되는 개발효과가 관광소비효과에 있다는 것은 다시 말할 필요도 없다. 그러므로 이하에서는 관광소비의 지역경제효과에 대해서 살펴보기로 한다.

관광소비는 관광객의 관광행동에 수반하여 지출되는 소비이며, 그것은 직접 관광기업의 수입이 된다. 관광기업은 이 수입을 기본으로 기업경영을 지속시켜 가는데, 경영을 통하여 관광기업이 지급하는 지출 처는 원재료의 구입과 임금, 보수, 이윤, 조세 등의 부가가치로 구분된다. 전자는 관광기업의 거래처에 지급되고, 후자는 임금으로서 가계수입이 되거나, 기업이익으로서 예금이 되거나, 아니면 시 · 읍 · 면의 세수입이 되기도 한다. 더욱이 이들의 관광소비는 지역경제의 내부를 순환하면서 파급되고, 그 총체로서 지역경제에 질적 · 양적인 여향을 준다. 다시 말하면, 관광소비는 관광객으로부터 관광기업에, 관광기업은 거래처로, 거래처는 다시 그 거래처로 라는 식으로 순차적으로 지역경제의 내부를 순환하여 생산액을 증대시켜 산업관련 효과를 가져오고 지역소득을 증대시켜 소득효과를 가져오며, 고용의 촉진(고용효과)에 공헌한다.

원래 지역경제효과의 크고 작고는 관광자원의 우열성에 좌우되지만, 효율적인 효과를 올리기 위해서는 지역사회에서의 중간생산재의 조달률을 높이는 일이나, 소득의 지역외 누실을 방지하는 일이 과제가 된다고 본다. 소득의 누실은 주로 지역주민의 고용과 지역외 기업의 진출을 거부함으로써 어느 정도 방지할 수 있는데, 외부기업에 의한 대형 관광기업은 소득의 직접적인 누실분을 웃도는 경제효과의 기대도 가능하므로 일률적으로 좋은 방책이라고는 말할 수 없는 면이 있다.

그런데, 관광개발의 지역경제개발에서의 역할은 관광자원이라는 다른 사업에서는 개발하지 않은 미개발 분야의 자원개발에 의해 지역소득의 증대와 지역주민의 고용을 추진하고 지역경제를 진흥한다는 일련의 지역경제효과를 올리는 데 있다. 지역개발이 소득격차의 시정을 목표로 추진되고 있다는 데에서 보더라도 관광개발의 이와 같은 효과는 그 기대에 부응하는 것이라 말할 수 있겠다.

2) 관광개발과 지역개발

광공업자원이나 입지조건이 좋지 못한 농산어촌이 '천혜의 자연경관'을 자원으로 해서 지역격차를 해소해 나가려고 도모하는 것은 실로 당연한 일이라 하지 않을 수 없다. 물론 농촌에 따라서는 농업이나 임업 및 어업보다 관광사업을 하는 편이 훨씬 높은 생산성을 올리는 경우도 있겠고, 자원을 유효하게 이용하기 위해서도 관광개발을 지역의 주요 산업으로 하는 편이 유리한 지역도 상당히 있을 것이다. 그러나 여기에서는 관광개발이 지역개발이라는 목적에 대한 개발수단으로서의 위치를 차지하고 있기 때문에 산업론적 견지를 떠나 지역개발의 목적에 접근하기 위한 방법으로서 고찰해보지 않으면 안 될 것이다.

그런데 지역개발은 어떤 의미와 내용을 가진 것인가. 이에 대해서는 아직까지 확립된 개념은 없는 것 같다. 대부분의 국가에서 지역개발정책은 거의 자원개발에 목표를 두고 있었는데, 점차 지역격차의 시정으로 전환하던가, 대규모 임해공업의 개발로 집중하기도 하였으며, 또한 공장유치나 관광개발이 주창되던가 해왔다.

더욱이 최근에 와서는 인구와 산업의 지방 분산도 중요한 과제로 되는 등 지역개발은 퍽 유동적이고 그 목적조차도 불명확한 상태에 있다. 그래서 지역개발이라는 말은 매우 여러 가지 뜻으로 사용되고 있으나, 과거의 실정에 비추어 볼 때 두 가지 견해가 지적이 된다. 즉 "지역개발에 의해서 해당 지역사회가 개발된다"는 생각과, "해당 지역사회에 대한 영향은 문제가 아니고 전체 국민경제의 발전만이 문제이며, 지역사회의 발전은 반드시 이루어진다고는 말할 수 없다"고 하는 생각이다.

요컨대, 여기에서 지역개발은 국토의 일부분인 지역사회에 전개되는 국가정책으로서 국가적 차원에서 수행되는 개발정책이라는 것을 전제로 하면서도 국민경제적인 관점과 지역적인 관점의 어느 쪽을 우선시키면서 생각할 것인가 하는 서로 다른 견해에 있다.

그러나 지역개발의 궁극적 목적이 지역주민의 복지향상에 있다고 한다면, 지역사회에 대한 영향을 고려하지 않은 지역개발은 이미 존재하지 않는다고 말하지 않을 수 없다. 지역개발은 지역주민의 복지를 목적으로 한 해당 지역사회의 개발이라는 것은 지역주민의 당연한 요구이며, 국가정책의 강요는 불이익이 없는 것에 한하여 받아들여질 수 있다는 원칙이 확립될 것이다.

특히 우리나라에서의 지역개발은 경제발전에 편중되어 왔는데, 이 점도 벌써부터 고쳐져야만 할 것으로 지적되고 있다. 지역격차가 소득격차로서 이해되고 그 시정을 지역개발의 주된 목표로 삼아 왔으나, 주민의 복지는 소득의 증대에 의해서만 달성되는 것은 아니다. 생활기반시설이나 자연환경 등 총체적인 환경의 향상이 수행됨으로써 비로소 복지의 향상이 기대될 수 있는 것이다.

이처럼 지역개발은 지역경제의 진흥이라는 좁은 시야로부터 벗어나서 지역생활공간의 질적인 향상이라는 관점에서 이루어지는 것이라야 바람직하다. 더욱이 여기에서 지역생활공간이라 함은 지역주민 생활에 관계되는 생활환경, 주거환경, 교육환경, 레크리에이션 환경 등 지역사회가 구성할 전체 생활체계를 포함한 공간을 의미하고 있고, 지역개발은 환경개발을 목표로 한 종합적인 개발이어야 한다는 것을 지적할 수 있다. 그런데 원래 종합개발은 꼭 동시에 추진할 필요는 없는 것이며, 어느 때에는 경제개발에 편중될 수가 있겠고 어느 때에는 사회개발이 중점적으로 추진되는 수도 있을 것이다. 그러나 중요한 것은 어떤 종류의 개발사업이 다른 부분에 나쁜 영향을 미치는 일이 없도록 종합적이면서도 계획적인 배려가 있어야 한다는 점이다.

관광개발은 관광사업의 진흥을 전제로 해서 여러 가지의 개발투자가 이루어지는데, 그 가운데서도 교통사정의 개선은 관광객의 내방 증가를 촉진시키고 지역산물이나 일반 소비물자의 유통을 돕고, 지역산업의 입지조건의 개량이나 주민생활의 편의 증진을 가져온다. 또한 개발행위의 일환으로서 실행되는 자연보호와 문화재의 보존과 활용, 그리고 각종의 관광레크리에이션 개발 등은 그래도 지역주민의 레크리에이션 환경의 정비로도 되고, 주민의 문화적 생활수준의 향상에 기여하게 될 것이다. 또한 관광객의 내방은 지역주민과의 인적 교류를 통한 이해를 깊게 하고 벽지의식의 완화에 기여하는 것도 기대할 수 있다.

관광사업은 그 특성으로 말미암아 지역사회의 광범한 영역에 영향을 미치게 되나, 위에서 언급한 생활공간에 대해서도 그 얼마쯤은 경제적 또는 경제외적인 영향이 모든 부문(환경)에 미친다는 것을 지적할 수 있다. 그러나 중요한 점은 그들의 영향이 모든 환경에 플러스 효과를 기대할 수 있는 반면에, 모든 환경에 마이너스 효과도 줄 수 있다는 것이다. 따라서 관광개발은 그 도입에 앞서 장단점에 대한 신중한 검토를 필요로 하나, 그 전제로서 지역사회의 종합개발에 대한 구상이 확립되지 않으면 안 되고, 관광개발은 종합개발계획과의 조화를 고려하여 질적인 측면(방향 부여와 사업내용)이 결정되지 않으면 안 된다.

3. 관광개발의 유형

관광개발을 관광목적지 내지 관광지의 개발이라고 생각하는 경우, 개발방법에 따라 몇 가지의 유형을 들 수 있다. 이는 관광자원의 비교우위성, 교통편, 지명도 등에 의하여 관광개발의 수법이 달라지기 때문이다.

1) 자연관광자원 활용형

관광의 매력성이나 관광자원이 전혀 없는 지역에서 관광개발을 추진한다는 것은 일반적으로 대단히 곤란하다. 따라서 자연의 혜택이나 조상들이 남겨놓은 귀중한 문화재 등을 중심으로 관광자원의 가치를 살리는 방법이 관광개발의 수법으로 가장 일반적인 것이다. 관광자원의 가치가 같은 종류의 다른 것과 비교하여 빼어나면 빼어날수록 관광개발은 쉽게 된다. 그래서 관광자원은 자연관광자원과 인문관광자원으로 나눌 수 있으며, 관광개발의 유형으로서 우선 자연관광자원 활용형을 들 수 있다. 구체적인 실례로서는 자연의 감상, 온천의 탕치, 피서, 피한, 스키, 해수욕 등에 이용되고 있는 많은 관광지를 들 수 있다.

2) 인문관광자원 활용형

관광자원의 가치를 활용하는 유형의 관광개발에는 자연관광자원 활용형과 더불어 인문관광자원 활용형이 있다. 그 실례로서는 유서 깊은 옛 사찰)이나 교회, 민속 등의 경우를 들 수 있다.

자연 및 인문관광자원 활용형의 관광개발을 추진함에 있어서 유의하여야 할 점은 말할 것도 없이 자원의 가치를 충분히 보호하는 것이다. 그런데도 관광개발이 자원가치의 보호에 있어서 장기적인 계획과 구체적인 시책이 결여될 경우에는 관광자원의 가치가 차츰 낮아져 머지않아 관광지로서 관광객에 대한 유인력을 상실하게 된다.

3) 교통편 활용형

관광자원 활용형이 관광개발의 가장 일반적인 방법인 것이나, 관광자원의 비교우위성만으로 관광개발이 성공한다고는 할 수 없다. 관광객이 일상생활권을 떠나서 관광지까지 이동하는 문제, 곧 접근성의 문제가 현대에 있어서는 더욱더 관광지의 가치를 형성하는 중요한 요인으로 작용하고 있다. 교통수단의 정비는 관광목적보다는 생활환경의 향상이나 경제활동의 추진목적으로 사회기반시설을 갖추고 교통체계를 정비함에 따라 파생적으로 관광개발이 가능해지는 수도 있다. 다시 말해 교통시설 이용상의 편의와 이점을 살리는 방법으로 고속도로의 인터체인지, 철도의 정차역, 도로변 휴게소, 항만 · 공항 등의 주변은 관광자원의 가치가 그다지 뛰어나지 않아도 관광개발이 가능하게 되는 것이다.

4) 지명도 활용형

일반적으로 관광객이 어떤 장소를 방문하는 것은 그 장소에 있는 어떠한 관광자원의 가치가 높은 것을 알고 있든가 또는 알려져 있기 때문일 것이다. 관광자원으로서 비교우위성이 아무리 높다고 하더라도 사람들이 그것을 알지 못한다면, 실제 관광행동으로 옮겨지지 않는다. 반대로 관광자원의 가치가 그다지 우수하지 못한 경우라도 잘 알려져 있는 경우에는 관광개발이 가능하게 된다. 결국 어떤 장소가 관광의 매력을 형성하는 무엇인가의 의미로서 높은 지명도를 가질 경우 그것을 활용한 관광개발이 가능한 것이다.

5) 관광대상 창조형

관광개발에 있어 특정 매력이 없는 관광대상일 경우에는 인위적으로 관광대상을 창조한다든지, 인위적으로 개발의 저해조건을 해소시키는 것과 같은 방법도 있는 것이다. 그러나 이러한 유형은 다른 유형에 비해 대단히 어렵고, 관광의 대중화를 배경으로 하여 공공기관이 적극적으로 관광개발에 참여하는 경우나, 또는 탁월한 창조력을 갖춘 민간대기업의 경우가 아니고서는 실현시키기 어렵다.

제 2 절 관광지 및 관광단지 개발

1. 관광지 개발

1) 관광개발계획

(1) 관광개발기본계획의 수립

문화체육관광부장관은 관광자원을 효율적으로 개발하고 관리하기 위하여 전국을 대상으로 하여 관광개발기본계획(이하 "기본계획"이라 한다)을 수립하여야 한다(관광진흥법 제49조 1항).

이 규정에 따른 '기본계획'으로는 1990년 7월에 수립된 제1차 관광개발기본계획(1992~2001년)과 2001년 8월에 수립된 제2차 관광개발기본계획(2002~2011년)은 이미 완료되었고, 현재는 2011년 12월 26일 수립 · 공고한 제3차 관광개발기본계획(2012~2021년)을 시행하고 있다.

제1차 '기본계획'에서는 전국을 5대 관광권, 24개 소관광권으로 권역화하여 각각의 권역별 개발구상을 제시하였던 것이나, 이 계획을 집행함에 있어서 관광권역과 집행권역(즉 시 · 도)의 불일치로 인해 '기본계획'과 '권역계획'의 실천성 미흡 등의 문제점이 노출되었다. 이에 따라 제2차 '기본계획'에서는 이를 시정 · 개선하기 위하여 행정권중심의 관광권역인 16개 광역지방자치단체를 기준으로 관광권역을 단순화하고, 각 시 · 도별 특성에 맞는 권역별 관광개발기본방향을 설정 · 제시하였던 것이다.

그러나 이번에 수립한 제3차 '기본계획(2012~2021년)'은 제2차 '기본계획(2002~2011년)' 수립 이후 급변하는 환경변화에 대응하는 새로운 비전과 전략을 제시하며, 국제경쟁력을 갖춘 관광발전 기반을 구축하고 국민 삶의 질과 지역발전에 기여하기 위해 전국 관광개발의 기본방향을 미래지향적으로 제시하는 계획이라고 하겠다.

따라서 제3차 '기본계획(2012~2021년)'에서는 향후 관광개발의 기본방향과 추진전략 등을 반영하여 수도관광권(서울 · 경기 · 인천), 강원관광권, 충청관광권,

호남관광권, 대구 · 경북관광권, 부 · 울 · 경관광권(부산 · 울산 · 경남) 및 제주관광권 등 7개 광역경제권을 계획 관광권역으로 설정하였으며, 또한 해안을 중심으로 한 동 · 서 · 남해안 관광벨트 등 6개 초광역 관광벨트도 설정하여 7개 계획권역을 연계 · 보완하였다. 여기서 초광역 관광벨트란 백두대간 생태문화 관광벨트, 한반도 평화생태 관광벨트, 동해안 관광벨트, 서해안 관광벨트, 남해안 관광벨트, 강변생태문화 관광벨트 등을 말한다.

가. '기본계획'의 수립권자 및 수립시기

기본계획은 문화체육관광부장관이 매 10년마다 수립한다.

나. '기본계획'에 포함되어야 할 내용

1. 전국의 관광여건과 관광 동향(動向)에 관한 사항
2. 전국의 관광수요와 공급에 관한 사항
3. 관광자원의 보호 · 개발 · 이용 · 관리 등에 관한 기본적인 사항
4. 관광권역(觀光圈域)의 설정에 관한 사항
5. 관광권역별 관광개발의 기본방향에 관한 사항
6. 그밖에 관광개발에 관한 사항

(2) 권역별 관광개발계획의 수립

시 · 도지사(특별자치도지사는 제외)는 '기본계획'에 따라 구분된 권역을 대상으로 권역별 관광개발계획(이하 "권역계획"이라 한다)을 수립하여야 한다. 다만, 둘 이상의 시 · 도에 걸치는 지역이 하나의 권역계획에 포함되는 경우에는 관계되는 시 · 도지사와의 협의에 따라 수립하되, 협의가 성립되지 아니한 경우에는 문화체육관광부장관이 지정하는 시 · 도지사가 수립하여야 한다.

이 규정에 의한 '권역계획'으로는 제1차 관광개발기본계획(1992~2001년)에 따른 제1차권역계획(1992~1996년)과 제2차권역계획(1997~2001년) 및 제2차 관광개발기본계획(2002~2011년)에 따른 제3차권역계획(2002~2006년)과 제4차권역계획(2007~2011년) 및 제3차관광개발기본계획(2012~2021년)에 따른 제5차권역계획(2012~2016년)은 이미 완료되었고, 현재는 제6차권역계획(2017~2021년)이 수립 시행 중에 있다.

◆ 우리나라 7개 광역관광권 ◆

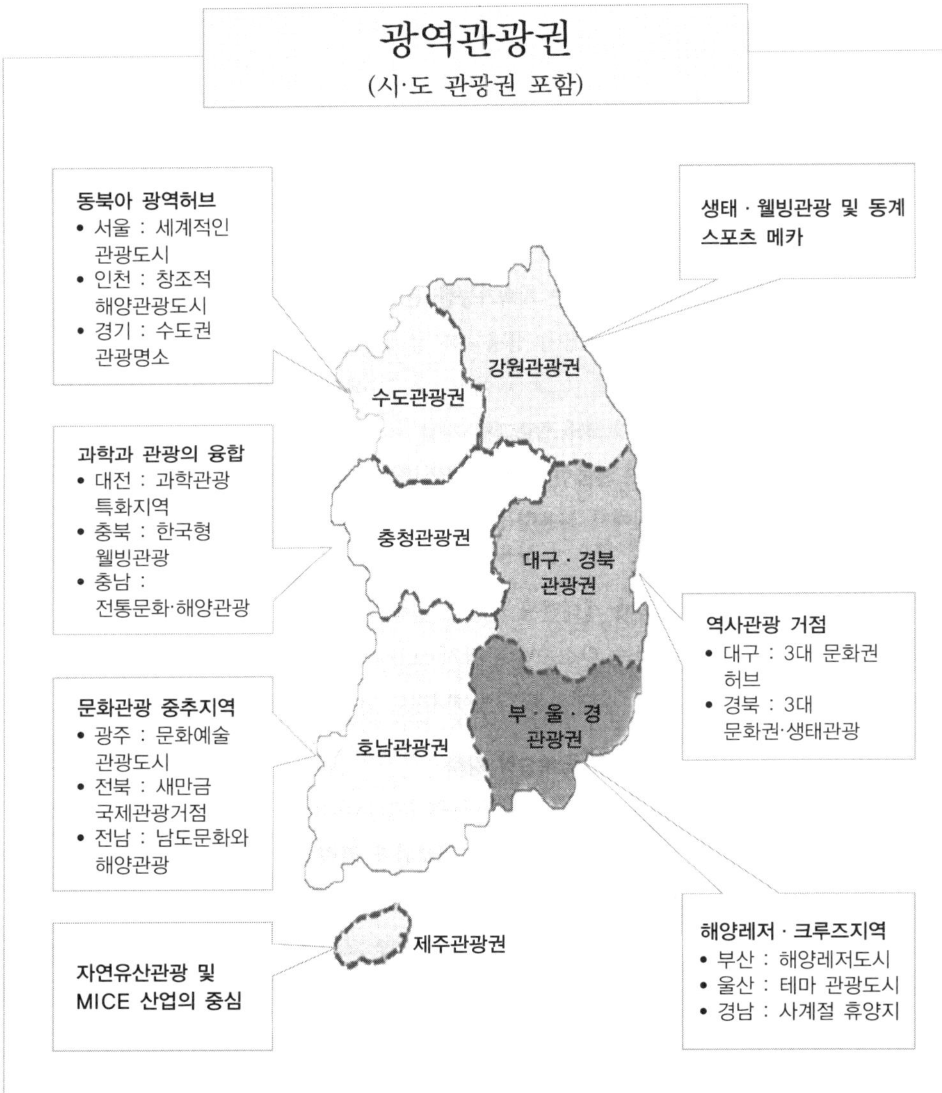

◆ 우리나라 6개 초광역관광벨트 ◆

초광역관광벨트

백두대간 생태문화 관광벨트
- 친환경 생태관광 거점 조성
- 산촌 커뮤니티 활성화

한반도 평화생태 관광벨트
- 민통선 마을 체류형 관광 촉진
- 유네스코 생물권보전지역 지정

동해안 관광벨트
- 동해안 국제관광 거점 조성
- 휴양·헬스케어 관광 육성

서해안 관광벨트
- 해양관광 네트워크 구축
- 경인 아래뱃길 연계루트 개발

남해안 관광벨트
- 국제크루즈 항로 개설
- 남중권 지역발전 거점 육성

강변생태문화 관광벨트
- 수변관광 인프라 구축
- 강변생태문화 클러스터 조성

한편, 제주특별자치도의 경우 도지사가 도의회의 동의를 얻어 수립하는 '국제자유도시의 개발에 관한 종합계획'에는 "관광산업의 육성 및 관광자원의 이용·개발 및 보전에 관한 사항"을 포함시키고 있는데, 이 종합계획에 따라 제주권역의 관광개발사업을 시행하고 있기 때문에, 제주특별자치도에서는 "권역계획"을 따로 수립하지 아니한다.

가. 권역계획의 수립권자 및 수립시기

권역계획은 시·도지사(특별자치도지사는 제외한다)가 매 5년마다 수립한다.

나. 권역계획에 포함되어야 할 내용

1. 권역의 관광여건과 관광동향에 관한 사항
2. 권역의 관광 수요와 공급에 관한 사항
3. 관광자원의 보호·개발·이용·관리 등에 관한 사항
4. 관광지 및 관광단지의 조성·정비·보완 등에 관한 사항
5. 관광지 및 관광단지의 실적 평가에 관한 사항
6. 관광지 연계에 관한 사항
7. 관광사업의 추진에 관한 사항
8. 환경보전에 관한 사항
9. 그밖에 그 권역의 관광자원의 개발, 관리 및 평가를 위하여 필요한 사항

2) 관광지 등의 지정

(1) 관광지등의 정의

여기서 '관광지등'이란 관광지 및 관광단지를 말한다.

가. 관광지

관광지란 자연적 또는 문화적 관광자원을 갖추고 관광객을 위한 기본적인 편의시설을 설치하는 지역으로서 「관광진흥법」에 따라 지정된 곳을 말한다. 그러므로 관광객이 이용하는 지역이라고 해서 무조건 관광지가 되는 것은 아니고, 「관광진흥법」에 의하여 관광지로 지정을 받지 않으면 관광지라고 할 수 없으며, 관광개발의 대상도 될 수 없다. 2017년 12월 말 기준으로 전국에 지정된 관광지는 총 226개소이다.

나. 관광단지

관광단지란 관광객의 다양한 관광 및 휴양을 위하여 각종 관광시설을 종합적으로 개발하는 관광거점지역으로서 「관광진흥법」에 따라 지정된 곳을 말한다. 2017년 12월 말 기준으로 전국에 지정된 관광단지는 43개소이다.

(2) 관광지등의 지정권자

관광지 및 관광단지(이하 "관광지등"이라 한다)는 시장 · 군수 · 구청장의 신청에 의하여 시 · 도지사가 지정한다. 다만, 특별자치도의 경우에는 특별자치도지사가 지정한다.

2. 관광단지의 개발

1) 관광단지의 지정

(1) 관광단지의 정의

관광단지라 함은 관광산업의 진흥을 촉진하고 국내외 관광객의 다양한 관광 및 휴양을 위하여 각종 관광시설을 종합적으로 개발하는 관광거점지역을 말하는데, 지금까지 「관광진흥법」에 따라 총 43개의 관광단지가 지정되어 있다.

「관광진흥법」에 의하여 2015년까지 38개소가 지정되었으며, 2016년 신규 지정 관광단지는 강원 횡성드림마운틴, 양양 국제공항 및 원주 플라워프루트월드 및 안성 죽산관광단지 4개소이며, 인천 1개소는 송도 관광단지로 2016년 10월 12일 실효되어 전국적으로는 3개소가 증가하여, 2017년 12월 말 기준으로 전국에 지정된 관광단지 현황은 총 43개소이다. 정부는 관광단지 조성 · 개발 활성화를 위해 관광단지를 「사회간접자본시설에 대한 민간 투자법」상 사회간접자본시설로 규정하여 민간자본을 적극 유치케 하고 있으며, 취득세(25%, 조례에 따라 추가로 50% 감면), 대체산림조성비(준보전산지) 및 대체초지조성비의 100% 면제 등 각종 세제 및 부담금의 감면 혜택을 주고 있다. 또한 관광단지 지정을 위한 면적기준을 현행 100만 제곱미터에서 50만 제곱미터로, 관광단지 설치시설 기준을 4종에서 3종으로 완화(공공편의시설, 숙박시설, 운동 · 오락시설, 휴양 · 문화시설에서 공공편의시설, 숙박시설, 운동 · 오락시설 또는 휴양 · 문화시설)하였고, 민간개발자가 관광단지를 개발할 경우 지방자치단체장과의 협약을 통해 지원이 필요하다고 인정하는 공공시설에 대해 보조금을 지원할 수 있도록 하였으며, 2010년부터 보조금을 지원하고 있다. 관광단지내 전기시설을 설치하는 경우 설치비용은 전기를 공급하는 자가 부담하되, 땅속에 설치하는 경우에는 전기를 공급하는 자와 땅속에 설치할 것을 요청하는 자가 50 : 50의 비율로 정하는 등 관광단지 활성화를 위한 제도개선을 추진했다. 앞으로 관광단지는 건강 · 교육 · 체험 등 다양한 관광수요를 특징으로 하는 최근의 관광패러다임 변화에 맞춰 관광단지를 특성화하여 개발함으로써 지역 관광산업의 동력으로 활용할 계획이다.

(2) 관광단지의 지정현황

현재 관광단지 지정현황을 살펴보면 다음 〈표 5-1〉과 같다.

〈표 5-1〉 관광단지 지정현황

<table>
<tr><th colspan="2">자치단체</th><th>명칭</th><th>위치</th><th>지정면적 (㎡)</th><th>사업시행자</th><th>단지 지정</th><th>조성 계획</th></tr>
<tr><td rowspan="6">강원 (14)</td><td>고성군</td><td>고성 델피노골프앤리조트</td><td>강원도 고성군 토성면 원암리 403-1번지 일원</td><td>900,742</td><td>㈜대명레저산업</td><td>'12.05.</td><td>'12.05.</td></tr>
<tr><td>속초시</td><td>속초 설악한화리조트</td><td>강원도 속초시 장사동 24-1번지 일원</td><td>1 314,100</td><td>㈜한화호텔앤드리조트</td><td>'10.08.</td><td>'10.08.</td></tr>
<tr><td>양양군</td><td>양양 국제공항</td><td>강원도 양양군 손양면 동호리 510-28번지 일원</td><td>2,448,198</td><td>㈜새서울레저</td><td>'15.12.</td><td>'15.12.</td></tr>
<tr><td rowspan="3">원주시 (3)</td><td>원주 오크밸리</td><td>강원도 원주시 지정면 월송리, 판대리 일원</td><td>11,349,665</td><td>㈜HDC리조트(주)</td><td>'95.03.</td><td>'96.02.</td></tr>
<tr><td>원주 더네이쳐</td><td>강원도 원주시 문막읍 궁촌리 산 121번지 일원</td><td>1,444,086</td><td>㈜경안개발</td><td>'15.01.</td><td>'17.04. (실효)</td></tr>
<tr><td>원주 루첸</td><td>강원도 원주시 문막읍 비두리 산239-1번지 일원</td><td>2,644.254</td><td>㈜지프러스</td><td>'17.04.</td><td>미수립</td></tr>
</table>

자치단체		명칭	위치	지정면적 (㎡)	사업시행자	단지 지정	조성 계획
	춘천시 (2)	라비에벨 (무릉도원)	강원도 춘천시 동산면 조양리 /홍천군 북방면 전치곡리 일원	4,843,796	㈜코오롱글로벌	'09.09.	'09.09.
		춘천 신영	강원도 춘천시 동산면 군자리 산 224번지 일원	1,694,696	㈜신영종합개발	'10.02.	'10.05.
	평창군 (3)	평창 휘닉스파크	강원도 평창군 봉평면 면온리, 무이리, 진조리 일원	4,233,039	㈜ 휘닉스중앙	'98.10.	'99.03.
		평창 용평	강원도 평창군 대관령면 용산리, 수하리 일원	16,219,204	㈜용평리조트	'01.02.	'04.03.
		평창 대관령 알펜시아	강원도 평창군 대관령면 용산리, 수하리 일원	4,837,015	강원도개발공사	'05.09.	'06.04.
	홍천군	홍천 비발디파크	강원도 홍천군 서면 팔봉리 1290-14번지 일원	7,052,490	㈜대명레저산업	'08.11.	'11.01.
	횡성군 (2)	횡성 웰리힐리파크	강원도 횡성군 둔내면 두원리, 우용리, 조항리 일원	4,830,709	㈜신안종합리조트	'05.06.	'12.07.
		횡성 드림마운틴	강원도 횡성군 서원면 석화리 산261-1번지 일원	1,796,574	㈜ 미지앤리조트	'16.03.	'17.06.
경기 (2)	안성시	안성죽산	안성시 죽산면 당목리 산53번지 일원	1,438,008	㈜송백개발 ㈜서해종합건설	'16.10.	조성 계획 협의중
	평택시	평택호	평택시 현덕면 권관리, 기산리, 대안리, 신왕리 일원	2,743,000	평택시	'77.03.	'79.2.
경남 (2)	거제시	거제 남부	경남 거제시 남부면 탑포리, 동부면 율표리 일원	3,693,875	㈜경동건설	'19.5.	미수립
	창원시	창원 구산해양	창원시 마산합포구 구산면 구복리, 심리 일원	2,842,634	창원시장	'11.04.	'15.03.

자치단체		명칭	위치	지정면적(㎡)	사업시행자	단지 지정	조성 계획
경북 (5)	경주시 (3)	보문	경주시 신평동, 보문동, 북군동, 천군동, 손곡동 일원	8,515,243	경북관광공사	'75.04.	'73.05.
		감포	경주시 감포읍 나정리, 대본리 일원	4,019,200	경북관광공사	'93.12.	'97.03.
		마우나오션	경주시 양남면 신대리산 140-1번지 일원	6,419,256	㈜엠오디	'94.03.	'94.05.
	김천시	김천 온천	김천시 부항면 안간·파천리 일원	1,424,423	㈜우촌개발	'96.03.	'97.12.
	안동시	안동문화	안동시 성곡동 일원	1,655,281	경북관광공사	'03.12.	'05.04
광주	광산구	광주 어등산	광주광역시 광산구 운수동 219번지 일원	2,736,219	광주광역시 도시공사	'06.01.	'07.04.
부산	기장군	오시리아 (동부산)	부산광역시 기장군 기장읍 시랑·대변리 일원	3,662,725	부산도시공사	'05.03.	'06.04.
울산	북구	강동	울산광역시 북구 산하동, 정자동, 무룡동 일원	1,368,939	울산 북구	'09.11.	'14.12.
인천	강화군	강화종합리조트	인천 강화군 길상면 선두리 산 281-2번지 일원	645,225	㈜해강개발	'12.07.	'12.07.
전남 (6)	고흥군	고흥 우주해양	고흥군 영남면 남열리 일원	1,157,970	동호㈜	'09.02.	'09.05.
	여수시 (3)	여수 화양	여수시 화양면 장수, 안포리 일원	9,989,691	㈜일상	'03.10.	'06.05.
		여수경도 해양	여수시 경호동 일원	2,127,189	전남개발공사	'09.12.	'09.12.
		여수챌린지파크	전남 여수시 화양면 나진리 산333-2번지 일원	510,000	여수챌린지파크관광(수)	'19.05.	'19.05.
	진도군	진도 대명리조트	진도군 의신면 초사리 산274 일원	558,765	㈜대명레저산업	'16.12.	'16.12.
	해남군	해남 오시아노	해남군 화원면 주광, 화봉리 일원	5,073,325	한국관광공사	'92.09.	'94.06.

자치단체		명칭	위치	지정면적(㎡)	사업시행자	단지 지정	조성 계획
전북	남원시	드래곤	전북 남원시 대산면 옥율리 산131 일원	795,133	신한 레저주식회사	'18.09.	'18.09.
제주(8)	서귀포시(5)	중문	서귀포시 색달동 2864-36번지 일원	3,562,000	한국관광공사	'71.05.	'78.06.
		성산포 해양관광단지	서귀포시 성산읍 고성리 127-2번지 일원	747,536	㈜휘닉스제주 중앙	'06.01.	'06.01.
		신화역사공원	서귀포시 안덕면 서광리 산35-7번지 일원	3,985,601	제주국제자유 도시개발센터	'06.12.	'06.12.
		제주헬스 케어타운	서귀포시 동홍동 2032번지 일원	1,539,013	제주국제자유 도시개발센터	'09.12.	'09.12.
		록인제주 체류형복합	서귀포시 표선면 가시리 622번지 일원	523,354	㈜록인제주	'13.12.	'13.12.
	제주시(3)	애월국제 문화복합단지	제주시 애월읍 어음리 산 70-11번지 일원	587,000	㈜애월국제 문화복합단지	'18.05.	'18.05.
		프로젝트 ECO	제주 제주시 봉성리 산 35번지 일원	698,000	㈜제주 대동	'18.05.	'18.05.
		신화련금수산장	제주 제주시 한림읍 금악리 487번지 일원	866,000	신화련금수산장 개발(주)	'19.03.	'19.03.
충남(2)	부여군	백제문화	부여군 규암면 합정리 일원	3,026,227	㈜호텔롯데	'15.01.	'15.01.
	천안시	골드힐카운티 리조트	천안시 입장면 기로리 일원	1,691,643	㈜골드힐	'11.12.	'13.06.
충북	증평군	증평 에듀팜 특구	충북 증평군 도안면 연촌리 산59-1번지 일원	2,622,825	증평군수,농어촌공사, ㈜블랙스톤	'17.12.	'17.12.
		45개		146,833,768			

자료 : 문화체육관광부, 2021년 1월 31일 기준

3. 관광특구의 개발

1) 관광특구의 지정

(1) 관광특구의 정의

관광특구는 외국인 관광객의 유치 촉진 등을 위하여 관광시설이 밀집된 지역에 대해 야간 영업시간 제한을 배제하는 등 관광활동을 촉진하고자 1993년에 도입된 제도이다. 「관광진흥법」은 제2조 제11호에서 관광특구란 외국인 관광객의 유치 촉진 등을 위하여 관광활동과 관련된 관계법령의 적용이 배제되거나 완화되고, 관광활동과 관련된 서비스 · 안내체계 및 홍보 등 관광여건을 집중적으로 조성할 필요가 있는 지역으로서 시장 · 군수 · 구청장의 신청(특별자치도의 경우는 제외한다)에 따라 시 · 도지사가 지정한 곳을 말하는데,[1] 지정요건 등은 다음과 같다.

(2) 관광특구의 지정요건

가. 관광특구의 지정신청자 및 지정권자

관광특구는 관광지등 또는 외국인 관광객이 주르 이용하는 지역 중에서 시장 · 군수 · 구청장의 신청(특별자치도의 경우는 제외한다)에 의하여 시 · 도지사가 지정한다.

나. 관광특구의 지정요건

관광특구로 지정될 수 있는 지역은 다음과 같은 요건을 모두 갖춘 지역으로 한다.

1. 문화체육관광부장관이 고시하는 기준을 갖춘 통계전문기관의 통계결과

---

1) 우리나라 관광특구는 제주도, 경주시, 설악산, 유성, 해운대 등 5곳이 1994년 8월 31일 처음으로 지정된 이래, 2005년 12월 30일 충북 단양 · 매포읍 일원(2개읍 5개리)의 '단양관광특구'와 2006년 3월 22일 서울 광화문 빌딩에서 숭인동 네거리 간의 청계천쪽 전역(세종로, 신문로1가, 종로1~6가, 창신동 일부, 서린동, 관철동, 관수동, 장사동, 예지동 전역)의 '종로 · 청계관광특구'를, 2008년 5월 14일 부산광역시 중구 부평동, 광복동, 남포동 지역의 '용두산 · 자갈치관광특구'를 지정하였으며, 2016년 1월 수원시 팔달구, 장안구 일부 지역을 관광특구로 새로 지정하여 2018년 3월 말 기준으로 13개 시 · 도에 31곳이 지정되어 있다(문화체육관광부, 전게 2018년 3월 현재 기준).

해당 지역의 최근 1년간 외국인 관광객 수가 10만명(서울특별시는 50만명) 이상일 것

2. 지정하고자 하는 지역 안에 관광안내시설, 공공편익시설, 숙박시설, 휴양·오락시설, 접객시설 및 상가시설 등이 갖추어져 있어 외국인 관광객의 관광수요를 충족시킬 수 있는 지역일 것
3. 임야·농지·공업용지 또는 택지 등 관광활동과 직접적인 관련성이 없는 토지가 관광특구 전체 면적의 10퍼센트를 초과하지 아니할 것
4. 위 1호부터 3호까지의 요건을 갖춘 지역이 서로 분리되어 있지 아니할 것

〈표 5-2〉 관광특구 지정현황

지역	특구명	지정지역(소재지)	면적(km²)	지정일
서울(7)	명동, 남대문, 북창	명동, 회현동, 소공동, 무교동·다동 각 일부지역	0.87	2000.03.30
	이태원	용산구 이태원동·한남동 일원	0.38	1997.09.29
	동대문 패션타운	중구 광희동·을지로5~7가·신당1동 일원	0.58	2002.05.23
	종로, 청계	종로구 종로1가~6가·서린동·관철동·관수동·예지동 일원, 창신동 일부 지역(광화문 빌딩~숭인동 4거리)	0.54	2006.03.30
	잠실	송파구 잠실동·신천동·석촌동·송파동·방이동	2.31	2012.03.15
	강남	강남구 삼성동 무역센터 일대	0.19	2014.12.18
	홍대 문화예술	마포구 홍대 일대(서교동, 동고동, 합정동, 상수동 일원)	1.13	2021.12.02.
부산(2)	해운대	해운대구 우동·중동·송정동·재송동 일원	6.22	1994.08.31
	용두산, 자갈치	중구 부평동·광복동·남포동 전지역, 중앙동·동광동·대청동·보수동 일부	1.08	2008.05.14
인천(1)	월미	중구 신포동·연안동·신흥동·북성동·동인천동 일원	3.00	2001.06.26
대전(1)	유성	유성구 봉명동·구암동·장대동·궁동·어은동·도룡동	5.86	1994.08.31

지역	특구명	지정지역(소재지)	면적(km²)	지정일
경기 (5)	동두천	동두천시 중앙동 · 보산동 · 소요동 일원	0.40	1997.01.18
	평택시 송탄	평택시 서정동 · 신장1 · 2동 · 지산동 · 송북동 일원	0.49	1997.05.30
	고양	고양시 일산 서구, 동구 일부 지역	3.94	2015.08.06
	수원 화성	경기도 수원시 팔달구, 장안구 일대	1.83	2016.01.15
	통일동산	경기도 파주시 탄현면 성동리, 법흥리 일원	3.01	2019.4.30
강원 (2)	설악	속초시 · 고성군 및 양양군 일부 지역	138.2	1994.08.31
	대관령	강릉시 · 동해시 · 평창군 · 횡성군 일원	428.3	1997.01.18
충북 (3)	수안보온천	충주시 수안보면 온천리 · 안보리 일원	9.22	1997.01.18
	속리산	보은군 내속리면 사내리 · 상판리 · 중판리 · 갈목리 일원	43.75	1997.01.18
	단양	단양군 단양읍 · 매포읍 일원(2개읍 5개리)	4.45	2005.12.30
충남 (2)	아산시온천	아산시 음봉면 신수리 일원	3.71	1997.01.18
	보령해수욕장	보령시 신흑동, 웅천읍 독산관당리, 남포면 월전리 일원	2.52	1997.01.18
전북 (2)	무주 구천동	무주군 설천면 · 무풍면	7.61	1997.01.18
	정읍 내장산	정읍시 내장지구 · 용산지구	3.45	1997.01.18
전남 (2)	구례	구례군 토지면 · 마산면 · 광의면 · 산동면 일부	78.02	1997.01.18
	목포	북항 · 유달산 · 원도심 · 삼학도 · 갓바위 · 평화광장 일원	6.90	2007.09.28
경북 (4)	경주시	경주 시내지구 · 보문지구 · 불국지구	32.65	1994.08.31
	백암온천	울진군 온정면 소태리 일원	1.74	1997.01.18
	문경	문경시 문경읍 · 가은읍 · 마성면 · 농암면 일원	1.85	2010.01.18
	포항 영일만	영일대해수욕장, 해안도로, 환호공원, 송도해수욕장, 송도송림, 운하관, 포항운하, 죽도시장, 시내 실개천 일대	2.41	2019.8.12
경남 (2)	부곡온천	창녕군 부곡면 거문리 · 사창리 일원	4.82	1997.01.18
	미륵도	통영시 미수1 · 2동 · 봉평동 · 도남동 · 산양읍 일원	32.90	1997.01.18

지역	특구명	지정지역(소재지)	면적 (km^2)	지정일
제주 (1)	제주도	제주도 전역(부속도서 제외)	1,809.56	1994.08.31
13개 시·도 34개소		-	2,643.89	

자료 : 문화체육관광부, 2022년 5월 31일 기준

2) 관광특구의 진흥계획

(1) 관광특구진흥계획의 수립 · 시행

가. 관광특구진흥계획의 수립

특별자치도지사 · 특별자치시장 · 시장 · 군수 · 구청장은 관할구역 내 관광특구를 방문하는 외국인 관광객의 유치 촉진 등을 위하여 관광특구진흥계획(이하 "진흥계획"이라 한다)을 수립하고 시행하여야 한다. 그리고 "진흥계획"을 수립하기 위하여 필요한 때에는 해당 시 · 군 · 구 주민의 의견을 들을 수 있다.

나. '진흥계획'에 포함되어야 할 사항

특별자치도지사 · 특별자치시장 · 시장 · 군수 · 구청장은 다음 각 호의 사항이 포함된 "진흥계획"을 수립 · 시행한다.

1. 외국인 관광객을 위한 관광편의시설의 개선에 관한 사항
2. 특색 있고 다양한 축제, 행사 그밖에 홍보에 관한 사항
3. 관광객 유치를 위한 제도개선에 관한 사항
4. 관광특구를 중심으로 주변지역과 연계한 관광코스의 개발에 관한 사항
5. 그밖에 관광질서 확립 및 관광서비스 개선 등 관광객 유치를 위하여 필요한 다음과 같은 사항
   가. 범죄예방 계획 및 바가지요금 · 퇴폐행위 · 호객행위 근절대책
   나. 관광불편신고센터의 운영계획
   다. 관광특구 안의 접객시설 등 관련시설 종사원에 대한 교육계획
   라. 외국인 관광객을 위한 토산품 등 관광상품 개발 · 육성계획

다. '진흥계획'의 타당성 검토

특별자치도지사 · 특별자치시장 · 시장 · 군수 · 구청장은 수립된 '진흥계획'에 대하여 5년마다 그 타당성 여부를 검토하고 진흥계획의 변경 등 필요한 조치를 하여야 한다.

(2) 관광특구진흥계획의 집행상황 평가

가. 관광특구에 대한 평가 등

문화체육관광부장관 및 시 · 도지사는 관광특구진흥계획의 집행상황을 평가하고, 우수한 관광특구에 대하여는 필요한 지원을 할 수 있다. 그리고 시 · 도지사는 관광특구진흥계획의 집행상황에 대한 평가의 결과 관광특구 지정요건에 맞지 아니하거나 추진실적이 미흡한 관광특구에 대하여는 관광특구의 지정취소 · 면적조정 · 개선권고 등 필요한 조치를 할 수 있다.

나. 관광특구의 평가에 대한 조치 등

① 평가주기 및 평가방법 : 시 · 도지사는 진흥계획의 집행상황을 연 1회 평가하여야 하며, 평가 시에는 관광관련 학계 · 기관 및 단체의 전문가와 지역주민, 관광관련 업계종사자가 포함된 평가단을 구성하여 평가하여야 한다.

② 평가결과 보고 : 시 · 도지사는 평가결과를 평가가 끝난 날부터 1개월 이내에 문화체육관광부장관에게 보고하여야 하며, 문화체육관광부장관은 시 · 도지사가 보고한 사항 외에 추가로 평가가 필요하다고 인정되면 진흥계획의 집행상황을 직접 평가할 수 있다.

③ 평가결과에 따른 지정취소 및 개선권고 : 시 · 도지사는 진흥계획의 집행상황에 대한 평가결과에 따라 다음 각 호의 구분에 따른 조치를 할 수 있다.

1. 관광특구의 지정요건에 3년 연속 미달하여 개선될 여지가 없다고 판단되는 경우에는 관광특구 지정취소
2. 진흥계획의 추진실적이 미흡한 관광특구로서 아래(제3호)의 규정에 따라 개선권고를 3회 이상 이행하지 아니한 경우에는 관광특구 지정취소

3. 진흥계획의 추진실적이 미흡한 관광특구에 대하여는 지정면적의 조정 또는 투자 및 사업계획 등의 개선 권고

3) 관광특구에 대한 지원

(1) 관광특구의 진흥을 위한 지원

국가나 지방자치단체는 관광특구를 방문하는 외국인 관광객의 관광활동을 위한 편의증진 등 관광특구 진흥을 위하여 필요한 지원을 할 수 있다.

(2) 관광진흥개발기금의 지원

문화체육관광부장관은 관광특구를 방문하는 관광객의 편리한 관광활동을 위하여 관광특구 안의 문화 · 체육 · 숙박 · 상가시설로서 관광객 유치를 위하여 특히 필요하다고 인정되는 시설에 대하여 「관광진흥개발기금법」에 따라 관광진흥개발기금을 대여하거나 보조할 수 있다.

4) 관광특구 안에서의 다른 법률에 대한 특례

(1) 영업제한의 해제

관광특구 안에서는 「식품위생법」 제43조에 따른 영업제한에 관한 규정을 적용하지 아니한다(관광진흥법 제74조). 즉 「식품위생법」은 제43조에서 시 · 도지사는 영업의 질서 또는 선량한 풍속을 유지하기 위하여 필요하다고 인정하는 경우에는 식품접객업자 및 그 종업원에 대하여 영업시간 및 영업행위에 관한 필요한 제한을 할 수 있도록 규정하고 있지만, 관광특구 안에서는 영업시간 및 영업행위에 관한 제한규정을 적용하지 않는다는 것이다.

(2) 공개 공지(공터) 사용

관광특구 안에서 호텔업(관광호텔업, 수상관광호텔업, 한국전통호텔업, 가족호텔업, 호스텔업, 소형호텔업, 의료관광호텔업)을 경영하는 자는 「건축법」의 규정(제43조)에도 불구하고 연간 60일 이내의 기간 동안 해당 지방자치단체의 조례로 정하는 바에 따라 공개 공지(空地 : 공터)를 사용하여 외국인 관광객을 위한 공연 및 음식을 제공할 수 있다. 다만, 울타리를 설치하는 등 공중(公衆)이

해당 공개 공지를 사용하는 데에 지장을 주는 행위를 하여서는 아니된다(관광진흥법 제74조 제2항).

(3) 차마(車馬)의 도로통행 금지 또는 제한

관광특구 관할 지방자치단체의 장은 관광특구의 진흥을 위하여 필요한 경우에는 지방경찰청장 또는 경찰서장에게 「도로교통법」 제2조에 따른 차마(車馬)의 도로통행 금지 또는 제한 등의 조치를 하여줄 것을 요청할 수 있다. 이 경우 요청받은 지방경찰청장 또는 경찰서장은 「도로교통법」 제6조에도 불구하고 특별한 사유가 없으면 지체 없이 필요한 조치를 하여야 한다(관광진흥법 제74조 제3항).

참고문헌

강덕윤 · 류기완 · 이병연(2016). 개정판 현대관광학개론. 백산출판사.

고계성(2006). 관광목적지 유형에 따른 매력성 평가에 관한 연구. 제주대학교 대학원 박사학위논문.

김광근 · 서철현 · 김형섭 · 장경수 · 고계성 · 여창원(2017). 관광학의 이해. 백산출판사

김미경 · 정연국 · 강신호 · 김영주 · 조봉기(2017). 관광학개론. 백산출판사.

김선희(2016). 최신관광자원해설. 백산출판사.

김사헌(2013). 관광경제학. 백산출판사.

김용상 · 정석중 · 이봉석 · 심인보 · 김천중 · 이주형 · 이미혜 · 김창수 · 이재섭 · 박승영(2018). 제7판 관광학. 백산출판사.

김정옥(2011). 관광자원관리론. 대왕사.

김종은(2014). 관광자원해설론. 백산출판사.

김홍렬(2015). 관광학원론. 백산출판사.

문화체육관광부(2000~2021). 2021 관광동향에 관한 연차보고서.

박석희(2012). 신관광자원론. 대왕사.

서태양(1989). 관광자원론. 지문사.

안영면 · 주현식(2000). DMZ의 관광이미지와 매력속성에 따른 관광자원화 방안에 관한 연구. 관광레저연구. 12(1), 125-137.

안종수 · 김건(2016). 관광자원론. 백산출판사.

이광우(2003). 자연자원 내 관광개발의 편익가치 추정에 관한 연구. 경희대학교 대학원 박사학위논문.

이봉석 · 정석중 · 심인보 · 이미혜 · 김창수 · 송재호(2001). 관광자원론. 대왕사.

이상춘(2018). 개정3판 관광자원론. 백산출판사.

조진호 · 우상철(2018). 최신관광법규론. 백산출판사.

최기종(2014). 관광학개론. 백산출판사.

장성수 · 강보식 · 고계성 · 노경국 · 박은경(2016). 최신관광자원론(개정판). 백산출판사.

한국관광대학교재개발위원회(2015). 개정판 관광학원론. 백산출판사.

조운기(2004). 남원지역 관광자원 활성화 방안에 관한 연구. 전주대학교 국제 경영대학원 석사학위논문.

Bruce Prideaux(2002), Building Visitor Attractions in Peripheral Area, International Journal of Tourism Research, 4, 379-389.

Howe, Charles Wo(1979), Natural Resource Economic : Issues, Analysis and Policy, John Wiley & Sons, Inc.

http://dic.daum.net(국어사전).

http://en.wikipedia.org/wiki/Resource

Jafar Jafari(ed.)(2000), Encyclopedia of Tourism.

Neil Leiper(1990), Tourist Attraction Systems, Annals of Tourism Research, 17, 367-384.

Yangzhou Hu & Brent Ritchie(1993), Measuring Destination Attractiveness, Journal of Travel Research, Fall, 25-39.

저자약력

김흥렬

목원대학교 항공호텔관광경영학과 교수

저자와의
합의하에
인지첩부
생략

관광자원해설

2023년 2월 5일 초판 1쇄 인쇄
2023년 2월 9일 초판 1쇄 발행

지은이 김흥렬
펴낸이 진욱상
펴낸곳 백산출판사
교　정 박시내
본문디자인 이문희
표지디자인 오정은

등　록 1974년 1월 9일 제406-1974-000001호
주　소 경기도 파주시 회동길 370(백산빌딩 3층)
전　화 02-914-1621(代)
팩　스 031-955-9911
이메일 edit@ibaeksan.kr
홈페이지 www.ibaeksan.kr

ISBN 979-11-6639-298-6 93980
값 22,000원